아동권리와 복지

| 김애란 유경숙 김정미 유혜자 권덕수 최성은 안지영 공저 |

CHIDREN'S RIGHTS AND WELFARE

양성원

머리말

지구촌 곳곳에서 아동권리침해 소식이 들려올 때 마다, 가정뿐 아니라 영유아교육기관에서 발생하는 아동학대 및 권리침해에 관한 국내뉴스를 접할 때 마다 마음이 복잡하다. 이 모든 사실과 사건의 시작은 우리가 아동을 어떻게 생각하고 있는가? 에 대한 기본적인 질문을 던지게 한다. 이제 우리나라는 복지국가로 한걸음 더 가까이 나아가고 있고 복지의 시작은 아동이다. 또한 아동복지의 시작은 아동에 대한 올바른 인식과 아동권리를 존중하는 것이다. 영유아교육기관에서 아동을 돌보고 가르쳐야 하는 예비교사가 갖춰야 할 제일 중요한 소양 또한 아동에 대한 올바른 인식과 아동권리를 존중하는 마음을 갖추는 것이다. 그 다음은 마음을 실천에 옮기는 것이다. 더 나아가 잘못된 성인으로부터 아동의 안녕을 지켜주는 것이다.

이 책은 영유아교육현장에 취업을 앞둔 예비교사들이 아동권리와 복지에 대한 올바른 인식을 하고 실천에 옮기는 것을 도와주기 위해 집필하였다. 총 13장으로 구성하였으며 1장에서 5장까지는 아동권리와 아동복지에 대한 이론적인 부분을 정리하였고 6장에서 부록까지는 실제적인 부분을 다루었다. 1장에서는 아동권리와 복지에 대한 기본적인 이해를 돕고, 2장에서는 아동권리와 복지의 내용과 분류에 대해 알아보았다. 3장에서는 아동권리와 복지역사를, 4장에서는 아동권리와 복지행정을, 5장에서는 아동복지정책과 관련법을 소개하였다. 6장에서는 빈곤아동 복지서비스, 7장에서는 보육서비스, 8장에서는 다양한 가정의 아동복지서비스, 9장에서는 장애아동 복지서비스,

10장에서는 학대아동 복지서비스, 11장에서는 아동복지시설 서비스, 12장에서는 부모와 가정이 필요한 아동을 위한 서비스의 실제에 대해 알아보았다. 13장에서는 아동권리와 복지의 과제에 대해 서술하였으며 부록에서는 실제로 교육현장에 적용해 볼 수 있는 수업사례 및 관련 정보를 담았다.

이 책이 강의하시는 교수님들과 예비교사들에게 작은 도움이 되길 바라며, 출간을 도와주신 양성원 여러분께 깊은 감사를 드린다.

2021년 3월

저자일동

차례

01

CHAPTER

아동권리와 아동복지의 이해

학습 목표

- 아동권리와 아동복지의 기본개념을 이해한다.
- 아동권리에 기반한 아동복지실천의 의미에 대해 안다.
- 영유아교육기관에서 지켜야 할 영유아의 권리에 대해 이해한다.

학습 내용

지식	기술	태도
• 아동권리의 개념 및 의의 • 아동복지의 개념 및 의의 • 아동권리에 기반한 아동복지	• 아동권리와 아동복지 인식능력 • 아동권리와 아동복지의 연계성 이해능력	• 아동권리를 존중하는 태도 • 아동권리에 근거한 아동복지에 대해 생각하는 태도

주요 용어

- 아동권리
- 아동복지
- 아동권리 구현
- 놀 권리
- 아동권리 인식
- 권리기반접근

CHAPTER 01

아동권리와 아동복지의 이해

1. 아동의 개념

1) 아동의 정의

(1) 아동의 연령적 구분

일반적으로 아동이란 건전한 성인으로 성장하기 위해서 안전한 환경에서 보호받으면서 적절한 교육이 필요한 존재이며, 전 생애 발달에서 성인과 구별되는 고유한 발달 단계를 의미한다. 성인이 되기 이전 연령을 지칭하는 표현으로는 아동 외에도 어린이, 유아, 영아, 미성년자, 청소년 등이 있다. 아동기의 범위에 대해서는 학문영역이나 학자에 따라 이견이 있으나 발달심리학의 측면에서 보면 태내기(수정~출생), 신생아기(출생 후 약 4주), 영아기(신생아기 이후 약 24개월까지), 유아기(2~6세), 학령기(7~12세), 청소년기(13-18세)로 지칭하며 좁은 의미에서는 학령기를 아동기로 표현하기도 한다.

법률적으로는 아동, 영유아, 유아, 미성년자, 소년, 청소년 등 관련 법령의 목적 및 정책에 따라 다양한 용어와 연령기준을 제시하고 있다. 법에 따른 아동연령의 범위는 〈표 1-1〉과 같다.

〈표 1-1〉 국내법에 따른 아동연령의 범위

관계법령	호칭	연령
아동복지법	아동	18세 미만
영유아보육법	영유아	6세 미만
유아교육법	유아	3세부터 취학전
모자보건법	영유아	6세 미만
한부모가족지원법	아동	18세 미만, 취학중인 경우 22세 미만
국민기초생활보장법	아동	18세 미만
청소년기본법, 청소년복지지원법	청소년	9세이상 24세 이하
청소년보호법	청소년	19세 미만
아동 · 청소년의 성보호에 관한 법률	아동 · 청소년	19세 미만
소년법	소년	19세 미만
근로기준법	소년/연소자	15세 미만
민법	미성년자	19세 미만

〈표 1-1〉과 같이 아동관련 법률에 있어 연령의 중첩과 누락은 아동의 권리와 의미, 서비스 혜택의 차이, 부처 간 업무중복과 공백, 정확한 자료와 통계산출의 어려움을 가져오므로 일관된 아동의 개념 정의가 필요한 실정이다. 국제법에서 아동의 연령을 규정하고 있는 유엔아동권리협약의 제1조를 보면 '아동이라 함은 해당 법규에 의하여 미리 성년에 달하지 아니하는 한, 18세 미만의 모든 사람을 의미한다'라고 되어있다. 따라서 아동의 범위는 만 18세 미만의 사람을 뜻하는 것이 가장 일반적이며 '아동'이라는 용어가 영 · 유아, 어린이, 소년 등 성인기 이전의 연령을 가장 포괄적으로 일컫고 있다고 볼 수 있다(국가인권위원회, 2011b).

(2) 아동에 대한 개념 변화

아동에 대한 견해는 시대적, 사회적 배경에 따라 다르게 발전해 왔다. 역사적으로 볼 때 고대사회에서는 아동을 대를 잇기 위한 수단이나 노동의 도구로 인식하는 경향이 있었다. 중세는 아동을 성인의 축소판으로 생각하였으며 아동이 '미완성의 어른'에 지나지 않는 존재로 인식되었다. 한국의 전통적 가부장 제도하에서 아동은 부모의 소유로 인식되었다. 17세기 이후 교육사상가들의 영향으로 아동은 성인과 구분되는 독자적인 인격체이며 자유를 존중받아야 하는 존재임을 깨닫기 시작했다. 현대에는 다음과 같이 아동은 권리주체이며 인간의 존엄성과 타고난 잠재성을 가진 존재로 개념이 변화되었다.

① 발달하는 존재로서의 아동

아동은 살아 있는 유기체로서 계속적으로 변화, 성장, 발달해 가는 존재이다. 연령이 증가함에 따라 신체적, 인지적, 정서적, 사회적 측면에서 양적, 질적으로 변화해 가는 존재이다.

② 전인으로서의 아동

전인이란 사전적으로 지(知) · 정(情) · 의(意) 혹은 지(智) · 덕(德) · 체(體)를 모두 갖춘 사람을 말한다. 아동은 지정의 혹은 지덕체의 여러 요소가 하나로 통합되어 반응하는 존재이다.

③ 독립된 인격체로서의 아동

아동은 성인이 될 때까지 돌봄과 보호를 받아야 하지만, 어른이나 부모에게 예속된 존재가 아니라 독립된 인격을 가진 존재이다.

④ 독자적 존재로서의 아동

모든 아동은 발달하는 속도, 능력, 성격 등이 각기 다른 독자적인 존재이다. 아동의 독자성은 아동이 자기다움을 나타내는 것으로 다른 아동과 비교하여 우열을 따져서는 안된다.

2. 아동권리의 개념 및 의의

1) 권리의 개념

권리는 어떤 일을 주체적으로 자유롭게 처리하거나 타인에 대하여 당연히 주장하고 요구할 수 있는 자격이나 힘을 말한다. 또한 특정의 이익을 주장하거나 누리기 위해 그의 의사를 관철할 수 있는 법률상의 능력을 말한다. 권리에는 공권, 사권, 사회권이 있다. 권리에 대한 해석은 다양하다. 권리는 법에 의해 주어진 의사의 힘 또는 의사의 지배라는 견해, 권리는 법에 의해 보호되는 이익이라는 견해, 권리는 일정한 이익을 누리게 하기 위해 법이 인정하는 힘이라고 하는 견해 등이 있다. 이렇듯 법은 사람에게 특정한 행동을 허용하기도 하고 금지하기도 하는 데, 이처럼 법에 의하여 허용된 법적 힘이 곧 권리이다(다음백과사전, 2020).

2) 아동권리의 개념

아동은 역사적으로, 사회구조적으로, 신체적 조건으로 인한 편견과 차별로부터 스스로를 보호할 수단을 갖지 못한 채 불이익을 받기 쉬운 존재라는 점에서 보호와 관리가 필요하다. 아동권리는 아동이 가진 인권이며, 아동에게 주어지는 특별한 보호와 관리에 대한 배려이다. 아동에 대한 권리는 부모와의 관계를 유지할 수 있는 권리를 포함하고, 국가가 책임지는 보편적인 교육을 받으며, 적절한 형법의 적용을 받아 인간으로서의 독자성을 발휘하는 권리를 포함한다(위키백과사전, 2020). 1989년 11월 20일 유엔총회에서 채택된 유엔아동권리협약에 의하면 아동권리는 '만 18세 미만의 사람이 향유하고 행사할 수 있는 권리'를 말한다.

3) 아동권리의 의의

아동은 신체적으로나 정신적으로 성장과정에 있기 때문에 성인의 도움을 받아야 생이 영위되고 발달할 수 있다. 자칫 성인에게 종속되기 쉬운 위치에 있는 아동에게 권리가 주어지고 보장된다는 것은 다음과 같은 의의가 있다고 할 수 있다.

첫째, 성인과 마찬가지로 아동에게도 누려야 할 권리가 있다는 것을 인정하는 것에 큰 의의가 있다. 이것은 아동도 성인과 동등한 인격체로 인정하는 것이며 인간답게 살 수 있는 시작점을 제공하는 것이다.

둘째, 아동이 의식주를 누릴 권리를 부여함으로서 기본적으로 생존을 위한 최소한의 조건을 충족시켜야 함을 시사한다. 하지만 아직도 굶주리고 적절하지 못한 환경에서 성장하지 못하는 수많은 아동이 존재한다는 것은 그들의 권리증진을 위해 앞으로 해야 할 일이 많음을 의미하기도 한다.

셋째, 각종 위험, 차별, 악습, 전쟁, 학대, 위해한 환경으로부터 보호받을 권리를 부여함으로서 성장하기에 안전하고 발달에 적합한 환경을 마련해 주어야 함을 강조한다.

넷째, 아동자신의 가능성과 잠재력을 발휘하는 데 필요한 교육을 받고, 충분히 놀고, 각종 문화생활을 할 수 있는 권리를 부여함으로서 연령에 적합한 교육 및 놀이활동 등이 균형을 이루어야 함을 말해 준다.

다섯째, 자신의 생활에 영향을 주는 일에 대해 의견을 말하고 존중받을 권리를 부여함으로서 삶의 주체로서의 아동을 인정해 주고 있다. 가정이나 교육기관에서 영유아를 성인의 결정에 무조건 따르게 하는 것이 아니라 영유아의 생각을 수렴하고 존중해야 함을 강조했다는 데 의의를 둘 수 있다.

3. 아동복지의 개념 및 의의

1) 복지의 개념

복지는 좋은 건강, 윤택한 생활, 안락한 환경들이 어우러져 행복을 누릴 수 있는 상태, 높은 삶의 질이 보장되는 것을 의미한다.

2) 아동복지의 개념

아동복지란 '아동'+'복지'의 합성어로서 모든 아동이 건전하게 출생하여 행복하고 건강하게 사라나노록 그 생활과 환경을 갖주어 주는 일을 말한다. 즉, 아동이 행복한 삶을 영위할 수 있도록 도와주는 모든 활동이라 할 수 있다. 프리들랜더는 '아동복지는 단순히 빈곤과 방치, 유기, 질병, 결함 등을 지니거나 혹은 아동이 신체와 지적 · 정서적 발달에 있어서 안전하며, 환경에 적응하지 못하는 아동들에게만 관심을 두는 것이 아니고, 행복할 수 있도록 위험에서 지키고 보호하기 위해 실시하는 사회적, 경제적인 제반활동들'(정희순, 2016)이라고 정의하고 있다.

(1) 관점에 따른 아동복지

① 아동복지의 용어의 의미에 따른 구분

아동복지 현상 그 자체를 지칭하는 실체로서의 아동복지와 아동복지정책의 실시를 주장하며 촉진시키려고 하는 하나의 사회사상을 의미하는 사상으로서의 아동복지로 구분된다.

② 현대 아동복지의 용어적 의미

보다 넓은 의미를 가지는 것으로 아동의 신체적, 지능적, 정서적 발달에 관하여 모든 아동의 복지를 지키며 보호하고자 하는 공 · 사단체의 사회적 · 경제적 · 보건적 활동과 일체를 이루는 것을 의미한다.

③ 사회복지프로그램에서의 아동복지의 정의

아동과 그 가족의 복지와 보다 광의로는 모든 아동복지 증진에 관한 것이라고 하여 '광의의 실체로써의 아동복지'를 의미한다.

④ 미국아동복지연맹의 아동복지의 정의

아동복지는 부모가 양육의 책임을 다할 수 없거나 지역사회가 아동과 그 가족이 요구하는 자원 및 보호를 제공하지 못하는 아동에게 사회적 서비스를 제공하는 것이라고 정의하고 있다.

⑤ 광의 및 협의의 아동복지

아동복지의 정의는 아동복지를 어떻게 보느냐에 따라 달라지며, 구체적으로 어떤 아동이 복지의 대상이 되며, 또한 어떠한 주체에 의해 복지활동이 수행되느냐에 따라 협의의 아동복지와 광의의 아동복지로 구분할 수 있다. 아동복지의 개념은 협의의 아동복지에서 광의의 아동복지로 변화되고 있다.

가. 협의의 아동복지

자녀 양육의 책임을 제대로 수행하지 못하는 부모를 가졌거나, 아동과 가족이 요구하는 자원과 보호를 제공하지 못하는 지역사회에서 살고 있는 아동과 청년에게 사회적인 서비스를 제공하는 사회사업으로 보는 입장이다.

나. 광의의 아동복지

모든 아동들의 일반적인 안녕에 관심을 갖는 것으로, 이것에는 아동의 신체적, 심리적, 사회적 발달을 보호하고 증진시키기 위해 고안된 모든 제도적 도구들이 포함된다. 아동의 일반적인 복지는 「의무교육법」, 「아동복지법」, 「예방접종법」 등과 같은 법이나 조례 등으로 수행된다. 아동복지의 대상에 아동의 가족이 포함되는 것은 아동의 일차적인 책임은 가족에게 있으며, 최선의 아동복지는 아동양육에 대한 가족의 기능을 강화해 주는 것이라는 입장에 근거한다.

3) 아동복지의 의의

아동복지의 의의는 개인적 차원, 가족적 차원, 사회적 차원으로 구분하여 살펴볼 수 있다

(1) 개인적 차원에서의 의의

아동복지의 일차적 의의는 아동 개개인의 생존을 보장하고 아동의 신체, 인지, 사회정서 발달을 촉진시킨다는 점이다. 현대사회에서 아동복지는 생존을 넘어 권리의 문제를 더욱 강조하는 방향으로 나아가고 있다. 따라서 부모나 가족으로부터 적절한 양육을 받지 못하는 아동의 건강한 발달을 보장해 주기 위한 지원은 아동복지의 중요한 영역으로 부각되고 있다. 최근 우리나라의 환경은 학교폭력, 아동 성폭력, 스마트폰 중독, 지나친 교육열 등이 아동의 건강한 삶을 빼앗고 있다(이선미 외, 2017). 바람직한 복지정책을 통해 아동 개인의 건강한 발달을 돕는 것이 필요하다.

(2) 가족적 차원에서의 의의

아동복지를 가족의 차원에서 본다면 아동에 대한 부모의 역할을 대신하거나 조력함으로서 아동의 발달을 돕고 부모의 부담을 덜어 주는 데 의의를 둘 수 있다. 우리나라는 핵가족화와 한부모가정의 증가, 다문화가정의 증가 등으로 가족형태가 다양해지고 있다. 또한 여성의 사회참여로 자녀양육에 할애하는 시간은 줄었지만 여전히 양육은 부모 특히 여성의 부담으로 남아 있다. 이런 현실을 반영하듯 가정에서 담당하였던 양육의 상당부분을 국가에 요구하고 있는 실정이고 자녀양육 및 교육의 문제는 개별가정의 문제로 인식하기보다 사회적, 국가적 책임으로 보아야 하다는 관점이 확산되고 있다. 국가는 보호나 도움이 필요한 아동뿐 아니라 모든 아동이 건강한 발달을 할 수 있도록 지원함으로서 가정의 안녕을 추구해야 한다.

(3) 사회적 차원에서의 의의

아동복지를 사회적 차원에서 본다면 아동이 바람직하게 성장하는 것은 국가발전에 기여하게 될 것이고 사회문제를 줄일 수 있다는 점에 의의를 둘 수 있다. 아동은 성장하여 나라의 미래를 책임지게 된다. 따라서 아동을 보호하고 교육하는 것은 나라의 밝은 미래와 직접적으로 연관이 된다고 할 수 있다. 아동이 바람직한 인성을 갖추고 각 분야에서 활동할 수 있는 전문적인 지식을 습득하도록 돕는 것은 국가발전의 기초를 형성하는 것이기도 하다. 아동기에 적절한 의식주, 바람직한 교육적인 자극 및 환경제공 등을 통해 기본적인 욕구가 충족되어야 한다. 기본적인 욕구가 충족이 안될 때 신체적 결함, 정서불안, 좌절감, 사회에 대한 불만 등이 쌓여 비행과 일탈을 하고 사회문제를 발생시킬 수 있다. 따라서 적절한 아동복지정책의 시행을 통해 개인의 행복과 만족감을 증가시켜 사회문제를 예방하는 효과도 있다.

4. 아동권리에 대한 인식

국제아동인권센터(2020)에서는 아동권리에 대한 국내 인식 변화의 추이를 확인하고 적절한 아동인권 인식 제고 방안을 도출하고자 2019년 아동권리 인식도 조사를 실시하였다. 조사대상은 대한민국에 거주하는 성인 1,000명과 초등학교 5학년 이상부터 만 18세 미만의 아동 721명이었다. 주요 결과를 보면 다음과 같다.

1) 전체 응답자의 아동권리 인식도 조사 결과

대한민국에 거주하고 있는 성인 및 만 18세 미만 아동 모두를 포함하는 전체응답자의 아동권리 인식도 조사 전체평균은 100점 만점에 87.95점으로 나타났다. 성인의 인식도는 85.87점, 아동은 90.83점이다. 지난 3년간 아동권리 인식도에 대한 평균값의 변화는 [그림 1-1]에서 볼 수 있듯이 성인의 인식도는 낮아지는 경향이 있고 아동의 인식도는 약간의 등락폭은 있으나 비슷한 수준으로 유지되는 것을 알 수 있다.

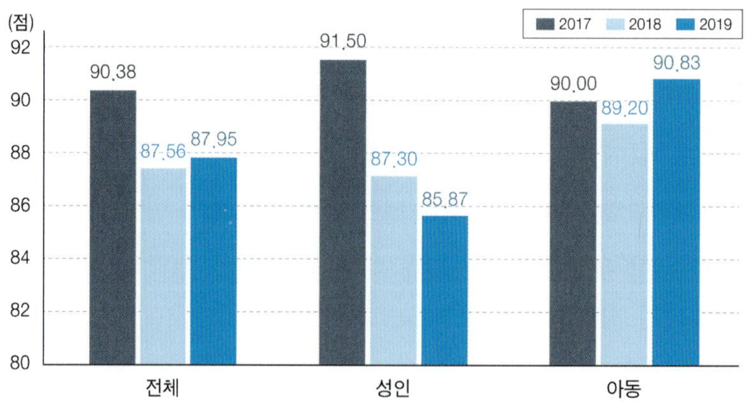

[그림 1-1] 아동권리 인식도(2017~2019)

2) 유엔아동권리협약 인지 여부

유엔아동권리협약을 알고 있는지는 묻는 문항에는 아동과 성인 모두 이름만 알고 있음, 모름, 어떤 내용인지 알고 있음의 순서로 응답을 하였으나 아동이 성인에 비해 내용을 알고 있는 응답이 더 많았다. 내용을 알고 있다는 응답이 아동 24.1%, 성인 15.3%로 비교적 낮았으며 2018년에 비해서 아동은 수치가 증가했지만 성인은 하락한 것으로 나타났다.

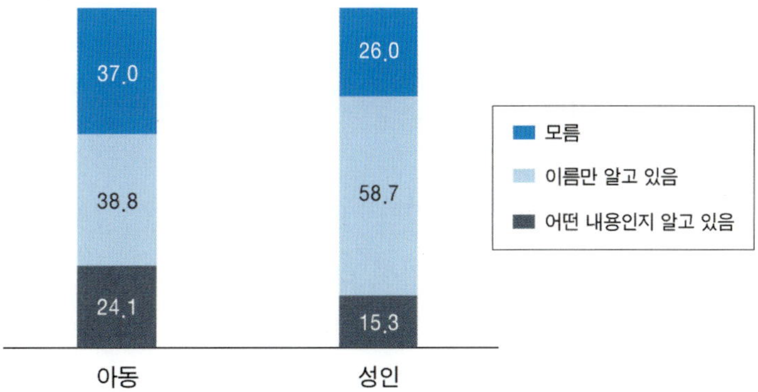

[그림 1-2] **아동권리협약 인지 여부**

3) 아동권리 교육경험

아동권리에 대한 교육을 받아 본 경험이 있는지를 알아보는 문항에서는 아동의 65.7%, 성인의 23.9%가 교육경험이 있다고 응답해 성인대상의 교육이 시급함을 알 수 있다.

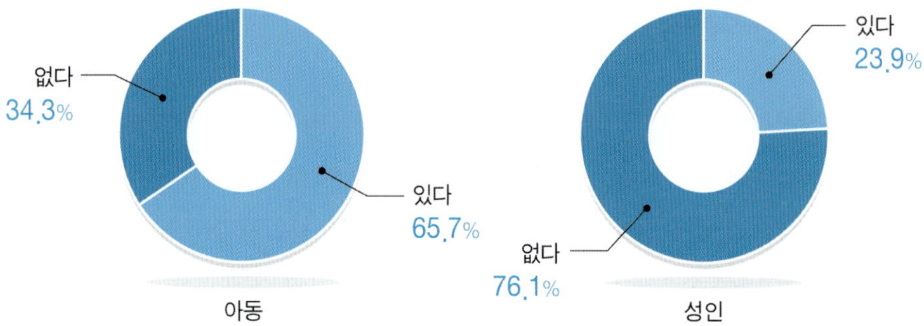

[그림 1-3] **아동권리 교육경험**

4) 아동권리 인식도(아동)

아동을 대상으로 한 아동권리 인식 정도는 100점으로 환산했을 때 90.83점으로 나왔으며 인식도가 가장 높게 나타난 상위 다섯 개 문항은 [그림 1-4], 인식도가 가장 낮게 나타난 하위 다섯 개 문항은 [그림 1-5]와 같다. 아동은 성학대로부터의 보호 및 사생활과 개인정보에 대한 민감도가 높음을 알 수 있고 적절한 교육제도에 대한 아동의 인식 정도와 관심도를 유추할 수 있다. 반면 차별받지 않을 권리, 아동의 알 권리, 부모와 함께 살 권리 등에 대한 인식이 낮은 것으로 나타났다.

[그림 1-4] **아동권리 인식도가 높게 나타난 문항**

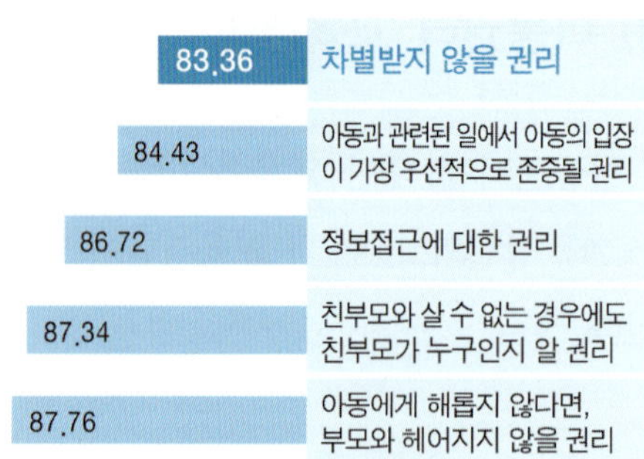

[그림 1-5] **아동권리 인식도가 낮게 나타난 문항**

5) 아동권리 인식도(성인)

성인을 대상으로 한 아동권리 인식 정도는 100점으로 환산했을 때 85.87점으로 나왔으며 인식도가 가장 높게 나타난 상위 다섯 개 문항은 [그림 1-6], 인식도가 가장 낮게 나타난 하위 다섯 개 문항은 [그림 1-7]과 같다. 성인은 아동학대 및 폭력, 아동의 생명과 생존, 발달에 대한 인식이 높음을 알 수 있다. 반면 아동의 참여권 및 알 권리에 대한 인식, 아동은 고유의 삶을 존중받을 권리 주체라는 점에 대한 인식이 낮은 것으로 나타났다.

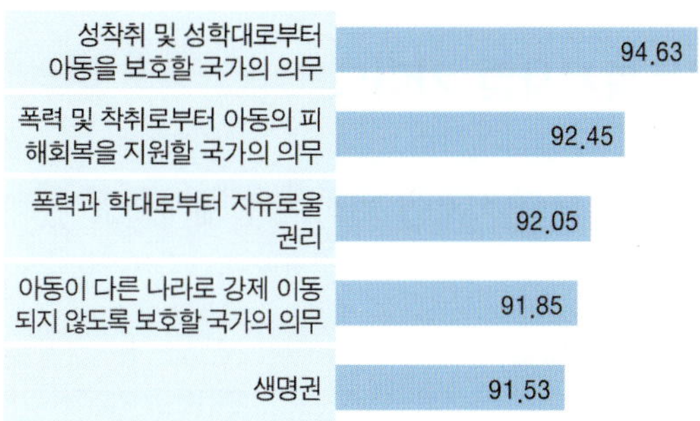

[그림 1-6] **아동권리 인식도가 높게 나타난 문항**

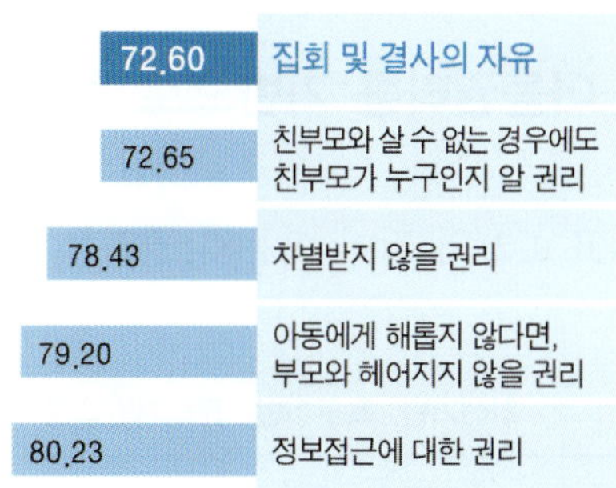

[그림 1-7] **아동권리 인식도가 낮게 나타난 문항**

이상의 결과는 아동폭력에 대응하는 실효적인 조치, 이주배경 아동을 포용하는 정책적 개선방안, 권리교육을 강조하는 교육패러다임의 전환, 아동의 시민적 정치적 권리 보장을 위한 논의 활성화, 아동의 권리 주체성에 대한 인식증진을 위한 정책, 아동권리협약을 구체적으로 알리고 교육하기 위한 실질적인 방안모색을 시사한다고 할 수 있다.

5. 아동권리 기반 아동복지

아동복지는 아동에 대한 책임을 가족과 국가에 나누며 국가의 책무가 증가하는 방향으로 발전하고 있다. 또한 아동복지의 대상이 요보호아동에서 전체아동으로 발전하고 있다. 아동복지의 흐름 또한 단순 서비스지원이 아닌 아동의 권리를 보장하는 방향으로 발전하고 있다. 아동복지에서 아동을 보는 관점도 아동을 서비스의 대상이자 권리의 주체로 바뀌고 있다고 할 수 있다.

1) 아동권리를 기반으로 하는 아동복지사업 가이드

〈표 1-2〉와 같이 아동의 권리를 기반으로 하는 복지사업 가이드가 제시되고 있다.

〈표 1-2〉 **자선기반, 욕구기반, 권리기반접근 아동복지사업 비교표**

자선접근 Charity-Based Approach	욕구접근 Needs-Based Approach	권리기반접근 Rights-Based Approach
• 결과가 아닌 투입에 초점	• 투입과 결과에 초점	• 과정과 결과에 초점
• 자선의 증가를 강조	• 욕구충족 강조	• 권리실현강조
• 가난한 이들에 대한 부자들의 도덕적 책임감 인식	• 욕구에 대한 청구를 타당한 것으로 인식	• 법적-도덕적 의무이행자에 대한 청구를 개인 집단의 권리로 인식
• 개인들을 희생자로 간주	• 개인들은 개발되어야 하는 개입의 수혜자	• 권리보유자 또는 권리주체자
• 개인들은 도움을 받을 만함	• 개인들은 도움 받을 가치가 있음	• 개인들은 권리를 청구할 자격이 있음
• 문제를 드러내는 것에 초점	• 문제의 즉각적인 원인에 초점	• 문제의 근본적인 구조적 원인을 규명하고 교정하는 것에 초점

출처: 초록우산 어린이재단 복지사업본부(2017).

〈표 1-2〉를 보면 권리기반접근은 아동개인을 권리를 보유하고 권리를 주장할 수 있는 권리주체라는 인식하에 아동의 권리 실현을 강조하고 있다. 또한 아동복지서비스가 원칙대로 진행되는지의 여부와 서비스 추진결과를 알아봄으로서 보다 효과적인 복지서비스를 펼치기 위해 노력한다. 복지서비스가 필요한 문제가 발생했을 때 문제를 단순히 해결하기에 앞서 문제의 근본적인 원인을 분석하고 수정함으로서 동일한 문제가 반복적으로 발생하지 않도록 노력하는 복지서비스모델이다. 우리나라도 후진국적인 접근에서 벗어나 권리를 기반으로 하는 복지서비스를 확대해 나가야 할 것이다.

2) 아동권리를 기반으로 한 아동복지 사례

아동의 권리수호를 위해 각계에서 다양한 노력을 하고 있다. 그중에 몇가지 사례를 소개하면 다음과 같다.

(1) 아동의 놀 권리를 위한 노력

18세 미만 아동의 소중한 권리를 지켜 주기 위한 국제사회의 약속인 유엔아동권리협약 제 31조에는 '놀 권리'를 주창하며 아동이 휴식과 여가를 즐기고, 연령에 적합한 놀이와 오락 활동에 참여할 수 있는 아동의 권리를 인정할 것을 촉구하며, 적절하고 균등한 놀이 기회를 제공할 것을 규정했다. 우리나라에서도 놀이의 중요성을 인식하고 2015년 5월 4일 전국시도교육감협의회는 '어린이에게는 놀 권리가 있다. 어린이는 차별없이 놀이 지원을 받아야 한다. 어린이는 놀이터와 놀시간을 누려야 한다. 어린이는 다양한 놀이를 경험해야 한다. 가정, 학교, 지역사회는 놀이에 대한 가치를 존중해야 한다.'를 내용으로 하는 어린이 놀이헌장을 발표했다. 하지만 다음의 기사처럼 실천은 쉽지 않았다.

아동의 행복, 놀이로부터 나온다

세이브더칠드런, 유니세프 한국위원회, 초록우산어린이재단은 '국가 아동 놀이정책 수립 및 이행 제안서'를 발표하고 제안서와 함께 놀이에 대한 전국 아동의 의견을 모은 '대한민국 아동, 놀이를 말하다'를 7일 보건복지부에 전달했다. 유엔아동권리위원도 지난 2011년 한국의 유엔아동권리협약 이행 제3 · 4차 보고서를 심의한 뒤, 대한민국 교육제도 내 광범위하게 퍼져 있는 극심한 경쟁과 이로 인한 사교육이 휴식, 여가, 문화를 충분히 누려야 하는 아동의 놀 권리 실현에 방해가 된다는 사실을 지적하고 개선할 것을 권고한 바 있다. (중략)

3개 아동단체는 "대한민국 아동들의 놀 권리를 보장하기 위한 정부의 노력을 더 이상 지체해서는 안 된다며, 그 어떤 이유에서라도 차별 받지 않고, 누구나 놀 권리를 당연하게 누릴 수 있도록 국가차원의 세심하고 촘촘한 정책이 마련되어야 한다"고 피력하며 △아동의 놀 권리에 대한 인식 증진, △놀이 시간 부족과 과도하게 경쟁적인 교육현실 개선, △놀기 좋은 안전한 환경 조성, △적절한 모험과 도전을 보장하는 안전 규정 마련, △정기적인 아동 놀이 실태조사 실시 △장애, 지역, 경제 수준, 연령, 성별 등에 상관 없이 모든 아동에게 공평한 놀이 기회 제공, △바람직하지 못한 놀이 문화 개선, △충분한 예산 배정, △놀이정책의 효율적 추진을 위한 통합적인 조정 및 협력체계 구축, △놀이정책 수립 및 이행, 평가 과정에서 아동 의견 수렴 등 10개 항목을 국가 아동 놀이정책 수립 시 고려해 줄 것을 제안했다.

출처: 글로벌뉴스통신GNA(2017.12.07.).

"부족한 놀이 시간과 과도하게 경쟁적인 교육현실을 개선해 주세요"

"놀이 관련 정책을 만들 때에는 아동의 목소리를 꼭 경청해 주세요"

출처: 환경일보(2017.12.12.). 이미지제공: 초록우산어린이재단.

이런 노력의 결과로 아동의 놀 권리를 위한 각계의 노력이 다음의 기사처럼 결실을 맺고 있다. 앞으로도 아동의 놀 권리 보장을 위한 각계의 노력이 지속되어야 한다.

'아동의 놀 권리' 챙기기… 용산구, 조례 제정 · 공포

서울 용산구는 아동친화도시 조성사업의 하나로 지난 24일 '서울특별시 용산구 아동의 놀 권리 보장에 관한 조례'를 제정 · 공포했다고 29일 밝혔다. '아동이 마음껏 뛰어놀 수 있는 지역사회 조성'을 실현할 수 있도록 아동의 놀 권리를 보장하고 오는 10월 개관 예정인 공공형 실내놀이터 조성 · 운영에 대한 제도적 기반을 마련하기 위해서다. 특히 이번 조례는 서울시 자치구 최초로 아동 참여형 조례로 제정됐다는 점에서 의미가 크다. 구는 조례 제정 과정에서 아동권리 증진 비정부기구(NGO)인 초록우산어린이재단(서울아동옹호센터) 의견을 우선적으로 수렴했으며 아동 · 청소년을 대상으로 조례 각 조항에 대한 의견조사를 실시, 문구를 최종 확정했다. (중략) 놀이터는 현재 인테리어 공사가 진행 중이다. 구는 최근 주민공모를 통해 시설 명칭을 '용산 도담도담 실내놀이터'로 확정했다.

출처: 문화일보(2020.07.29.).

(2) 아동권리실현을 위한 아동옹호활동

초록우산 어린이재단 복지사업본부(2017)에서는 아동의 권리와 보호, 존중, 실현되기 위해 인식 및 환경을 개선하고 정책의 변화를 도모하는 활동인 아동옹호활동을 실행하고 있다. 기존의 아동복지적 접근에서는 아동을 사례관리 또는 문제해결의 대상으로 보았다면, 아동옹호활동은 아동을 권리의 주체자로 보고 이를 지킬 의무가 있는 의무이행자에 대한 의무를 촉구하는 아동복지활동이라고 할 수 있다. 아동옹호활동의 사례는 다음과 같다.

〈표 1-3〉 **아동성범죄예방 및 공소시효폐지 〈나영이의 부탁〉**

1단계	2단계	3단계
아동성범죄 이슈제기	대국민 캠페인 진행	법개정 촉구
• 아동성범죄의 공소시효는 해당 성범죄로 피해를 당한 아동이 성년에 달한 달이라는 현행법은 성범죄예방에 실효를 거두기 어려워 법개정 필요성 제기	• 여성성폭력 공소시효 폐지를 위한 〈나영이의 부탁〉 캠페인을 거리와 온라인에서 진행 • 총 49만 명 서명 동참	• 법개정 촉구 기자회견 진행 • 국회 법제사업위원회에 법개정을 촉구하는 서명 제출 • 개정안 통과, 13세 미만 아동의 성범죄자 공소시효 폐지

〈표 1-4〉 **아동과 함께하는 선거, 아동 참여권 증진 〈미래에서 온 투표〉**

1단계	2단계	3단계
아동참여권 인식 개선	아동의견수렴	아동의견반영촉구
• 선거에 아동을 배제해 왔던 현상에 대해 문제제기(아동도 대한민국 국민이며 대선 시 의견을 내고 존중받아야 하는 존재임을 환기) • 영상제작 및 확산	• 아동들의 의견수렴(온라인, 토론회, 설문조사) • 아동이 제안하는 아동정책공약집 및 공약박스 제작	• 주요정당 및 후보자에 아동공약집 제출 및 반영촉구 • 아동공약 발표회 진행 • 당선자 및 정부 반영약속

6. 영유아교육기관에서의 아동권리 및 아동복지

1) 영유아교육기관에 대한 국제사회의 기대 및 요구

유엔아동권리협약은 가장 취약한 소수의 인권보호를 이념으로 가장 취약한 집단인 아동의 인권을 보호하기 위해 아동최상의 이익을 고려해야 함을 적극 권고하고 있다. 실현방안으로 유엔아동권리협약 제 42조는 '당사국은 이 협약의 원칙과 규정을 적절하고 적극적인 수단을 통해 성인과 아동 모두에게 널리 알릴 의무를 진다'고 명시하여 권리교육의 필요성을 역설하고 있다.

영유아기는 가정과 그 밖의 새로운 외부환경에 처음 노출되는 아주 특별하고 민감한 시기이다. 자신과 주양육자 간의 1차적 관계를 형성하는 과업에 집중하던 영아는 곧 주변 환경에 대한 관심을 가지고 사회적 관계를 형성하기 시작하는 유아기에 접어든다. 유아는 자신에 대한 이해와 자신을 비롯한 주변에 대한 많은 관심을 갖고 있으며, 이런 관심을 기초로 자신의 존엄성에 대한 이해와 타인에 대한 존중을 통해 인권이 갖는 의미를 경험하게 할 결정적인 시기이기도 하다.

유엔아동권리위원회는 당사국들과의 심의경험을 토대로 영아사망, 출생등록, 건강과 안전의 제약이 많은 영유아기 아동에 대한 정보가 부족하다고 밝혔다. 이것을 배경으로 탄생한 유엔아동권리협약 일반논평 7번 영유아기의 아동권리 이행은 당사국에 영유아의 교육받을 권리에 권리교육을 포함할 것을 권고하였다. 특히 아동의 이익과 관심, 발달에 적합한 방법으로 그들의 권리와 책임을 훈련받을 수 있는 실제적인 기회를 제공하는 형태로 아동에게 권한 부여가 되어야 함을 강조하였다(국가인권위원회, 2011b).

2) 영유아교육기관에서의 아동권리 및 아동복지 구현을 위한 노력

아동권리와 아동복지에 대한 인식이 높아지고 사회적인 요구가 많아짐에 따라 영유아교육현장에서 다각도의 노력을 하고 있는데, 대표적인 사례로 영유아교육기관에서 사용하는 영유아 권리존중을 위한 자가 체크리스트를 소개하면 다음과 같다.

〈표 1-5〉 **영유아 권리존중을 위한 자가 체크리스트**

1. 어린이집 일과에서 영유아의 권리존중을 실천하고 있습니까?	
1-1	낮잠 및 휴식에 대한 영유아의 개별적 욕구를 반영할 수 있는 적절한 환경(시간, 공간)을 조성해 주고 있다. ( )
1-2	대·소집단활동에 참여하지 않거나 계속해서 놀이하려는 영유아의 욕구를 존중해 주고 있다. ( )
1-3	급·간식에 대한 영유아의 기호, 먹는 속도와 양을 존중해 주고 있다. ( )
1-4	배변, 배뇨 등 영유아의 기본적인 생리욕구를 존중해 주고 있다. ( )
1-5	보육교직원은 일관성 있는 태도로 영유아의 욕구를 존중해 주고 있다. ( )
2. 영유아가 보육과정의 계획과 운영에 참여할 수 있는 구조가 있습니까?	
2-1	영유아가 만든 결과(작품, 사진, 노래, 블록, 구조물 등)에 대해 존중하며 적절히 게시되어 있다. ( )
2-2	영유아의 의견이 잘 표현될 수 있는 분위기를 조성하여 영유아의 의견을 반영한 보육과정을 운영한다. ( )
2-3	규칙을 정할 때는 영유아의 의견을 반영하거나 동의를 구하고 있다. ( )
3. 자유선택활동 시간에 영유아를 존중하는 상호작용을 하고 있습니까?	
3-1	영유아의 개인차를 인정하고 놀이에서 자율성과 주도성을 지지하는 상호작용을 한다. ( )
3-2	영유아의 흥미, 관심, 기분 및 건강상태를 전반적인 맥락으로 파악하고 있다. ( )
3-3	영유아 간의 관계를 살피며 상호 역동성을 파악하여 상호작용한다. ( )
4. 영유아의 권리실천을 위해 어린이집을 다양한 방법으로 개방하고 있습니까?	
4-1	어린이집 운영위원회를 운영하고 있다. ( )
4-2	열린 어린이집 운영 등의 다양한 방식으로 양육자의 참여가 이루어지고 있다. ( )
4-3	양육자의 보육실 참관(절차 및 방법, 안내)가 이루어지고 있다. ( )
5. 보육교직원은 영유아 권리존중을 위해 양육자와 소통하고 있습니까?	
5-1	보육교직원은 양육자와의 소통을 위해 영유아의 전반적인 상태(기분, 건강, 배변 등)와 가정 내 주요정보를 파악하고 있다. ( )
5-2	양육자에게 규칙적인 등·하원 시간 등 안정된 생활습관의 중요성을 전달하고 있다. ( )
5-3	보육교직원은 영유아에 대하여 양육자와 서로 협의하고 책임을 공유하는 적극적인 노력을 하고 있다. ( )
6. 영유아의 권리존중의 이해와 실천을 위한 보육교직원의 교육이 이루어지고 있습니까?	
6-1	영유아의 권리 존중을 위한 보육교직원의 교육이 실행되고 있다. ( )

6-2	아동학대 신고의무제에 대한 교육, 양성평등교육 등을 이수하였다. ( )
6-3	영유아의 권리의 기초가 되는 〈유엔아동권리협약〉의 내용을 이해하고 있다. ( )
7. 영유아의 권리보호를 위해 보육교직원의 적절한 근무환경이 이루어져 있습니까?	
7-1	보육교직원의 적절한 근무환경에 대한 노력이 이루어지고 있다. ( )
7-2	보육교직원의 업무스트레스 해소를 위해 구체적인 노력이 이루어지고 있다. ( )
8. 영유아권리 존중을 위해 보육교직원 간 협의 지원이 이루어지고 있습니까?	
8-1	어린이집 운영보육과정(특별활동, 견학, 행사 등)의 계획과 평가에 보육교직원의 의견이 수렴되고 있다. ( )
8-2	반 운영의 어려움이 있을 때 자체회의를 통해 협력 및 해결하는 구조가 있다. ( )

출처: 서울특별시육아종합지원센터(2015).

3) 영유아교육기관에서의 아동권리 침해사례

아동대상 권리침해 사례가 다수 발생함에 따라 최근 지자체에서는 아동의 권리를 보호하고, 아동의 권리가 침해당했을 때 아동의 권리를 구제하기 위해 노력하는 아동권리 지킴이인 '아동권리옹호관' 또는 '아동권리대변인'을 위촉하여 아동권익 침해 사례에 대해 개선방안을 제안하고 시행과정을 모니터링 하는 등 아동의 권리를 대변하려는 노력을 하고 있다.

영유아교육기관에서도 교사가 아동을 또는 아동 간에 〈표 1-6〉과 같이 아동의 권리를 침해하는 경우가 종종 발생하곤 한다. 침해사례가 발견되었을 때는 즉시 원인을 분석하고 같은 일이 반복되지 않도록 해야 한다.

〈표 1-6〉 영유아교육기관에서의 아동권리 침해사례

권리	사례
생존권	원아 100명 이상의 유치원은 영양사를 고용하게 되어 있음에도 불구하고 정원 240명규모의 유치원에서 영양사를 고용하지 않았다. 유치원이 보관 중이던 소시지가 유통기한이 임박하자 기존에 정해진 식단표를 무시하고 소시지 반찬을 제공하였으며, 1명당 소시지 1~2개씩 배식되는 등 부실한 급식을 제공했다. 〈출처: 경기일보(2020.8.27.).
	영아가 얼굴에 홍조를 띄고 기운이 없어 보여서 교사가 체온계로 체온을 측정해 보니 37℃였다. 교사는 응급을 요하는 체온은 아니라고 판단하여 정상귀가 시키면서 부모에게 열체크 결과를 알렸다. 당일 저녁에 아동이 고열로 의식을 잃어 응급실로 향했다. 교사가 체온계를 다시 점검해 보니 고장이 나서 실제 체온보다 낮게 측정이 되었다. 교사는 부모님께 이 사실을 알리고 체온계 관리 잘못임을 인정했다. 〈출처: 교사면담기록지.〉
보호권	어린이집에 다녀온 아이의 등이 푸르스름해진 것을 발견한 부모가 병원을 찾았고 수차례 누적이 된 멍이라는 것을 알았다. 아이 멍을 이상히 여긴 소아과 의사의 신고로 수사가 시작됐다. CCTV 분석결과 폭행이 여러 차례 반복되었으며 피해 아이도 4명으로 확인되었다. 또한 교사가 이불에 싸인 아이를 손바닥으로 계속 내려치는 데 재우려고 토닥이는 것을 넘어 아이 머리가 흔들릴 정도로 때리는 장면, 아이가 고개를 들자 손으로 머리를 누르는 장면, 이불에 싼 아이를 CCTV 밖으로 끌고 가는 장면을 확인했다. 원장은 교사들의 폭행 사실을 뒤늦게 알았다고 해명했고 경찰은 어린이집 교사 2명과 원장을 아동학대처벌법 등 위반혐의로 입건해 검찰에 넘겼다. 〈출처: SBS 8시뉴스(2020.6.9.).
	언어발달이 늦으며 말을 심하게 더듬는 원아가 친구들에게 놀림을 받았다. 교사는 말이 늦을 수도 있으므로 놀리면 안된다고 타일렀으나 친구들은 계속해서 놀렸고 놀이에 끼워 주지 않았다. 교사도 처음에는 친구들과 놀 수 있도록 노력을 했으나 시간이 지나면서 발달이 늦은 원아에 대해 소홀하게 되었다. 원아는 친구들과 선생님이 자기를 싫어한다며 기관에 가는 것을 거부했다. 〈출처: 교사면담기록지.〉
발달권	유아들의 놀 권리를 보장하고 정상적인 교육과정운영을 위해 교육과정 시간 내 특성화활동을 금지하고 있다. 특성화활동은 방과후과정 시간에만 실시해야 하나 교육과정 시간에 특성화활동을 실시하였으며 교육과정을 1일 5시간 편성하였으나 실제로는 4시간 30분만 하고 나머지 30분은 특성화활동을 실시하여 유아들의 놀이시간을 단축시켰다. 〈출처: 감사사례로 보는 사립유치원 업무편람1(2020).〉
	수업시간에 소리를 지르고 뛰어다니며 교육활동을 방해하는 원아의 부모에게 이 사실을 알렸다. 부모는 아이에게 조심시키겠다고 했으나 아이의 행동을 개선되지 않았다. 이 원아로 인해 다른 원아들의 학습권이 침해되는 상황이 자주 발생하자 원장은 부모에게 타기관으로 전출시킬 것을 권유했다. 부모는 자신의 아이도 이 기관에 다닐 권리가 있다면서 전출을 거부했다. 〈출처: 교사면담기록지.〉

권리	사례
참여권	급식제공 시 교사는 원아가 김치가 먹기 싫다고 말했지만 먹어야 착한 아이라며 몇 개만 먹어 보라고 하였다. 원아는 교사의 권유에 못이겨 교사 앞에서 억지로 먹었지만 부모에게 이 사실을 말했다. 부모는 먹기 싫은 음식을 억지로 먹게 하는 것은 아동학대라며 항의했고 앞으로는 아이가 먹기 싫어하는 음식은 억지로 먹이지 말라고 요구했다. 〈출처: 교사면담기록지.〉
	기독교적 세계관을 기반으로 운영하는 원에서 원아의 의사와는 무관하게 매일 점심시간에 원아 모두에게 기도를 시키고 주 1회 예배를 드렸으며, 성경을 인용하여 인성교육을 실시하였다. 이에 대해 학부모가 민원을 제기했고, 원장은 부모에게 종교활동 동의서를 제출받는 등 부모의 동의를 구했다고 해명했으나 관리기관으로부터 경고를 받았다. 〈출처: CTS뉴스(2019.6.3.).

4) 아동권리와 아동복지 구현을 위한 영유아교육기관의 역할

(1) 권리교육의 강화를 통한 아동복지 구현

권리교육이 강조되면서 국내에서 유·초·중·고 권리교육과정(서울대교육연구소, 2003), 유아 및 교사용 인권교육프로그램(국가인권위원회, 2011a, 2011b)이 개발되었다. 현재 영유아교육기관에서는 권리교육의 일환으로 영유아대상 인성교육이 의무화되었다. 또한 영유아교육기관 교사를 대상으로는 영유아 권리존중과 아동학대 예방교육, 인성교육 등을 의무적으로 받도록 하고 있다. 실제로 교육현장에서 영유아 권리에 대한 인식은 어느 정도인지 점검할 필요가 있으며 그동안 영유아에게 실시했던 교육, 대화, 행동이 진정으로 아동을 존중하는 것이었는지, 영유아를 존중하지 않는다는 것을 알면서도 무시해 버리지는 않았는지 점검해 볼 필요가 있다. 영유아교육기관에서는 '영유아 권리를 어떻게 보장해 주며 하루일과를 운영할 것인가? 4대 권리를 복지에 기반해서 어떻게 보장해 줄 것인가?'를 고민해 보아야 한다.

(2) 부모와의 파트너십 구축을 통한 영유아의 놀 권리보장

육아정책연구소(2019)가 만 2세와 만 5세의 하루일과를 분석한 결과를 보면 우리나라 영유아는 상대적으로 학습시간이 지나치게 길며 전자기기에 노출되는 시간도 다소 길게 나타나 영유아의 건강한 성장과 발달을 위해서는 개선이 필요하다고 보인다. 특히 지나친 학습시간은 지나친 사교육과 관련이 되므로 이에 대한 대책을 마련할 필요가 있다. 유엔아동권리협약 31조의 '아동은 충분히 쉬고 자신의 나이에 맞는 놀이에 자유롭게 참여할 권리가 있다'는 것을 부모들이 인식하게 해야 하며 적정한 학습시간과 휴식시간 보장, 유아창의놀의의 확대가 필요하고 전자기기 사용에 대한 학부모의 교육이 필요하다고 볼 수 있다.

영유아교육기관에서는 영유아의 권리와 복지실현을 위해 부모들과 파트너십을 맺고 권리존중을 위한 양육지원을 할 필요가 있다. 놀 권리를 보장받고 있는 북유럽 영유아들이 이후 성취가 뛰어나다는 사실과 어린 시기에 지나친 학습에의 노출이 오히려 부정적인 영향을 미칠 수 있다는 것을 부모에게 알릴 필요가 있다.

(3) 장기종단 연구수행 및 결과 공유를 위한 교육의 방향제시

지나친 조기사교육의 부정적인 결과와 다양한 사례 공유를 통해 현실을 일깨우고 사교육을 포함한 전반적인 교육에 초점을 둔 장기종단 연구를 수행하고 그 결과를 공유하여 학부모의 불안감을 감소시키고 학부모에게 바람직한 교육방향을 제시할 필요가 있다.

함께 생각해 보기

낮잠시간 후 간식시간이 되었습니다. 간식은 소고기죽입니다. 간식을 먹고 빨리 귀가해야 하는 원아가 계속 잠을 자려고 합니다. 억지로 깨워서 간식을 먹여야 할까요? 아니면 계속 잠을 자도록 해야 할까요?

02

CHAPTER

아동권리와 복지의 내용과 분류

학습 목표

- 아동복지의 대상과 분류기준에 따른 내용을 안다.
- 아동권리의 유형을 안다.
- 유엔아동권리협약의 내용과 구성을 안다.
- 아동권리와 복지의 기본전제를 이해한다.

학습 내용

지식	기술	태도
• 아동복지의 대상 및 유형 • 아동권리의 유형 • 유엔아동권리협약의 내용	• 분류기준에 따른 아동복지서비스 구분 • 아동권리의 유형 인식	• 아동권리를 이해하고 존중하는 태도

주요 용어

- 아동복지서비스
- 아동권리의 유형
- 아동권리의 내용
- 아동권리와 복지의 기본전제

CHAPTER 02

아동권리와 복지의 내용과 분류

1. 아동복지의 대상

'아동복지'란 아동이 행복한 삶을 누릴 수 있는 기본적인 여건을 조성하고 조화롭게 성장·발달할 수 있도록 하기 위한 경제적·사회적·정서적 지원을 말한다(국가법령정보센터, 2020). 아동복지를 실천하기위한 아동복지서비스는 점차 지원대상을 확대하여 보편성을 추구하고 있다. 본 절에서는 아동복지서비스의 주요 대상과 내용을 살펴보고자 한다.

1) 아동복지서비스의 대상

아동복지서비스의 대상이 과거에는 보호를 필요로 하는 아동이 중심이었다면, 지금은 모든 아동을 대상으로 하고 있다. 이는 소극적 의미에서의 아동복지에서 적극적 아동복지서비스로 개념이 변하고 있음을 의미한다. 또한 아동이 건강하고 안전하게 성장하기 위해서는 부모의 보호와 양육이 필요하므로 부모도 복지의 대상에 포함시킬 수 있다. 즉, 아동복지서비스의 대상은 요보호아동과 일반아동뿐 아니라 아동의 부모도 복지의 대상에 포함된다.

(1) 요보호아동

요보호아동이란 보호를 필요로 하는 '보호대상아동'을 의미한다. '보호대상아동'이란 「아동복지법」 제3조 제4호에 의해, 보호자가 없거나 보호자로부터 이탈된 아동 또는 보호자가 아동을 학대하는 경우 등 그 보호자가 아동을 양육하기에 적당하지 아니하거나 양육할 능력이 없는 경우의 아동을 의미한다(국가법령정보센터, 2020).

아동은 일반적으로 가정에서 부모의 관심과 사랑을 받으며 건전한 인격을 갖춘 사회구성원으로 성장해야 하지만 아동이 의도치 않게 가정의 보호를 적절하게 받지 못하면 사회적 차원의 보호를 필요로 한다(오정수, 정익중, 2013). 이때의 보호조치로는 아동양육시설 일시보호시설, 장애아동시설, 공동생활가정 등의 시설보호 조치가 취해진다.

이러한 보호조치가 필요한 아동이 발생하는 원인으로는 아동학대, 빈곤, 부모의 실직, 부모의 사망, 질병, 이혼 등이 있다. 보호대상 아동의 발생은 경기의 영향을 많이 받고 있으며, 아동보호는 비밀입양 위주의 입양문화, 혈연중심의 가족문화 등으로 인해 입양·가정위탁보다는 아동시설보호 위주로 이루어져 왔다. 보호대상 아동은 2000년 9,085명에서 2005년 9,420명, 2010년 8,590명에서 2019년 4,047명으로 집계되었다(e-나라지표, 2020).

요보호아동은 점차 수가 줄고 있으나, 부모의 이혼이나 학대 같은 가족기능 약화에 의한 발생이 큰비중을 차지하고 있다.

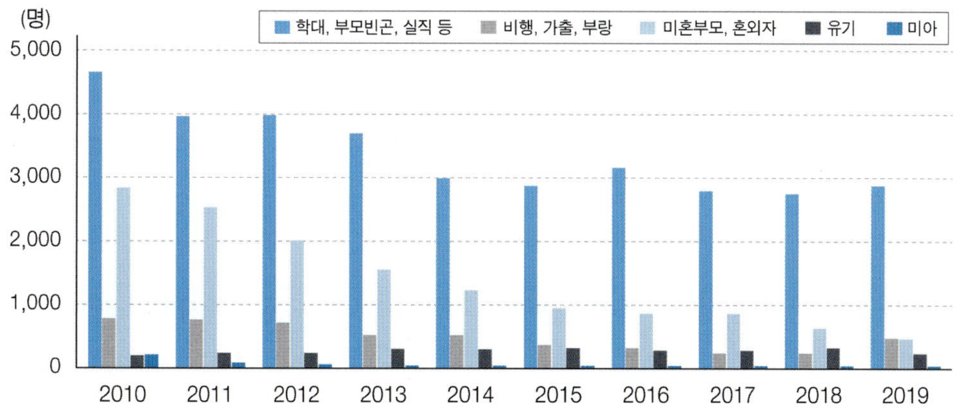

[그림 2-1] **보호조치 아동의 발생원인(출처: e-나라지표, 2020)**

요보호아동의 유형 및 범위는 다음의 〈표 2-1〉과 같다.

〈표 2-1〉 **요보호아동의 유형 및 범위**

구분	내용
양육환경상 보호가 필요한 아동 · 청소년	• 가족의 구조와 기능이 결손되어 건강한 양육환경하에서 성장하기 힘든 경우 • 빈곤가정아동 · 청소년, 결손가정 아동 · 청소년, 부모부재 아동 · 청소년
신체적 · 정신적 · 정서적으로 문제나 장애를 가진 아동 · 청소년	• 아동 · 청소년이 가진 독특한 심신상의 결함으로 인해 정상적인 사회참여에 제한을 받고 있고, 독립적인 인격체로서의 존엄성을 침해받는 경우 • 신체장애 아동 · 청소년, 정신장애 아동 · 청소년, 정서장애 아동 · 청소년
사회적 · 법적 보호가 필요한 아동 · 청소년	• 가출 아동 · 청소년, 비행 아동 · 청소년
특별보호를 요하는 아동 · 청소년	• 학대 및 유기된 아동 · 청소년, 미혼모의 아동 · 청소년

출처: 임시아(2017).

(2) 일반아동

일반아동은 특별한 보호를 받지 않고 생활할 수 있는 아동이다. 오늘날의 사회복지서비스는 모든 아동들을 대상으로 그들의 인권과 행복한 생활을 보장하는 보편적 사회복지서비스를 표방하며 보호와 예방이라는 차원에서 복지의 대상에 일반아동까지 포함하고 있다.

일반아동의 건전한 성장을 위해서는 아동의 기본적인 욕구를 충족시켜야 하고, 아동의 권리 보장을 위한 노력으로 아동에게 최선의 이익이 돌아가도록 해야 한다. 또한 아동의 생존과 보호, 발달과 관련한 아동 고유의 특성을 이해하고, 그들이 적절한 사회활동에 참여할 기회를 가질 권리를 누리도록 도움을 제공해야 한다. 특히 우리나라의 일반아동은 부모와 사회의 과도한 학업적 성취에 대한 요구, 유해한 사이버 환경에의 노출, 학교폭력문제 등을 경험하면서 위기에 노출되기도 한다. 따라서 일반아동들이 건강하게 성장하여 한 사회의 구성원으로 기능할 수 있도록 하는 보편적 복지서비스가 필요하다. 일반아동을 위한 복지서비스의 예로는 의무교육제도, 안전한 사회환경 조성, 교육 및 보육, 아동수당제도, 신체활동이 가능한 충분한 놀이시설 확충 등이 포함된다.

아동복지가 궁극적으로 모든 아동이 건강하고 행복하게 성장하고 발달하는 것이라고 본다면, 아동복지의 대상도 모든 아동들이 포함되어야 한다.

한국의 아동문제는 더 이상 소수의 요보호아동만의 문제는 아니며 아동에 대한 투자는 전체적인 사회복지의 기조가 되고 있으므로, 아동정책의 대상에 대한 인식을 전환할 필요가 있다. 또한 정부는 적극적으로 모든 아동들이 출생 초기부터 자신들의 발달에 필요한 최적의 출발을 할 수 있는 사회환경을 제공해 줄 수 있어야 한다. 이를 위해 가족 울타리 내에서 아동에 대한 접근이 이루어져야 하며 가족 간의 친밀감 및 가족의 안정성 강화, 민주적이고 평등한 가족관계 증진 등 가족서비스와의 연계하에서 아동을 위한 정책이 수행되어야 한다(김미숙 외, 2007).

(3) 부모 및 보호자

아동의 건강한 성장과 발달을 위해 부모 및 보호자는 양육과 보호, 교육의 책임을 다해야 한다. 「아동복지법」 제3조에 의하면, 보호자란 친권자, 후견인, 아동을 보호·양육·교육하거나 그러한 의무가 있는 자 또는 업무·고용 등의 관계로 사실상 아동을 보호·감독하는 자를 말한다. 보호자는 아동을 가정에서 그의 성장시기에 맞추어 건강하고 안전하게 양육하여야 하며, 아동에게 신체적 고통이나 폭언 등의 정신적 고통을 가하여서는 아니 된다. 모든 국민은 아동의 권익과 안전을 존중하여야 하며, 아동을 건강하게 양육하여야 한다(국가법령정보센터, 2020).

아동과 관련된 문제의 배경에는 부모가 있다고 볼 수 있다. 특히 부모 및 보호자의 양육태도가 부적절하거나 아동에 대한 이해가 부족하여 학대와 방임, 유기 등의 문제가 발생할 수 있다. 이때 복지서비스를 통해 부모의 역할 수행을 지원하고 지지함으로써, 아동이 행복하고 안전하게 자랄 수 있도록 하는 아동복지의 궁극적 목적이 실현되도록 해야 한다.

무엇보다 부모 자신이 부모로서의 일차적인 책임과 의무를 수행하는 노력이 요구되기에, 자녀양육에 대한 준비와 상담 및 교육과 관련된 프로그램은 모든 계층의 부모에게 제공되는 것이 바람직하다. 만약 아동의 보호를 담당하는 보호자가 존재하지 않는 경우 아동은 보호자(친권자)를 제공받아야 한다.

2. 아동복지의 분류

아동복지서비스는 일반적으로 서비스 제공장소, 서비스 기능, 방어선 위치를 중심으로 분류할 수 있다. 아동복지서비스가 전달되는 장소, 아동과 원가정의 관계를 지원하는 기능, 건강하고 안녕한 삶을 위한 방어선의 위치 등이 분류기준이 된다.

1) 서비스 제공장소에 의한 분류

서비스 제공장소에 의한 분류는 아동복지서비스가 전달되는 장소를 기준으로 하는 분류방법이다. 즉, 가정 내 서비스(in-home service)와 가정 외 서비스(out of service)로 구분할 수 있다.

가정 내 서비스는 재가서비스라고도 한다. 가정 내 서비스는 아동이 다른 가족 구성원과 함께 생활하면서 본인에게 필요한 서비스를 제공받는 형태이고, 가정 외 서비스란 아동이 가정을 떠나 시설이나 다른 가정에 거주하면서 양육 및 서비스를 제공받는 형태를 의미한다.

가정 내 서비스는 아동이 속해 있는 가정이 역기능의 위험요소를 가지고 있거나, 가족기능이 원활히 수행되기 어려운 경우에 제공된다. 또한 원가정이 바람직하게 기능할 수 있도록 결핍된 부분을 보충해 줌으로써 원가정의 해체와 붕괴를 막아 주는 기능을 한다. 가정 외 서비스는 아동의 기본적인 욕구가 충족되기 어렵거나, 가정의 해체나 기능약화로 인해 아동이 일정 기간 또는 영구적으로 가정을 떠나야 하는 경우에 시행된다. 즉, 시설이나 다른 가정에서 생활하면서 보호받는 경우에 해당하며, 입양서비스, 가정위탁서비스, 시설보호 서비스 등이 포함된다.

〈표 2-2〉 **가정 내 · 외 서비스의 기능 및 유형**

제공 장소	기능	서비스유형
가정 내 서비스 (in-home service)	• 아동의 기본적인 욕구 불충족의 경우 • 부모-자녀 관계의 문제나 장애가 발생할 경우	• 상담서비스 • 방임이나 학대아동 보호서비스
가정 외 서비스 (out-of-home service)	• 아동의 특별한 욕구를 충족시키기 위한 경우 • 가정해체나 기능의 악화로 인해 아동을 보호해야 하는 경우	• 가정위탁보호사업 • 입양사업 • 시설보호사업

출처: 김미영(2018).

2) 서비스 기능에 의한 분류

서비스 기능에 의한 아동복지서비스 분류방법은 Kadushin이 제시한 세 가지 모형을 기준으로 지지적 서비스, 보충적 서비스, 대리적 서비스로 구분하는 것이다. 지지적 서비스(Supportive service), 보충적 서비스(Supplementive service), 대리적 서비스(Substitutive service)로 구분하며, 첫 글자를 따서 3S모델이라고도 부른다.

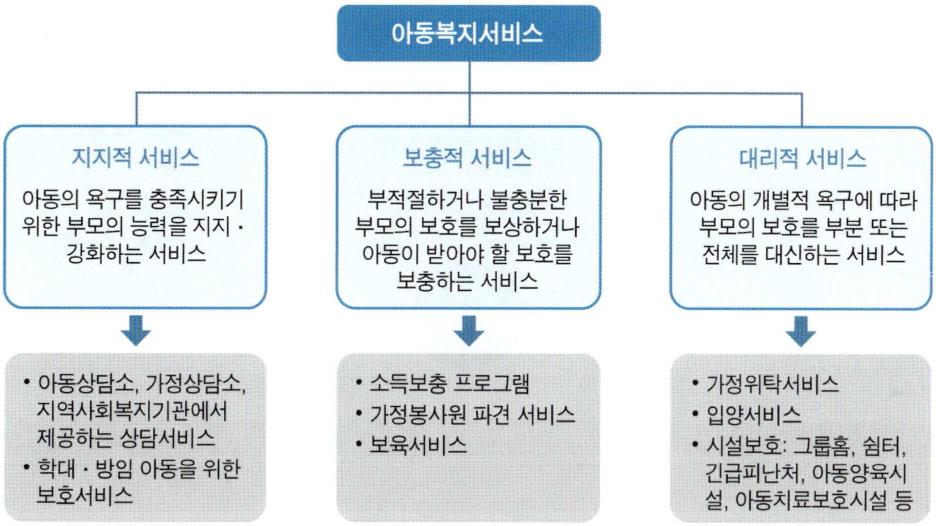

출처: 임시아(2017).

[그림 2-2] Kadushin의 아동복지서비스 유형분류

(1) 지지적 서비스

지지적 서비스(Supportive service)는 부모와 자녀가 좋은 관계를 유지함으로써 문제를 사전 예방하는 차원에서 이루어지는 서비스이다. 지지적 서비스는 아동이 자신의 가정에서 부모의 양육과 보호를 받으며 성장할 수 있도록 지원하는 기능을 수행하며, 가족관계 개선과 가족기능 회복을 목적으로 한다.

지지적 서비스 유형으로는 아동복지기관, 아동상담소, 가족상담소 등을 통한 서비스 등이 있다. 지지적 서비스 기관은 부모나 아동의 역할을 대행해 주는 것은 아니며, 그들의 사회적 기능 수행을 상담이나 치료, 지역사회프로그램을 통해 지원해 준다. 예를 들면, 「건강가정기본법」 제 35조에 따라 설립된 건강가정지원센터는 정부의 가족정책 추진방향에 근거하여 건강가정사업을 실시하고, 가정문제의 예방, 상담 및 치료, 건강가정 유지를 위한 프로그램 개발, 가족문화운동 전개, 가정관련 정보 및 자료를 제공하는 사업을 수행한다. 건강가정지원센터의 가정지원사업의 내용은 다음 그림과 같다.

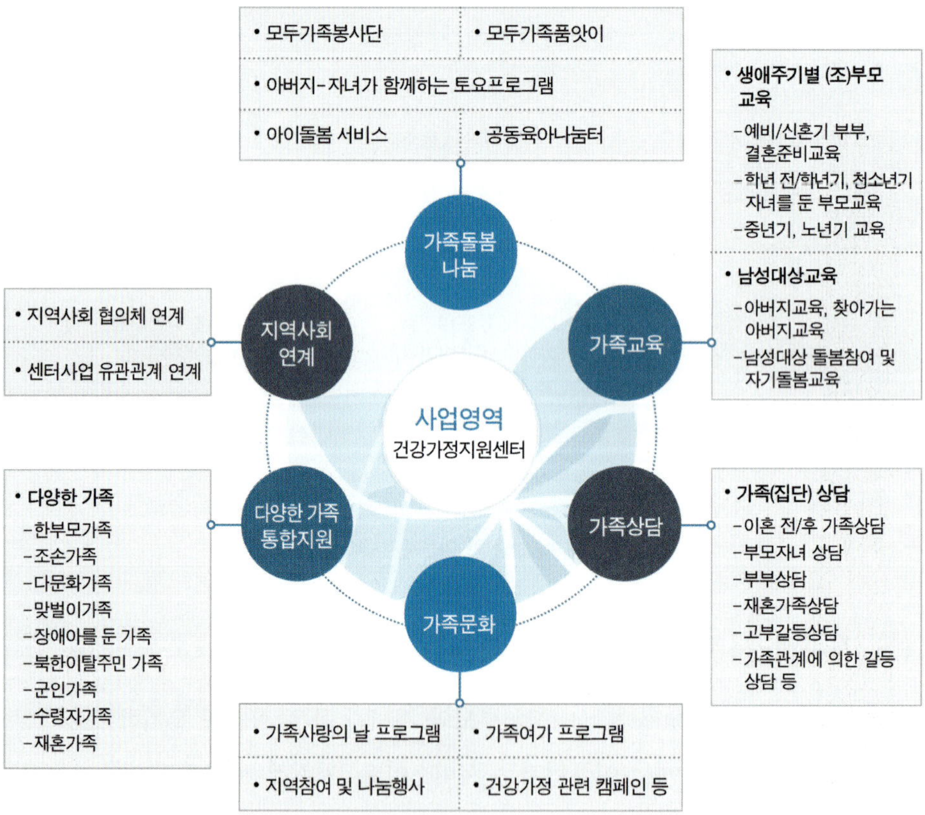

출처: 건강가정지원센터(2020).

[그림 2-3] 건강가정지원센터의 가정지원사업

(2) 보충적 서비스

보충적 서비스(Supplementary service)는 가정 내에서 이루어지는 서비스 유형이다. 보충적 서비스는 부모의 역할이 부족하거나 부적절할 때 부모 역할 일부를 보조하거나 대행하는 서비스이며, 보완적 서비스라고도 한다.

예를 들면, 빈곤가정 부모가 경제활동을 위해 부모역할을 충분히 수행하지 못할 때, 아동을 위하여 생활보호, 아동수당지원, 보육사업 등을 제공하는 경우이다(이효정 외, 2017). 이 외에도 자녀 양육의 일부를 사회적 제도를 통해 지원하는 영유아 보육서비스, 방과후 아동지도, 학대받는 아동을 보호하기 위한 아동학대 예방서비스, 부모의 질병이나 부재 중 아동의 가사를 돌봐 주는 가사조력 서비스 등이 포함된다.

영유아 보육서비스는 보호자가 근로, 질병 및 기타 사정으로 아동을 보육하기 어려운 경우 보호자의 위탁을 받아 하루 중 일정 시간 동안 보호와 교육을 제공하는 서비스이다. 가사조력 서비스는 어머니의 부재로 어머니 역할 기능이 불충분하거나 역할이 부적절하게 수행될 때, 어머니의 역할을 일정 기간 제공함으로써 가정생활의 정상적인 보호와 유지가 가능하도록 하는 서비스 활동을 말한다. 이 서비스를 수행하는 가정봉사원은 가사를 보조하는 가사도우미의 역할과 함께 아동 양육 및 가정관리, 돌봄에 대한 모델링의 역할을 수행한다.

(3) 대리적 서비스

대리적 서비스(Substitute service)는 제3자가 부모 역할의 전부를 대행하는 서비스를 말한다. 즉, 부모가 역할을 수행할 수 없어 양육기능을 일시적 또는 영구적으로 포기하고 아동은 자신의 가정을 떠나 다른 가정이나 시설에서 생활하는 것이다(Kadushin, 1988, 임시아, 2017 재인용). 대리적 서비스에는 가정위탁서비스, 입양서비스, 시설보호서비스 등이 해당된다.

가정위탁서비스는 친가정에서 자랄 수 없는 아동에게 다른 가정을 제공하여 보호하

는 서비스이다(아동권리보장원, 2020).

가정위탁은 친부모의 사정으로 친가정에서 아동을 양육할 수 없는 경우, 일정 기간 위탁가정을 제공하여 보호하고 양육하는 아동복지제도입니다.

>> 가정위탁보호의 4주체

▶ 위탁아동, 친가정(부모), 위탁가정(부모)과 가정위탁지원센터가 가정위탁 4주체로 협력하여 참여하고 있습니다.

위탁아동	보호가 필요한 아동 중 가정위탁으로 보호 조치된 아동
위탁부모(가정)	일정 기간 동안 친가정(부모)의 역할을 대신해 위탁아동을 보호, 양육하며 친가정 복귀를 돕는 부모(가정)
친부모(가정)	위탁아동의 친권을 갖고 있는 친부모로 아동의 정상적인 보호, 양육이 어렵게 되어 일정 기간 가정위탁보호를 요청한 부모
가정위탁지원센터	시, 도 및 시, 군, 구의 가정위탁보호 업무를 지원, 협력하며 위탁아동이 건강하고 안정적인 가정 내에서 보호, 양육될 수 있도록 지원하는 기관

출처: 아동권리보장원(2020).

[그림 2-4] **가정위탁서비스의 개념 및 주체**

입양서비스는 법적으로 영원한 친자관계를 맺도록 하는 서비스로서, 입양이란 혈연적으로 친자관계가 없는 사람 사이에 법률적으로 친자관계를 맺는 신분행위를 의미한다(아동권리보장원, 2020). 즉, 친부모가 가진 아동에 대한 모든 권리와 의무가 소멸되고, 타인에게 양육의 권리와 의무가 넘어가는 것이다.

3) 방어선의 위치에 의한 분류

Zuckemam(1983)은 아동의 건강과 안녕한 삶을 보장하기 위해 3가지 방어선으로 아동복지서비스를 분류하였다. Zuckemam(1983)의 기준을 중심으로 분류한 내용은 다음과 같다.

〈표 2-3〉 Zuckemam의 방어선에 의한 아동복지서비스 유형

1차 방어선	2차 방어선	3차 방어선
• 상담 및 교육서비스 • 보육서비스 • 보호서비스 등	• 가정위탁보호 서비스 • 입양서비스	• 집단보호 및 치료서비스

출처: 김미영(2018).

(1) 1차 방어선

1차 방어선은 아동의 가정이 제기능을 유지하고 강화하도록 하는 가정 내 서비스를 의미한다. 아동의 원가정에서 부모-자녀 간의 관계가 원만하지 않거나 장애가 발생한 경우 1차적으로 가정 내 서비스를 제공함으로써 가정의 기능을 회복하도록 지원하는 방법이다. 1차 방어선에 해당하는 서비스 유형으로는 상담 및 교육서비스, 보육서비스, 아동학대에 대한 보호서비스, 지역사회 중심의 아동복지사업, 소득보완사업 등이 있으며 대부분의 아동복지사업이 1차 방어선에 속한다.

(2) 2차 방어선

아동복지서비스의 2차 방어선은 대리가정 서비스를 의미한다. 가족의 붕괴나 해체로 인해 아동이 원가정의 보호를 받을 수 없을 때 2차 방어선이 제공된다. 2차 방어선에 해당하는 서비스로는 가정위탁보호 서비스, 입양서비스 등이 있다.

(3) 3차 방어선

3차 방어선은 시설보호 서비스이다. 아동이 대리가정에서도 충분한 보호나 양육을 받을 수 없을 때 시설보호 서비스가 제공될 수 있다. 시설보호 서비스가 양질의 서비스를 수행하기 위해서는 소규모 집단 시설로 운영되어야 하며, 다양한 욕구를 가진 아동들의 특성을 반영한 프로그램들이 개발되어야 할 필요가 있다.

3. 아동권리의 유형

권리는 어떤 일을 주체적으로 하거나 타인에 대해 정당하게 주장하고 요구할 수 있는 힘 또는 자격을 말한다. 권리는 인간의 여러 가지 욕구에 대한 사회적 표명이므로 권리의 내용은 욕구로 볼 수 있다(도미향, 2017). 따라서 아동 역시 한 인간으로서 권리를 가진 주체적 존재임을 전제로, 아동의 권리란 인간으로서 누려야 할 기본적인 욕구이며 아동이 독립된 인간으로서 최소한의 기본생활을 영위하기 위해 필요한 욕구를 의미한다고 볼 수 있다. 본 절에서는 아동의 권리를 자유권, 평등권, 복지권으로 나누어 김이영(2018)의 내용을 기초로 살펴보고자 한다.

1) 아동의 자유권

아동이 가진 자유권은 소극적 자유권과 적극적 자유권으로 나눌 수 있다. 소극적 자유권이란 자신이 하고자 하는 바를 타인으로부터 침해받지 않을 권리를 의미한다. 방임, 유기, 체벌, 학교폭력, 왕따 같은 대부분의 아동권리침해 문제는 아동의 소극적 자유권 침해에서 발생한다. 소극적 자유권 침해는 부모 이혼 등의 가정 해체와, 아동이 주로 생활하는 일상생활 및 기관과 학교 상황을 중심으로 발생하는 경향이 있다. 소극적 자유권은 모든 권리를 향유하고 행사하는 초석이 된다는 점에서 중요한 존재 이유가 있다.

적극적 자유권은 아동이 능동적으로 행사하는 권리를 의미한다. 아동이 능동적으로 행사할 수 있는 권리란 적극적인 행동의 자유, 학문의 자유, 의사표현의 자유, 집회 및 결사의 자유, 표현의 자유, 두발과 복장의 자유 등이 포함된다. 결국 적극적 자유권이란 아동이 스스로 선택하고 계획한 현재와 미래의 삶에 요구되는 모든 것을 자율적으로 판단하는 권리와 그러한 삶을 계획할 권리 등을 모두 포함하는 권리를 의미한다.

2) 아동의 평등권

평등권이란 아동이 부모의 사회경제적 지위에 따른 차별을 받지 않을 권리, 교육상의 동등한 대우를 받을 권리, 동등한 공교육을 받을 권리, 동등한 교육기회에 접근할 권리, 성으로 인한 차별을 받지 않을 권리, 신체적 사유로 차별을 받지 않을 권리, 학업부진으로 인한 교육기회를 박탈하지 않을 권리 등을 포함한다.

아동의 평등권은 아동권리의 보장이라는 측면에서 매우 중요한 의미를 지닌다. 즉, 평등권은 아동의 실제 생활 속에서 아동의 권리를 실질적으로 신장시키고 개선하기 위해 현실적으로 필요한 것이다. 아동의 평등권 실현을 위해서는 아동의 개인차 및 개성 존중, 문화의 차이 인정, 교육기회의 실질적인 보장과 같은 노력이 요구되며, 이러한 노력은 사회의 정책적 배려와 불평등을 조장하는 구조적 모순을 해소하는 일을 포함한다.

3) 아동의 복지권

복지권이란 기본적 생계와 교육에 대한 결핍에서 벗어날 수 있는 권리를 의미한다. 아동의 복지권은 생활보호대상 아동의 문제, 결식아동의 문제, 소년소녀가장의 문제 등을 포함하여 매우 포괄적인 권리이다. 여기에는 무상의무교육의 형태로 기본적인 교육을 받을 권리가 포함된다(김정래, 2002)

실제로 아동을 대상으로 하는 권리교육프로그램의 상당 부분이 복지권에 할애되어 있다는 것은, 전 세계의 많은 아동이 기본적인 양육과 교육이 결핍된 상황에 처해 있어

이들을 위한 특별한 보호와 양육이 필요함을 시사한다. 인간이 자신의 자유의사에 따라 하고 싶은 것을 하기 위해서는 우선 기본적인 생활이 보장되어야 하기 때문이다.

4. 아동권리의 분류

「국가인권위원회법」 제2조에서는 인권을 "헌법 및 법률에서 보장하거나 대한민국이 가입 · 비준한 국제인권조약 및 국제관습법에서 인정하는 인간으로서의 존엄과 가치 및 자유와 권리"라고 정의하고 있다. 인권은 보편적 권리이므로 아동 역시 한 인간으로서 적절한 의식주를 제공받으며 건강하고 위생적인 삶을 향유하며 문화적인 생활을 누릴 수 있는 복지권을 가진다. 또한 모든 아동은 폭력과 공포, 학대나 방임으로부터 보호받을 권리를 가지며, 자신의 의견을 주장하고 결정할 수 있는 권리와 자신이 원하는 각종 활동에 참여할 수 있는 권리를 갖는다.

1) 아동인권 사상

인권은 인간이기 때문에 갖는 권리이다. 어른과 아동, 피부색, 종교와 정치, 문화적 배경, 사는 곳에 상관없이 사람이라면 누구나 행복하고 건강하게 살 기본적인 권리가 있다. 사람으로서 가진 기본적인 권리가 존중받아야 함을 세계 최초로 인정한 것은 1948년 유엔 세계인권선언이다. 세계인권선언 1조는 "모든 사람은 자유로운 존재로 태어났고, 똑같은 존엄과 권리를 가진다"라고 명시하고 있다. 세계인권선언은 현재 세계적으로 가장 많이 인용되는 인권 선언으로 많은 국제협약과 선언의 바탕이 되었으며,

세계인권선언에 담긴 인권 존중의 이념은 현재 수많은 국가의 헌법과 법률에 반영되어 있다.

그럼에도 불구하고 아동은 인권을 가진 권리의 주체로서 인식되기까지 매우 오랜 시간이 걸렸다. 즉, 아동은 부모의 소유물, 종족 유지, 국가 방위의 수단으로 간주되기도 하였으며, 20세기에 들어와서야 보호의 대상으로 인식되기 시작했다. 아동은 나이가 어리다는 이유로 부모의 소유물로 여겨지기도 하였고, 자신에 대한 결정을 내릴 수 없는 미성숙한 존재로 여겨지기도 했다. 이 때문에 아동은 권리의 주체로 인정받기 어려웠으며, 어른이 될 때까지는 아동 자신에 대한 중요한 결정을 부모나 어른이 대신할 수 있다고 여겨져 왔다.

그러나 세계인권선언, 아동권리에 관한 제네바 선언, 아동권리선언은 아동이 특별한 보호와 도움을 받을 권리를 지니고 있음을 명시하고 있다. 즉, 아동은 아직 신체적, 정신적으로 발달하는 단계에 있기 때문에 어른이 될 때까지 건강하게 잘 자랄 수 있도록 특별한 보호와 보살핌을 받을 권리를 가지고 있다는 것이다. 이는 아동에 대한 보호와 보살핌을 그들이 마땅히 누려야 할 권리로 명시하고 있다는 점, 아동을 바라보는 시각과 태도, 양육 방식, 아동과 관련된 제도와 정책에 많은 영향을 미치고 있다는 점에서 중요한 의의가 있다(국가인권위원회, 2018).

2) 아동권리의 분류

아동이 누릴 수 있는 권리는 아동이 속해 있는 사회·문화적 배경과 아동의 발달특성 등에 따라 여러 가지로 분류할 수 있다.

특히 유엔아동권리위원회는 아동권리협약 이행에 관한 국가보고서 일반지침 중 무차별 원칙(제2조), 아동 이익 최우선의 원칙(제3조), 생명·생존 및 발달의 원칙(제6조), 의사 존중의 원칙(제12조) 네 가지를 기초로 아동의 생존권, 보호권, 발달권, 참여권으로 아동의 권리를 분류하고 있다.

(1) 생존권

아동이 기본적인 삶을 누리는 데 필요한 권리로 생활에 적합하고 안전한 주거지에서 적절한 수준의 생활을 누릴 권리, 충분한 영양과 기초 의료서비스를 제공받을 권리를 말한다.

(2) 발달권

아동이 가진 잠재능력을 최대한 발휘할 수 있도록 필요한 교육을 받고, 여가 및 문화생활을 즐기며, 정보이용, 생각과 양심 · 종교의 자유를 갖는 권리를 의미한다.

(3) 보호권

모든 유형의 학대와 방임, 폭력 등 해로운 상황으로부터 안전하게 보호받고 돌봄을 받을 권리를 의미한다. 특히 특별조치 상황에 처한 아동도 보호권에 따라 보호받을 수 있어야 한다.

(4) 참여권

아동이 속한 나라와 지역사회에서 자유롭게 의사를 표현하며 존중받는 권리로 표현 · 양심 · 종교의 자유와 사생활 보호, 유익한 정보를 얻을 권리 등이 해당된다.

이 외에도 아동의 권리에 대한 여러 학자들의 견해는 다음의 표에 제시되어 있다.

〈표 2-4〉 **아동권리의 구분 및 내용**

<table>
<tr><th>학자</th><th>구분</th><th>내용</th></tr>
<tr><td rowspan="4">Freeman</td><td>복지권</td><td>• 생존과 복지를 위한 기본적 권리
• 영양, 의료, 주거, 건강, 교육 등의 권리</td></tr>
<tr><td>보호권</td><td>• 안전한 성장을 위해 보호받을 권리
• 부적절한 양육, 방임, 착취, 학대, 유해환경으로부터 보호받을 권리</td></tr>
<tr><td>성인권</td><td>• 성인과 부당하게 차별받지 않을 권리
• 투표, 노동, 결혼, 운전, 표현의 자유 등의 권리</td></tr>
<tr><td>부모에 대응하는 권리</td><td>• 부모의 과도한 통제와 간섭으로부터 자유롭게 자기 결정을 할 수 있고 독립적으로 행동할 수 있는 권리
• 자신의 외모에 관한 결정, 진로 선택, 의료조치, 거주지 선택, 임신중절 등의 권리</td></tr>
<tr><td rowspan="3">김정래
(2002)</td><td>소극적 자유권</td><td>• 자유의사에 따라 행위에 대해 방해받거나 침해받지 않을 권리</td></tr>
<tr><td>적극적 자유권</td><td>• 자신의 삶을 능동적으로 선택 · 계획 · 실현하기 위한 권리
• 교과서 내용에 대한 학습거부권, 의무교육편성과정에 대한 참여권, 의사표현의 자유, 집회 결사의 자유, 사생활의 자유에 대한 권리</td></tr>
<tr><td>평등권</td><td>• 평등한 대우와 차별로부터의 보호
• 인종, 피부색, 성별, 언어, 종교, 사회적 출신, 재산, 장애 여부 등에 따라 차별받지 않을 권리</td></tr>
<tr><td rowspan="5">강현구
(2014)</td><td>생존 및 성장발달권</td><td>• 타고난 조건에 관계없이 존중되고, 신체적 · 정신적으로 성장하고 발달할 권리</td></tr>
<tr><td>시민권과 자유권</td><td>• 사회의 미래 시민으로서 자유롭게 자신의 의견을 제시하고 자기 미래를 결정할 수 있는 권리</td></tr>
<tr><td>양육보장권</td><td>• 안전하게 양육될 권리
• 발달에 적합한 환경을 보장받을 권리</td></tr>
<tr><td>복지권</td><td>• 타고난 능력이나 상태와 관계없이 기초적인 보건을 유지하고 자신의 복리를 보장받을 권리</td></tr>
<tr><td>교육 및 문화향유권</td><td>• 잠재된 능력을 개발하기 위해 교육받을 권리와 여가 및 문화적 활동을 보장받을 권리</td></tr>
</table>

5. 아동권리의 내용

인권을 기본권으로 규정한 「헌법」의 의미를 바탕으로 아동의 권리는 자유권과 사회권으로 나누어 볼 수 있다. 자유권이란 국가권력에 의해 개인의 자유를 침해당하지 않을 권리를 의미한다. 사회권이란 국민이 인간다운 생활을 할 수 있도록 국가에 요구할 수 있는 권리를 의미한다. 본 절에서는 아동권리의 내용으로 자유권과 사회권, 유엔아동권리협약의 내용을 살펴보기로 한다.

1) 자유권

자유권은 개인의 자유와 관련된 권리이다.

유엔아동권리협약은 자유권을 성명권, 국적취득권, 부모로부터 양육받을 권리, 신분보존의 권리, 표현의 자유, 사상 · 양심 · 종교의 자유, 결사와 집회의 자유, 사생활의 보호, 정보접근권으로 분류하고 있다.

2) 사회권

사회권은 인간다운 생활을 할 수 있도록 국가에 요구할 수 있는 권리이다.

유엔아동권리협약에 명시된 사회권은 정상적 가정생활을 누릴 수 있는 권리, 사회보장 혜택의 권리, 보건과 의료서비스를 받을 수 있는 권리, 교육을 받을 권리, 적절한 여가 · 오락 및 문화생활을 누릴 수 있는 권리, 방임이나 학대 및 착취로부터 보호받을 권리, 장애아동이 특별한 보호를 받을 권리 등이 포함되어 있다

3) 유엔아동권리협약

유엔아동권리협약(UN Convention on the Rights of the Child)은 이 세상 아동이라면 누구나 마땅히 누려야 할 권리가 있음을 명시하고 있으며 생존의 권리, 보호의 권리, 발달의 권리, 참여의 권리 등의 내용을 담고 있다.

이 협약은 1989년에 유엔에서 만장일치로 채택되었고, 현재 가장 많은 국가들이 비준하여 협약 당사국으로 가입한 인권협약이다. 비준이란 국가가 협약의 내용에 합의하고 협약을 지키기로 최종적으로 동의하는 절차를 말한다. 국가가 협약을 비준하고 협약 당사국으로 가입하면 국제협약이 그 국가에서 효력을 가지게 된다.

우리나라는 1991년 11월 20일에 협약을 비준하여 이후 아동권리보호를 위해 노력하고 있다. 이 협약은 각 나라에서 어린이 상황을 개선하는 기반이 된다.

(1) 배경

아동권리협약 이전부터 여러 나라들은 아동권리를 보호하고 실천하기 위한 노력을 해 왔다. 아동권리에 대한 국제적 관심이 시작된 것은 제1차 세계대전 이후 전쟁고아 같은 특별한 보호가 필요한 아동이 생기면서이다. 유엔의 이전기구인 국제연맹에서 1924년 아동의 권리에 관한 제네바 선언을 선포했는데, 제네바 선언에서는 인류는 가장 좋은 것을 아동에게 주어야 할 의무가 있다고 명시했다. 아동의 신체적 · 정신적 발달을 보장하고, 보호가 필요한 아동을 보호하고, 아동을 우선적으로 구조하고 보호하며, 모든 형태의 착취로부터 아동을 보호할 것과 아동의 재능을 개발하고 사회적 기여를 위해 양육할 것 등의 5개 조항을 주요 내용으로 하고 있다.

1948년 유엔이 선포한 세계인권선언 제25조는 '어머니와 아동은 특별한 보살핌과 도움을 받아야 한다'라고 명시했다. 즉, 아동은 성장 · 발달하는 단계에 있으므로 특별한 보살핌과 도움을 받아야 하며, 국제사회는 이를 지원해야 한다는 것이다. 이 조항을 기초로 제2차 세계대전을 거치면서 열악한 환경에 처한 아동에 대한 국제사회의 공동

관심이 확대되었으며 국제적인 구호 및 지원 활동도 늘어났다.

1959년 유엔이 선포한 아동권리선언은 아동이 선언에서 언급한 모든 권리를 누릴 자격이 있음을 강조하고 있다. 또한 건강한 발달을 위한 균등한 기회를 보장받고, 이름과 국적을 취득할 권리가 있으며, 장애아동은 특별한 보호를 필요로 한다는 점과 아동은 모든 형태의 차별로부터 보호받아야 함을 명시하고 있다.

(2) 아동권리협약의 기본원칙

첫째, 비차별의 원칙이다. 이 원칙은 모든 아동은 부모가 어떤 사람이건, 어떤 인종이건, 어떤 종교를 믿건, 어떤 언어를 사용하건, 부자건 가난하건, 장애가 있건 없건, 모두 동등한 권리를 누려야 함을 의미하고 있다.

둘째, 아동 최선의 이익 원칙이다. 이 원칙은 아동에게 영향을 미치는 모든 것들을 결정할 때는 아동의 이익을 최우선으로 고려해야 함을 의미한다.

셋째, 생존과 발달의 권리이다. 아동은 특별히 생존과 발달을 위해 다양한 보호와 지원을 받아야 한다는 원칙이다.

넷째, 아동 의견 존중의 원칙이다. 책임감 있는 어른이 되기 위해 아동은 자신의 능력에 맞게 적절한 사회활동에 참여할 기회를 갖고, 자신의 생활에 영향을 주는 일에 대해 의견을 말할 수 있어야 하며 그 의견을 존중받아야 한다는 원칙이다.

(3) 아동권리협약의 구성

아동권리협약은 전문과 총 54개 조항으로 구성되며 제1조부터 40조까지 실제적인 아동권리 내용을 담고 있다. 모든 권리들은 서로 연관되어 있으며 모두 똑같이 중요하다.

① 전문

전문은 아동권리협약 권리조항의 전제가 되는 인권, 아동권리 등의 중요한 가치에 대해 언급하고 있다. 또한 아동권리협약의 당사국들은 인권과 아동의 특별한 보호에 대해 동의한다는 전제하에 협약을 지키기로 약속한다는 점이 제시되어 있다.

전문에는 가정의 중요성과 국제협력의 중요성에 대해서도 다루고 있다. 즉, 가정은 아동의 발달과 행복을 위한 가장 기본적인 사회 집단이므로 가정이 그 역할을 다할 수 있도록 보호와 도움을 받아야 한다는 점이다. 또한 개발도상국 아동들의 생활여건 향상을 위해 국제사회의 협력이 중요함을 포함하고 있다.

② 54개 조항

제1조에서 40조는 실제적인 아동의 권리를 소개하고 있다. 즉, 생명권, 국적권, 신분 보존권, 의사표시권, 사상 · 양심 · 종교 · 집회 · 결사의 자유, 사생활의 권리 등의 시민적 권리, 가족동거권, 양육받을 권리, 건강 · 의료에 대한 권리, 사회보장, 교육권, 장애아동의 보호, 문화활동권 등의 사회적 · 경제적 · 문화적 권리를 담고 있으며, 마약, 인신매매, 무력분쟁으로부터의 보호도 규정하고 있다.

제41조는 협약의 법적인 효력을 설명하고 있다. 제42~45조는 협약의 홍보와 이행, 제46~54조는 협약의 비준에 관한 조항들로 구성되어 있다.

어린이를 위한 약속 유엔아동권리협약

1조 아동의 범위 18세가 안 된 우리 모두는 이 협약에 적힌 권리를 가지고 있습니다.

2조 차별 안하기 우리는 어떤 경우에도 차별 받아서는 안 됩니다. 우리와 우리의 부모님이 어떤 사람이건, 어떤 인종이건, 어떤 종교를 믿건 어떤 언어를 사용하건, 부자건 가난하건, 장애가 있건 없건 모두 동등한 권리를 누려야 합니다.

3조 어린이를 제일 먼저 정부나 사회복지기관, 법원 등 우리와 관련된 일을 하는 모든 기관은 우리에게 무엇이 가장 이익이 되는지 그 점을 제일 먼저 생각해야 합니다.

4조 정부의 할 일 정부는 우리의 권리를 지켜 주기 위해 필요한 모든 일을 해야 합니다.

5조 부모의 지도 우리의 부모님이나 우리를 보호하는 다른 어른들은 우리를 지도할 권리와 책임이 있습니다.

6조 생존과 발달 우리는 타고난 생명을 보호받고 건강하게 자랄 권리가 있습니다.

7조 이름과 국적 우리는 이름과 국적을 가질 권리가 있으며 부모가 누구인지 알고 부모의 보살핌을 받을 권리가 있습니다.

8조 신분 되찾기 우리가 이름과 국적 등을 빼앗긴 경우 정부는 이를 신속하게 다시 찾을 수 있도록 도와주어야 합니다.

9조 부모와의 이별 부모님과 함께 사는 것이 우리에게 나쁜 영향을 미치지 않는 한 우리는 부모님과 함께 살아야 합니다. 어쩔 수 없이 헤어져 살아야 하는 경우 정기적으로 엄마, 아빠를 모두 만날 수 있어야 합니다.

10조 가족과의 재결합 우리가 부모님과 떨어져 다른 나라에 살고 있는 경우 정부는 우리가 다시 부모님과 함께 살거나 계속 만날 수 있도록 입국이나 출국을 쉽게 허가해 주어야 합니다.

11조 내 나라에서 살기 우리를 강제로 외국으로 보내서는 안 됩니다. 그런 경우 정부는 우리가 돌아올 수 있도록 모든 노력을 다해야 합니다.

12조 의견 존중 우리에게 영향을 미치는 문제를 결정할 때 우리는 의견을 말할 권리가 있습니다. 어른들은 우리의 의견에 귀를 기울여야 합니다.

13조 표현의 자유 우리는 말이나 글, 문화 예술을 통해 우리의 생각을 표현할 권리가 있으며 국경을 넘어 모든 정보와 생각을 서로 주고받을 수 있는 권리도 있습니다.

14조 양심과 종교의 자유 우리는 자유롭게 생각하고 우리의 양심에 따라 행동하며 원하는 종교를 가질 수 있어야 합니다.

15조 모임의 자유 우리는 모임을 자유롭게 만들 수 있어야 하며 우리의 목적을 위해 평화로운 방법으로 모임을 열 수 있어야 합니다.

16조 사생활 보호 우리는 사생활을 간섭받지 않아야 합니다. 우리나 우리 가족에 대해 함부로 간섭하거나 공격해서는 안 됩니다. 우리가 주고받는 메일 등을 다른 사람이 맘대로 보아서도 안 됩니다.

17조 유익한 정보 얻기 우리는 신문이나 방송, 잡지 등을 통해 우리에게 도움이 되는 정보를 얻을 수 있어야 합니다. 정부는 우리에게 나쁜 영향을 미치는 정보로부터 우리를 보호하는 한편 우리에게 유익한 도서의 제작 등을 장려해야 합니다.

18조 부모의 책임 부모님은 우리에게 무엇이 필요한지 알고 우리를 잘 기를 책임이 있습니다. 정부는 우리의 부모가 우리를 잘 기를 수 있도록 도와주어야 하며 특히 맞벌이 부부의 자녀들이 좋은 시설에서 자랄 수 있도록 해 주어야 합니다.

19조 폭력과 학대 우리의 부모님이나 다른 보호자가 정신적 · 신체적으로 우리에게 폭력을 쓰거나 학대하거나, 돌보지 않고 방치하는 일이 없도록 정부는 모든 노력을 해야 합니다.

20조 가족 없는 어린이 부모가 없거나 부모와 함께 사는 것이 우리에게 이롭지 않아서 부모와 헤어져 사는 경우 우리는 특별한 보호와 도움을 받아야 합니다.

21조 입양 우리가 입양되어야 할 때, 우리의 입양을 결정하는 곳은 믿을 만한 정부기관이어야 하며 부모나 친척 등 우리와 관련된 어른들의 동의를 얻어야 합니다.

22조 난민 어린이 전쟁이나 자연재해 등으로 집이나 가족을 잃은 난민이 되었을 때 우리는 특별한 보호와 도움을 받아야 하며 우리가 가족과 헤어졌을 때 정부와 여러 단체들은 우리에게 가족을 찾아 주려는 노력을 해야 합니다.

23조 장애아 보호 우리의 몸이나 마음에 장애가 있을 때 우리는 특별한 보호를 받아야 하며, 정부는 우리를 돌보는 부모나 보호자가 우리를 잘 돌볼 수 있도록 필요한 지원을 해 주어야 합니다.

24조 영양 보건 우리는 건강하게 자랄 권리가 있습니다. 충분한 영양을 섭취하고 깨끗한 물을 얻을 수 있어야 하며 병에 걸렸을 때 병원이나 보건소 등에서 치료받을 수 있어야 합니다.

25조 시설아동 실태 조사 우리를 잘 보호하고 치료하기 위해 정부가 우리를 특정한 시설에서 키우도록 한 경우 정부는 우리가 어떤 상황에서 어떻게 자라고 있는지 정기적으로 조사해야 합니다.

26조 사회보장 제도 정부는 우리의 권리를 지켜 줄 수 있는 사회보장 제도를 만들어 주어야 합니다.

27조 적절한 생활수준 우리는 제대로 먹고 입고 교육받을 수 있는 생활수준에서 자라야 합니다. 정부는 필요한 경우 우리의 부모님이나 보호자가 우리를 알맞은 생활수준에서 키울 수 있도록 도와주어야 합니다.

28조 인격을 존중하는 교육 우리는 교육받을 권리가 있습니다. 적어도 초등교육은 무료로 받을 수 있어야 하며 능력에 맞게 더 높은 교육도 받을 수 있어야 합니다. 또한 학교 규율은 우리의 인격을 존중하는 방법으로 운영되어야 합니다.

29조 교육의 목적 우리가 교육받는 것은 우리의 인격과 재능, 정신적 · 신체적 능력을 마음껏 개발하기 위해서입니다. 또한 우리는 교육을 통해 인권과 자유, 이해와 평화의 정신을 배우고 다른 문화를 존중하는 방법, 자연을 사랑하는 방법을 배울 수 있어야 합니다.

30조 소수민족 어린이 소수민족인 우리는 고유의 문화 속에서 우리의 종교를 믿고 우리의 언어를 사용할 권리가 있습니다.

31조 여가와 놀이 우리는 충분히 쉬고 놀 권리가 있습니다. 정부는 우리가 문화와 예술활동에 참여할 수 있도록 해 주어야 하며 우리 모두가 이런 권리를 누릴 수 있도록 동등한 기회를 주어야 합니다.

32조 어린이 노동 우리는 위험하거나 교육에 방해가 되거나 우리의 몸과 마음에 해가 되는 노동을 해서는 안 됩니다.

33조 해로운 약물 우리는 마약을 만들고 판매하는 행위에 이용되어서는 안 됩니다.

34조 성 착취 우리를 성적으로 학대하거나 성과 관련된 활동에 우리를 이용해서는 안 됩니다.

35조 인신매매와 유괴 정부는 우리가 유괴를 당하거나 물건처럼 사고 팔리지 않도록 모든 노력을 다해야 합니다.

36조 모든 착취로부터 보호 정부는 우리를 나쁜 방법으로 이용해 우리의 복지를 해치는 어른들의 모든 이기적인 행동으로부터 우리를 보호해야 합니다.

37조 어린이 범죄자 보호 우리에게 사형이나 종신형 등의 큰 벌을 내릴 수 없으며 우리를 고문해서도 안 됩니다. 우리를 체포하거나 가두는 일은 최후의 방법으로 선택해야 합니다. 우리는 갇혀 있는 동안 가족과 만날 권리가 있으며 우리를 어른 범죄자와 함께 지내게 하면 안 됩니다.

38조 전쟁 속의 어린이 우리는 전쟁지역에서 특별한 보호를 받아야 하며 15세 미만일 때에는 절대 군대에 들어가거나 전투행위에 참여해서는 안 됩니다.

39조 몸과 마음의 회복 우리가 학대받거나 버려지거나 고문을 당했거나 전쟁 중에 고통을 받은 경우 정부는 우리가 몸과 마음을 회복해 원래의 생활로 돌아갈 수 있도록 모든 노력을 해야 합니다.

40조 공정한 재판 대우 범죄 혐의를 받은 경우 우리는 변호사의 도움을 받아야 하고 신속하고 공정한 재판을 받아야 합니다. 우리에게 증언이나 자백을 강요해서도 안 됩니다. 재판과정에서 사생활을 보호받아야 하며 사법절차의 모든 단계를 거쳐야 합니다. 정부는 우리에게 형벌보다는 상담이나 보호, 직업 훈련 등 우리에게 맞는 다른 처분을 하도록 노력해야 합니다.

41조 협약과 국내법의 선택 우리들의 권리를 보호하기 위해 아동권리협약보다 더 좋은 법이 있다면, 그 법을 따릅니다.

출처: 유니세프 한국위원회.

③ 선택의정서

아동권리협약의 선택의정서는 「아동매매 · 아동성매매 · 아동포르노그라피에 관한 선택의정서」, 「아동의 무력분쟁 관여에 관한 선택의정서」, 「아동의 개인청원권에 관한 선택의정서」의 3개가 있다.

「아동매매 · 아동성매매 · 아동포르노그라피에 관한 선택의정서」는 2002년 1월 18일부터 국제법으로 효력이 발생했다. 이 선택의정서는 아동을 대상으로 한 인신매매와 성매매, 아동음란물이 증가하고 있음을 우려하여, 이로부터 아동을 보호하기 위해 협약 당사국의 조처를 확대해야 한다는 인식에서 만든 것이다. 협약 당사국은 아동인신매매, 성매매, 아동음란물을 금지해야 하며, 이러한 행위를 하는 사람을 처벌하고 피해아동 보호조치를 취해야 한다. 또한 아동인신매매, 성매매, 아동음란물을 예방하기 위한 법률제정 및 개정, 행정 및 사회정책과 제도 마련 등을 명시하고 있다.

「아동의 무력분쟁 관여에 관한 선택의정서」는 2002년 2월 12일부터 국제법으로서 효력이 발생했다. 이 선택의정서에는 전쟁이나 군사 무력분쟁에 아동이 참여하지 못하도록 보호해야 한다고 되어 있다. 협약 당사국은 18세 미만의 아동이 군대에 의무적으로 징집되지 않도록 해야 하며, 18세 미만의 군인은 어떤 경우에도 적군과의 전투에 직접 참여하지 않도록 해야 한다고 명시하고 있다.

「아동의 개인청원권에 관한 선택의정서」는 2014년 4월 14일부터 효력이 발생했으며, 아동이 심각한 권리를 침해받았을 때 당사국의 국내법에 따라 권리를 보호받지 못하는 경우, 아동이 직접 유엔아동권리위원회에 자신의 권리보호를 요청할 수 있는 제도이다.

(4) 아동권리협약 이행을 위한 국가보고서 제출

아동권리협약의 특징은 모든 영역에서 아동의 권리를 포괄적으로 담고 있고, 법적 구속력을 가진 최초의 국제문서라는 점이다. 협약을 지키기로 약속한 국가는 협약 내용을 얼마나 잘 이행했는지 보고서를 작성해서 정기적으로 제출해야 한다.

아동권리협약은 가입국이 협약의 내용을 얼마나 잘 이행하고 있는지 모니터링하기 위해 유엔아동권리위원회를 구성하여 운영하고 있다. 유엔아동권리위원회에서는 협약에 가입한 국가가 제출한 이행보고서를 검토해서 해당 국가가 얼마나 협약 내용을 잘 이행하고 있는지 심의하고, 추가로 이행해야 할 부분이 있으면 권고 사항을 작성해서 해당 국가에 전달한다. 2011년에 전달받은 유엔아동권리위원회의 권고사항 중 일부를 소개하면 다음과 같다.

한국이 유엔아동권리협약을 잘 지키려면

- 어린이의 소중한 생명을 지켜주세요
- 어린이가 태어나면 반드시 출생을 등록하도록 합니다
- 어린이를 때리지마세요
- 학대와 방임을 포함한 모든 아동 폭력을 막아야 합니다
- 가정에서 자라지 못하는 어린이의 권리를 지켜주세요

- 입양제도를 고치세요
- 장애어린이의 권리를 지켜주세요
- 어린이의 정신건강도 지켜주세요
- 어린이가 잘 배우고 놀이와 문화생활을 누리게 하세요
- 다른 나라에서 온 어린이의 권리를 지켜주세요
- 어린이 대상 성범죄를 막아주세요
- 범죄피해를 당하거나 목격한 어린이를 보호하세요

출처: 유니세프 한국위원회.

〈어린이 권리를 빼앗는 놀라운 숫자들〉

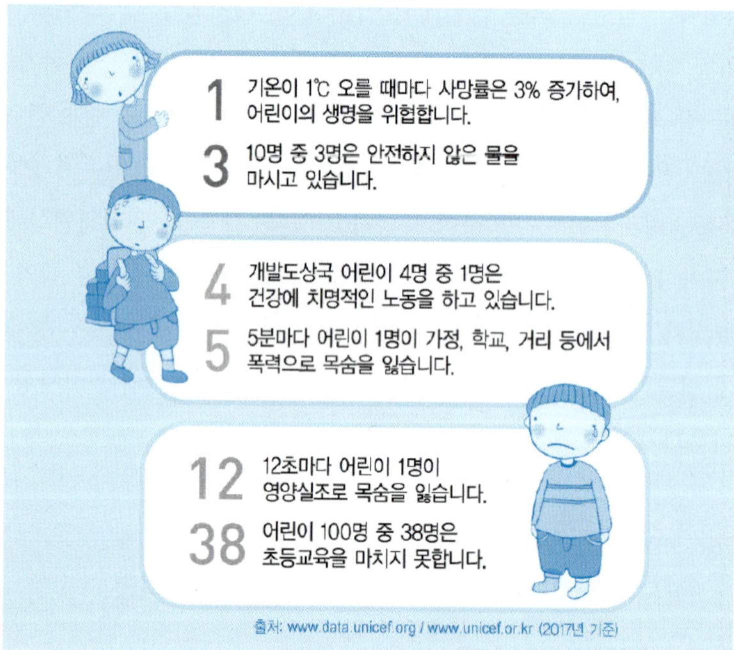

우리나라는 1991년 유엔아동권리협약 비준 이후 협약 이행 상황에 대한 국가보고서 제출 및 위원회의 권고 등의 과정을 거치면서 「아동복지법」과 「입양특례법」, 「아동학대 관련법」 등의 법령 정비와 아동정책기본계획안 등의 제도 정비를 진행해 왔다. 아동권

리를 보호하기 위한 노력은 민간차원에서도 이루어지고 있다. 2005년 국내아동 관련 단체들이 조직한 유엔아동권리협약 한국 NPO 연대는 아동권리협약이 잘 이행되는지 민간차원에서 검토하여 유엔아동권리위원회에 제출한다.

〈아동권리협약을 지켜야 할 책임은 누구에게 있을까요?〉

국가

아동권리협약에 담겨 있는 권리를 지키고 실현할 책임은 기본적으로 국가에 있습니다. 협약을 비준한 국가는 아동권리 실현을 위한 법과 정책을 마련해야 합니다.

민간단체

민간단체도 협약을 널리 알리며, 국가의 이행 상황을 모니터링 합니다. 국가가 이행보고서를 작성하는 과정에서 정보와 자문을 제공하며, 국가보고서를 보완하는 별도의 민간보고서 (Alternative Report)를 제출할 수 있습니다.

유니세프

협약을 비준한 국가의 이행 상황을 평가하는 유엔아동권리위원회의 활동을 지원하고, 비준 국가의 이행 보고서 심의 과정에 참여합니다. 협약 이행에 관한 전문적인 자문도 제공합니다. 유엔아동권리협약 제45조는 유니세프의 이러한 역할을 특별히 명시하고 있습니다.

어른

부모, 교사, 사법집행 공무원(판사, 경찰 등), 아동시설 종사자, 보건의료요원, 사회복지사 등 어린이를 돌보거나 어린이를 위해 일하는 어른들도 모두 아동권리를 지켜 주어야 합니다.

어린이

어린이도 다른 어린이의 권리를 지켜 줄 책임이 있습니다. 자신이 가진 권리가 소중한 만큼 다른 어린이의 권리도 잘 지켜 주어야 합니다.

출처: 유니세프 한국위원회(2015).

6. 아동권리와 복지의 기본전제

아동의 권리와 복지를 향상시키기 위한 근간이 되는 기본원칙과 지침을 소개한다.

1) 책임과 권리의 원칙

아동권리와 복지를 위한 정책 및 서비스에 관여하는 주체는 아동과 부모 및 보호자, 사회(국가와 지방자치단체)이다. 이들 세 주체는 각각의 권리를 가질 뿐만 아니라 책임도 함께 지니고 있다. 최근 아동에 대한 책임은 가정을 벗어나 국가로 확대되고 있는데, 이는 국가와 사회의 역할이 강조됨을 의미한다.

아동을 위한 복지정책 및 서비스는 아동, 부모 및 보호자, 사회 세 주체 간에 균형있는 권리와 책임을 필요로 한다. 아동은 하나의 인격체로서 권리를 가지며, 건전하게 성장할 책임이 있고, 부모뿐만 아니라 국가 및 사회는 아동을 양육하고 보호할 권리와 책임을 동시에 가진다(김호년 외, 2016).

(1) 아동의 권리와 책임

이 원칙은 아동도 권리의 주체로서의 책임이 있다는 것이다.

즉, 아동은 단순히 성인의 보호를 필요로 하는 의존적이고 수동적인 존재가 아니라 독립된 개체로서 자신의 생을 능동적으로 받아들이고 행동해야 함을 의미한다. 예를 들어, 우리나라 「청소년 기본법」에서는 청소년은 자신의 개발과 건전한 가치관의 확립에 힘쓰고, 가정, 사회, 국가의 구성원으로서의 책임을 다하도록 힘써야 한다고 명시하고 있다.

이러한 아동의 권리와 책임은 아동권리협약에도 제시되어 있다. 즉, 부모의 권리를 존중할 책임, 상대방을 괴롭히거나 해치지 않을 책임, 환경을 돌보기 위해 노력할 책임, 능력이 닿는 대로 많이 배우고 다른 사람들과 지식을 나누며 경험할 책임, 다른 사람의 아이디어나 생각 또는 종교적 원칙을 존중할 책임 등이다.

(2) 부모의 권리와 책임

부모는 자녀에 대한 일차적 양육책임자이며 보호자로서의 권리를 지닌다. 「아동복지법」 제5조에는 부모의 책무가 명시되어 있는데, 부모 및 보호자는 아동의 성장시기에 맞춰 건전하고 안전하게 양육해야 하며, 신체적 고통이나 폭언 등의 정신적 고통을 가해서는 안 되고, 아동의 인권과 안전을 존중하여 건강하게 양육해야 된다고 되어 있다(국가법령정보센터, 2020).

유엔아동권리협약 제18조에도 부모의 책임이 제시되어 있다. 즉, 부모는 아동의 양육과 발전에 공동으로 책임을 진다는 것과 아동에게 최상의 이익이 되도록 노력해야 된다는 것이다.

부모의 양육 책임 범위는 매우 광범위해서, 시대 및 사회의 변화에 따라 부모의 권리와 책임에 대한 규정이 변화할 수 있지만 기본적인 사회생활을 유지할 수 있는 범위 내에서 적절한 양육책임을 질 수 있어야 한다(김미영, 2018).

(3) 사회 및 국가의 권리와 책임

사회 및 국가 역시 아동을 보호하고 양육하는 데 책임과 권리를 지니고 있다. 사회와 국가는 의무교육을 통해 아동의 교육 기회를 보장해 주고, 아동의 고용을 제한하고 유해환경에 접촉하지 않도록 보호하고, 아동을 위한 정책과 법률을 제정하는 등의 책임을 지닌다(이효정 외, 2017).

「아동복지법」에서는 국가와 지방자치단체의 책무를 명시하고 있는데, 아동의 안전 · 건강 및 복지 증진을 위해 아동과 보호자, 가정을 지원하는 정책을 수립하고 시행해야 된다는 것이다. 또한 보호대상아동, 지원대상아동, 장애아동의 권익증진을 위해 노력해야 하고, 아동들이 어떠한 종류의 차별도 받지 않도록 필요한 시책을 강구하도록 되어 있다. 또한 사회와 국가는 아동권리협약에서 규정한 아동의 권리 및 복지증진을 위해 필요한 교육과 홍보를 수행해야 한다.

2) 보편성의 원칙

보편성의 원칙은 계층, 인종, 장애의 유무, 부모의 경제력, 부모의 유무 등의 요인과는 상관없이 모든 아동에게 동등한 복지서비스를 제공하는 것을 의미한다. 이 원칙은 평등의 이념에 입각한 원칙으로 아동복지의 궁극적 목표와도 연관이 있다.

보편적 아동복지를 실천하려는 목적은 아동의 건전한 성장과 발달을 통해 아동문제 및 사회문제를 예방하려는 것이기도 하다. 아동양육수당, 기본적 의료조치, 의무교육제도, 무상교육 및 무상급식제도 등이 해당된다. 특히 2013년 누리과정 도입을 통해 보편적 유아교육을 실시한 것이 대표적 사례라고 할 수 있다.

3) 선별성의 원칙

선별성의 원칙은 아동복지서비스 제공을 위한 조건과 기준을 정하고, 그 조건과 기준에 맞는 경우에 대해 선별적으로 복지서비스를 제공하는 것을 말한다. 보통 부모의 양육능력의 정도가 기준이 되는 데, 기준에 부합하지 않거나 양육이 불가능한 경우에 서비스 제공 대상이 된다. 이런 경우는 대부분 요보호아동인 경우에 해당하며, 빈곤가정, 한부모가정, 이혼가정, 조손가정처럼 특별한 욕구를 가진 아동들이 그 대상이다. 과거의 아동복지서비스는 요보호아동을 중심으로 그들의 기본적인 필요를 충족시켜

주기 위해 시행되었다. 그러나 최근의 아동복지서비스는 선별성보다는 보편성에 중점을 두는 경향이 있으며, 아동의 건전한 성장을 위한 국가의 적극적 개입이 요구되고 있다. 따라서 국가는 아동이 처해 있는 개별적인 환경여건과 상관없이 모든 아동의 복지가 실현될 수 있도록 책임을 다해야 한다.

아동복지서비스를 보편성과 선별성으로 구분하기는 하지만, 서비스 실행에 있어 이 두 가지 원칙은 상호보완하는 개념으로 이해해야 한다. 즉, 어느 한 가지 원칙만 취하는 것이 아니라 서비스 종류에 따라 선택을 하거나 혼용하기도 한다.

4) 개발성의 원칙

개발성의 원칙이란 아동이 가진 능력을 최대한 발휘하도록 하는 것을 의미한다. 즉, 아동이 가진 능력을 최대한 개발할 수 있도록 선제적이고 적극적인 대처를 함으로써 아동의 잠재적 능력을 이끌어 내는 것이다. 잠재적 능력개발은 모든 아동에게 해당하지만, 특히 특별한 욕구를 지닌 장애아동이나 빈곤가정 아동에게 적용되어야 한다.

장애아동을 위한 직업재활, 빈곤가정 아동을 대상을 한 직업훈련 등을 통해 이들의 사회적 자립을 도울 수 있다.

거시적인 측면에서 개발성의 원칙은 가족, 학교, 교사, 지역사회 및 전체사회가 유기적인 관계 속에서 모든 아동의 권리와 발달특성을 중심으로 아동문제에 접근하고 아동에게 필요한 다양한 아동복지서비스 프로그램을 개발하는 것을 의미하기도 한다(김미영, 2018).

5) 포괄성의 원칙

포괄성의 원칙은 아동문제 대처에 있어 여러 가지 유형의 서비스를 제공해야 효과를 거둘 수 있다는 원칙이다. 아동의 문제는 여러 요소가 결합된 복합적인 양상을 보이기 때문이다(김이영 외, 2018). 예를 들면, 장애아동의 사회적 자립을 위해 의료, 교육, 직업 재활교육을 통합적으로 제공하는 것이다. 또한 취약계층 아동들의 경우 경제적 어려움으로 인해 부모역할 부재, 양육 및 교육 문제, 폭력 및 학대 문제에 노출될 수 있으므로, 이들에게는 포괄적 서비스가 제공되어야 한다.

포괄성의 원칙은 아동복지정책의 수립과 실행에도 적용된다. 즉, 아동복지정책은 아동의 다양한 욕구를 충족시켜 주기 위해 의료, 교육, 주택, 경제 등의 다양한 분야가 유기적 관련하에 기능할 수 있도록 계획되고 실행되어야 한다.

6) 전문성의 원칙

사회의 변화에 따라 아동의 욕구는 세분화되고 복잡해진다. 전문성의 원칙은 이 복잡한 문제를 잘 해결하기 위해서는 전문적인 지식과 기술을 가지고 접근해야 함을 의미한다. 아동복지서비스는 더 이상 동정심을 바탕으로 하는 자선사업이 아니므로, 서비스 수준 향상 및 품질관리를 위해서는 전문인력과 전문기관을 통해 서비스가 이루어져야 한다. 또한 각각의 분야들은 서로 유기적 연계를 맺어야 하며, 국가는 아동복지 전문인력 양성을 지원하는 시스템을 마련해야 한다.

함께 생각해 보기

유엔아동권리위원회에서는 우리나라의 어린이의 권리를 보장하기 위하여 어떠한 사항들을 더 보완해야 한다고 하였을까요? 특히 영유아들의 기본적인 권리를 보장하기 위한 다양한 권고사항을 알아봅시다.

03

CHAPTER

아동권리와 복지의 역사

학습목표

• 우리나라 아동권리와 복지의 역사를 안다.
• 외국 아동권리 및 복지의 역사를 알고 특징을 이해한다.
• 주요 선진국의 아동권리와 복지의 역사를 안다.

학습내용

지식	기술	태도
• 우리나라 아동권리와 복지의 역사 • 외국 아동권리와 복지의 역사와 특징 • 주요 선진국의 아동권리와 복지의 역사	• 아동권리와 복지의 역사 이해능력	• 아동권리와 복지의 역사에 대해 생각하는 태도

주요용어

• 아동권리 복지 역사
• 아동권리 복지 특징
• 사회구호적 차원
• 선별주의 차원
• 보편주의
• 권리지향차원
• 엘리자베스 구빈법
• 공장법
• 커티스 위원회보고서
• 가정위탁제도
• 백악관회의
• 사회보장법
• 훌구규칙

CHAPTER 03

아동권리와 복지의 역사

1. 우리나라 아동권리와 복지의 역사

우리나라는 시대에 따라 아동 및 아동복지에 대한 개념이 많이 변화되어 왔다. 우리나라의 아동권리와 복지의 발달과정은 크게 전통사회, 근대사회, 현대사회로 구분지어 볼 수 있다. 전통사회는 삼국시대와 고려시대를 거쳐, 조선 중기까지를 포함하고 있으며, 근대사회는 조선 말부터 해방 전까지, 현대사회는 해방 이후부터 현재까지다.

특히, 현대사회는 아동복지의 형태를 보이기 시작했으며, 크게 해방 직후의 사회구호적 차원, 1961년 「아동복리법」 제정을 중심으로 한 선별주의 차원, 1981년 「아동복지법」으로 전면 개정되면서 아동복지의 대상이 요보호아동에서 18세 미만의 모든 아동으로 확대되는 보편주의 지향, 2000년 「아동복지법」 전면 개정 이후 현재까지 아동의 권리를 우선으로 진행되는 권리 지향적 차원 시기로 나누어 볼 수 있다.

1) 전통사회의 아동권리와 복지

우리나라 전통사회의 아동권리와 복지의 발달은 삼국시대, 고려시대, 조선시대로 나누어 볼 수 있다. 삼국시대는 삼국사기를 통해 아동복지 관련내용을 살펴볼 수 있는데, 신라에서는 제2대 남선왕 때 백성이 기근으로 굶주릴 때 국고로 이들에게 도움을 제공하였고, 제3대 유리왕(28)은 환과고독노병(鰥寡孤獨老病: 홀아비, 홀어미, 고아, 늙고 자식 없는 이, 늙은이, 병든이)을 대상으로 무료급식과 보살핌을 제공하였다(정옥분 외, 2016). 백제는 온조왕 33년(15), 고구려는 태조왕 56년(108)에 아동을 포함하여 재해를 당한 사람에게 관에서 곡식을 배급하였다고 기록되어 있다. 삼국시대는 요보호아동의 보호는 가족 및 친족이 우선하도록 하였다. 국가는 위기상황에 처한 고아나 기아를 대상으로 극히 제한적인 구제정책을 실시하였고, 민간차원에서 고아를 노비나 양자로 들이는 방법으로 구제가 이루어지도록 하였다.

고려시대는 불교가 융성함에 따라 부랑아, 고아, 빈민아동 등을 사찰에서 수용 · 양육하여 승려, 사역승, 양자녀, 노비 등으로 삼는 경우가 많았다. '고려사'에 따르면 제6대 성종 13년(994)에는 고아는 10세까지 관가에서 수용하고, 그 이후에는 본인 의사에 따라 거주하게 하고 식량을 지급하였다. 이는 고아를 대상으로 한 우리나라 최초의 시설보호사업이라 할 수 있다(이선애 외, 2018). 고려 말 충목왕 3년(1347)에는 최초의 관립영아원의인 해아도감을 설치하여 유아들을 보호 양육하였다.

조선시대는 고려시대부터 실시되었던 수양보호가 이어졌고, 유교사상을 기반으로 고아와 기아 및 빈곤아동에 대한 구제사업이 체계화되었다. 제18대 현종 2년(1661)에 유아와 기아에 대한 관부허가제에 따른 민간수양이 시작되었고, 제19대 숙종 22년(1696)에는 수양임시사목(修養臨時事目)을 제정하여 수양을 원하는 아동 가운데 부모나 보호자가 없는 아동을 대상으로 관청에서 수목의 규정에 따라 수양관계를 결정하여 흉년에 한해 민간수양을 허락하였다. 이와 같은 민간 수양제도는 오늘날의 입양제도와 유사한 것으로 시설보다는 가정양육을 우선시하는 현대사회의 아동복지이념과도 일맥

상통하는 것이다(정옥분 외, 2016).

제22대 정조 7년(1783)에는 자휼전칙(字恤典則)을 제정하여, 유아, 기아, 부랑아동에 대한 수양대책과 수용·보호를 규정하였다. 이 법령을 통해 한성에 진휼청유접소(賑恤聽留接所), 지방에는 진장(賑場)을 두고 부랑·결식아동들을 한시적으로 수용·보호함으로써 국가에 의한 아동보호가 이루어졌다. 자휼전칙(字恤典則)에 담김 의의를 살펴보면, 첫째, 영유아 양육에서의 부모와 친족책임 원칙, 둘째, 수양보호의 제도화, 셋째, 집단수용보호에 대한 국가의 부양책임의 의무규정이다.

우리나라 전통사회의 아동복지는 가족과 친족의 책임을 우선시하는 정책이었다. 그러나, 국가는 요보호아동을 대상으로 한 일시보호와 수양제도로 개입하였으며, 민간차원에서도 이를 장려하여 민간수양이 많이 이루어졌다(이선애 외, 2018).

2) 근대사회의 아동권리와 복지

근대사회의 아동복지는 조선시대 말부터 해방 이전까지의 기간 동안 실시된 아동보호 및 구호사업을 의미한다. 이 시기 아동복지는 외국선교사들을 통해 많은 영향을 받았는 데, 1894년 갑오개혁 이후에는 외국인 선교사들이 입국하면서 선교를 위한 목적으로 구호와 교육사업을 실시하였다. 대한 제국기의 격동기였던 일제강점기는 식민지 통치수단으로 부랑아들에 대한 수용·보호가 있었다(박희숙 외, 2016).

1854년 파리 외방선교회에 소속된 프랑스의 메스트로 신부는 '조선 영해회(嬰孩會)'를 설립하여 버려진 아이들을 교우의 집에서 위탁·양육하는 최초의 아동복지사업을 시작하였다. 1885년에는 프랑스 장블랑 신부가 한양에 '영해원(嬰孩院)'이라는 고아원을 설립하여 23명의 고아를 돌보기 시작하였는 데 이는 우리나라 최초의 근대적 의미의 아동복지시설로 볼 수 있다(정옥분 외, 2016).

1888에는 프랑스 교회가 서울 명동성당의 천주교회 고아원을 개설한 것을 시작으로,

1895년 인천에 천주당 부속 고아원을 설립하였으며, 1906년에는 독지가 이필화가 경성고아원을 설립하는 등 근대적 성격을 띤 아동복지사업이 시작되었다. 특히 대한제국의 설립인가를 받은 경성고아원은 사회적인 호응과 지지 속에 대한제국 정부보조금과 기부금으로 설립되었다.

1910년 조선총독부는 경성고아원을 인수하여 그 명칭을 '제생원'으로 바꾸고 총무부 내무국에 사회과를 두어 1934년까지 전국에 96개의 시설을 확장하였다. 제생원은 조선총독의 감독하에 고아양육과 농·맹아의 교육 및 아동보호를 담당하였고, 양육부는 만 8세 아동부터 12세 아동을 입소시켜 양육하였으며, 유아는 가정에 위탁하여 양육하였다. 입소아는 4년 보통과에 입학하여 수료하면 실습과에 들어갔고 이후 직업을 가지는 것을 원칙으로 하였으며, 그 목적은 자활농민 양성에 있었다(박희숙 외, 2016).

1921년에는 미국 감리교 선교사들에 의해 태화사회관이 설립되었으며, 태화 진료소를 중심으로 아동 건강진단, 위생교육, 빈곤아동을 위한 탁아사업 등이 실시되었다. 그러나 태화관의 사회사업은 시국에 맞지 않는다는 이유로 일제가 완전중지명령을 내렸다. 1944년에는 '조선구호령'이 제정되었는 데 이는 65세 이상의 노쇠자, 13세 이하의 아동, 빈곤한 임산부를 대상으로 가택구호를 원칙으로 한다고 규정하였다. 이는 우리나라 최초의 공적부조 관련 법규라 할 수 있으나 일제 식민지 정책의 일환으로 사회통제를 목적으로 한 명목상의 법령이었다.

이 시기에는 민간차원에서도 아동보호를 위한 운동이 활발하게 전개되었는 데 그 대표적인 운동이 천도교에서 펼친 소년운동이었다. 천도교의 소년운동은 봉건시대의 아동관을 불식하고, 새로운 아동관을 계몽하는 일에 힘썼으며, '어린이'라는 순 우리말을 만들어 보급하고, '어린이날'을 제정한 등 아동문화를 확산시켰다. 소파 방정환을 중심으로 조직된 '조선소녀운동협회'는 1923년 5월 1일 제1회 어린이날에 '소년운동선언'을 발표하였는 데 이는 우리나라 최초의 아동권리선언이라 할 수 있다(박정란 외, 2001).

3) 현대사회의 아동권리와 복지

해방 이후 우리나라 아동복지의 발전과정은 사회구호적 차원, 선별주의 차원, 보편주의적 아동복지, 권리지향적 차원으로 구분하여 설명할 수 있다.

(1) 사회구호적 차원의 아동복지(해방 후~1950년대)

1945년에서 1960년에 이르는 이 시기는 외국 원조에 의존한 사회구호적 차원의 아동복지사업이 진행되었다. 광복 이후 대한민국 정부가 수립되었으나 사회불안의 가속화와 남북의 양분으로 인하여 고아와 빈곤가정이 많이 발생하였으며, 이들을 구호하기 위한 민간차원의 자선활동이 전개되었다.

1946년 이우선은 한국인 최초의 고아원을 설립하였고, 그해 9월에 '아동노동법규'가 제정되어 14세 미만 아동의 상공업체 고용금지, 16세 미만 아동의 중공업체 또는 유해업체 종사금지, 18세 미만 아동의 위험 직종 또는 유해 직종 종사 금지, 그리고 16세 미만 아동의 8시간 이내의 1일 노동시간 제한 등을 규정하였다(이선미 외, 2017).

1946년 발부된 행정각서에서 일반 '공공구호대상자'를 가족이나 친척이 없는 빈곤자, 취업이 불가능한 빈곤자, 공공시설 외에 갈 곳이 없는 빈곤자, 65세 이상 노인, 13세 미만 아동, 6세 미만 아동을 양육하고 있는 여성, 만성질병자, 임산부, 장애자중 한 범주에 속한 자로 규정했는데, 이는 1944년 일제 강점기의 조선구호령과 거의 일치한다.

1950년 한국전쟁을 전후하여 전쟁고아들을 위한 시설중심의 구호사업이 아동복지의 핵심이었다. 이 시기는 전쟁과 사회 혼란으로 요보호아동이 급증된 시기이며, 민간기관이나 외국 원조를 기반으로 시설보호중심의 아동복지가 이루어진 시기로서, 전쟁고아의 해외입양, 아동후원사업이 전개된 시기라 할 수 있다(이순자 외, 2018). 전쟁고아, 기아, 부랑아들을 보호하기 위해 수용 보호중심의 아동보호사업이 증가하였고, 이에 따라 아동보호시설에 수용된 아동의 수가 1945년 1,819명에서 1960년 56,042명으로 증가하였고, 1945년 42개소이던 아동시설은 1959년 475개소로 증가하였다. 이렇게 수용

시설수와 수용되는 아동의 수는 증가하였으나 수용시설의 질은 열악한 상태로 정부는 1980년 '후생시설 설치기준'을 마련하여 모든 시설의 설비강화를 촉구하였다(박보희, 2002).

이 시기는 일제 강점기와 한국전쟁을 치르면서 고아와 기아, 미아의 발생이 매우 심각하였지만 요보호자에 대한 사회적 지원여력은 턱없이 부족하여 대부분 민간에 의존하게 되었다. 국가와 사회적 보호가 미비한 가운데 다수의 민간 외국원조기관들이 국내에 들어와 활동하였는 데 기독교 아동복리회(이후 한국어린이재단으로 명칭 변경), 선명회 세계본부(월드비전으로 명칭 변경) 등의 외원단체의 아동구호사업이 주를 이루었다.

또한 '홀트아동복지회'나 '국제사회봉사회' 등을 중심으로 고아 해외입양사업이 활발하게 전개되었다. 당시 한국전쟁으로 한국여성과 참전 외국군과의 사이에 태어난 혼혈아동 문제가 대두되었고 구호가 필요한 혼혈아와 전쟁고아들은 우리나라의 혈통중심사상과 정부의 방관 가운데 수많은 아동들이 해외로 입양되었다(이선애 외, 2018).

(2) 선별주의 차원의 아동복지(1960~1970년대)

1960~1970년대는 경제성장중심의 국가정책으로 말미암아 아동복지는 오히려 발전이 지체된 시기로서, 요보호아동에 대한 복지서비스 제공중심의 단계이다. 따라서, 시설보호 위주의 선별주의에 입각한 잔여적 형태의 아동복지서비스가 실행되었다(장인협, 오정수, 2002). 1963년 「사회보장에 관한 법」의 제정을 통해, '정부는 사회보장사업을 행함에 있어 국가의 경제적 실정을 참작하여 순차적으로 법률이 정하는 바에 의해 행한다'(3조2항)라고 명시하여 사회보장 및 복지정책에 관한 도구주의적 국가의 기본입장을 명확히 하였다(이혜경, 1992).

1961년 「아동복리법」의 제정으로 요보호아동에 대한 국가책임의 원칙을 처음으로 법제화 하였다. 그러나, 국가의 경제성장에 부정적인 영향을 주지 않도록 공비부담을 극소화 하였으며, 요보호아동의 대상을 보호자로부터 유실, 유기 또는 이탈되었을 경우, 보호자가 아동을 양육하기에 부적당하거나 양육할 수 없는 경우로 명확히 한정하였다.

1961년 제정된 「고아입양특별법」을 통해 한국전쟁으로 인한 고아와 유기아동의 해외입양에 대한 요건과 절차를 법제화 하였다. 1970년대에는 입양기관의 기준이 재정비되고, 1976년에는 「입양특례법」을 제정하여 양부모의 자격기준을 완화하고, 전국에 30개소의 입양기관을 지정하는 등 그동안 국외입양에 의존하던 입양정책을 국내입양으로 전환하는 정책을 적극 추진하였다.

1960년대 초부터 저소득층 맞벌이 가정, 영세가정, 결손가정의 영아들을 위해 탁아소가 본격적으로 설치되는 등 요보호아동에 대한 보육지원사업이 시작되었으며, 1968년에 미인가 탁아시설에 대한 임시조치로 탁아소가 양적으로 크게 증가하였고 탁아소라는 명칭이 '어린이집'으로 변경되었으며, 이후 '새마을 유아원'으로 다시 명칭이 변경되었다.

1960~1970년대는 요보호아동을 시설에서 보호하는 것보다는 가정환경에서 보호하는 것이 더 효과적이라는 인식이 확산되었고, 1962년 정부에서 시행한 위탁보호사업과 1976년부터 추진해 온 국내입양사업과 불우아동건전육성대책은 정부의 아동복지 정책이 시설보호중심에서 가정보호중심으로 전환되기 시작했다는 것을 의미한다(이혜경, 1992).

(3) 보편주의적 아동복지(1980~1990년대)

1970년대 후반, 빠른 속도의 산업화, 도시화, 핵가족화, 가치관의 변화로 광범위하고 다양한 아동 문제들이 발생하였다. 즉, 소년가장 문제라든가 가출아동, 부랑아동, 비행아동, 정서장애아동, 신체장애 아동의 문제뿐만 아니라 저소득층이나 도시, 농촌 일반가정의 방치된 아동 문제 등이 발생하였다. 또한, 여성의 사회참여가 증대되고, 전국민의 의료보장과 소득보장이 중요한 국가정책 영역이 되면서 사회복지서비스, 아동복지서비스에 있어서도 그 대상이 요보호아동뿐만 아니라 일반가정 아동에게까지 보편화 되어야 한다는 보편주의에 입각한 아동복지정책에 대한 요구가 증가하게 되었다. 또한 1970년대 중반부터 외국의 원조가 감소하기 시작하면서 국가가 더 이상 아동복지의 책임을 민간으로 미루기 어려운 상황이 되었으며, 국가경제적으로도 실제 아동복지에 대한 국가의 책임을 수행할 수 있는 기반이 마련되기 시작하였다(이혜경, 1993; 조형숙 외, 2020).

1981년 「아동복리법」이 「아동복지법」으로 전면 개정되면서 아동복지의 대상이 요보호아동에서 18세 미만의 모든 아동으로 확대되고 그 서비스에 있어서도 전문화와 다양화를 지향하였다(도미향, 2006). 새롭게 개정된 「아동복지법」은 아동상담소를 법정기관으로 지정하고, 일반아동의 문제를 예방하고, 요보호아동의 발생을 막기 위해 모(母)에 대한 보호를 포함하는 등 적극적으로 아동의 복지를 보장하고 있다.

1989년 「아동복지법 시행령」에서는 탁아시실을 아동복시시설에 포함시켰으며, 1990년 시설탁아 및 가정 탁아시설의 시설기준을 마련하여 보육수요를 충족시키려고 하였으나, 1991년에는 「영유아보육법」 제정으로 영유아보육사업을 전문적으로 다루게 되었다. 「영유아보육법」에서는 아동이 건전하게 출생하여 행복하고 건강하게 육성되도록 보장하는 것을 보호자와 국가 및 지방자치단체의 공동책임으로 명시하였다. 어린이집을 통해 제공된 보육서비스의 대상은 빈민아동에서 일반아동으로 확대되어 보편적 아동복지로 전환된 대표적인 사례가 되었다(이선애 외, 2018).

1980~1990년대의 경제성장, 정치적 변화, 시민의식의 변화 및 복지 당사자들의 의식 변화는 복지제도의 형성에 영향을 주었다. 이로써 '경제사회개발 5개년 계획'에서 경제 선진화와 국민의 복지증진이 나란히 기본목표로 나타나기도 하였다. 이러한 변화를 반영하여 의료보험의 확대적용, 국민연금제도의 시작 및 확대, 「영유아보육법」의 제정 등 복지제도가 양적 · 질적으로 확대된 시기로 평가할 수 있다. 그러나, 여전히 사회적 취약계층 중심의 치료모델이 주를 이루고 있어, 예방적 복지실천이나 일반 국민을 대상으로 한 증진모델에 입각한 고려는 미흡한 상황이었다(한미현 외, 2016).

(4) 권리지향 차원의 아동복지(2000년~현재)

이 시기에는 우리나라가 OECE에 가입함에 따라 보편적 수준의 아동복지 실현을 위해 노력하게 되었다. 유엔아동국제협약의 내용을 최대한 반영한 2000년 「아동복지법」의 전면개정 이후 현재까지 복지대상의 선별성 · 보편성 문제에서 더 나아가 아동학대나 안전과 같은 전반적인 아동의 권리가 중요한 사회적 이슈로 등장하게 되었다. 개정된 「아동복지법」은 학대피해아동에 대한 복지서비스 제공, 아동안전에 대한 제도적 지원, 아동복지시설의 종류와 기능의 다양화 등을 주요 골자로 하고 있다. 아동학대 관련 업무를 총괄하기 위하여, 2001년 중앙아동학대 예방센터를 설립하였으며, 2006년에는 중앙아동 보호전문기관으로 그 명칭이 변경되었다.

2004년 「유아교육진흥법」이 폐지되고 「유아교육법」이 제정 · 공포됨에 따라 우리나라의 모든 아동을 대상으로 하는 교육 · 보육복지서비스 실현의 바탕을 마련하게 되었다. 2004년 「아동복지법」 개정을 통해 보건복지부, 법무부, 교육인적자원부 등 12개 부처 장관, 아동단체장, 하계전문가 12명 등 총 25명으로 구성되는 '아동정책위원회'를 구성하게 되었고, 아동정책위원회 산하 아동정책실무위원회에 아동권리, 아동안전, 빈곤아동청소년 분과위원회를 운영하게 됨으로써 아동권리와 복지를 위한 기구 설립 및 운영이 법제화되었다.

2011년 만 5세 유아의 무상교육을 전면실시하고 유치원과 교육과정을 통합한 '누리과정'을 운영하였으며, 2012년부터 0~2세 영아에게는 소득계층과 상관없이 보육료를 지원하는 무상보육을 실시했다. 2013년도부터는 유치원 및 어린이집에 다니는 모든 만 3~5세아에 대해 소득수준에 상관없이 교육비를 지원하고 있다. 이는 아동에 대한 교육 · 보육서비스 확대를 통해 보편적 아동복지를 확대 · 실현하려는 노력으로 볼 수 있다.

2014년에는 「아동학대범죄의 처벌 등에 관한 특례법」이 제정되었다. 이 특례법의 목적은 아동학대범죄의 처벌 및 그 절차에 관한 특례와 피해아동에 대한 보호절차 및 아동학대행위자에 대한 보호처분을 규정함으로써 아동을 보호하여 아동이 건강한 사회구성원으로 성장하도록 하는 데 있다. 또한, 이 법은 아동복지시설 종사자를 비롯한 아동학대 신고의무자의 법적 책임을 강화시켰으며, 아동학대를 한 부모에게 친권을 박탈하는 등의 내용을 포함하여 아동학대를 근절하기 위한 범국가적 의지를 천명하였다.

우리나라는 1991년 UN아동권리협약을 비준, 협약이행 당사국이 되었고, 이후 5년마다 아동권리상황과 협약이행 정도를 담은 국가보고서를 UN아동권리위원회에 제출하였으며, 아동권리위원회는 2011년 협약이행 권고사항을 제시하였으며, 그동안의 권고사항 이행결과에 대해 지난 2017년 12월 제5, 6차 UN아동권리협약 국가보고서가 제출되었다. 우리나라는 그동안의 협약 이행 권고사항을 수행하기 위해 아동관련법을 제·개정해 왔으며, 아동의 권리적 측면에서 보편적 아동복지정책을 확대해 왔다. 우리 사회에서 아동권리 존중은 생존권과 보호권을 중심으로 실천되어 왔으나 아동의 건강한 성장을 위한 발달권과 자율성을 존중하는 참여권의 확내로 변화되어 가고 있다.

이 시기는 유아 무상교육, 아동 관련 전문기관 설치, 제반법규 제·개정 등을 통해 보편적 아동복지가 확대된 시기이며, 유엔 아동권리협약의 이행 노력에 따라 사회적으로 아동의 권리에 대한 인식이 변하고 아동권리 강화를 위한 여러 가지 정책이 실현되는 시기라 볼 수 있다.(이순자 외, 2018). 그럼에도 불구하고 아동복지는 여전히 아동의 문제에 사후적이고 잔여적인 사업을 중심으로 진행되고 있다. 이에 아동권리에 입각한 아동 친화적인 사회건설을 목표로 보편적이고 포괄적인 아동복지정책과 서비스의 개발이 요구된다(이선애 외, 2018).

2. 외국아동권리 및 복지의 발달역사 및 특징

아동복지의 변화를 폭넓게 이해하기 위해 외국의 아동복지의 발달과정을 시대에 따라 살펴봄으로써, 아동복지의 변화를 폭넓게 이해할 수 있으리라 생각된다. 따라서, 본 절에서는 외국의 아동복지발달의 변천역사 및 특징을 고대사회, 중세사회, 근대사회, 현대사회로 구분하여 살펴보고자 한다.

1) 고대사회

고대사회에 아동은 개인적 권리를 지닌 존재가 아닌 부모나 부족의 소유물로 여겨졌으며, 미신이나 풍속에 의해 희생되는 일이 빈번하게 발생하였다. 또한, 아동은 종족보존이나 생산을 위한 노동력 기여여부가 생존 판단기준이 되어 허약한 아동이나 질병이 있는 아동 또는 장애아동은 생존권조차 박탈당했다.

고대사회에서 영아살해는 상당 부분 사회적으로 용납되는 분위기였다. 하지만 영아살해가 심각한 사회문제가 되자 315년 로마의 콘스탄틴 황제는 아동살해 금지조항을 법전에 명시하였다(서보준 외, 2017). 고대사회에서 영아살해가 흔했던 그 바탕에는 아동을 인격적인 존재로 생각하지 않았던 통념이 깔려 있으며 이러한 사회적 분위기는 아동 존엄성을 무시하고, 아동은 무력한 존재로 여겨졌다.

그러나 플라톤(Platon)이나 아리스토텔레스(Aristoteles) 같은 철학자들은 아동을 어른과 다르게 보고 접근해야 한다고 주장했다. 이들은 발달의 개념조차 전무하던 그 시대에 인생의 초기 경험을 강조하고 학습자의 연령별 단계를 제시하는 등 발달이론을 제시하였다.

2) 중세사회

중세사회는 신분과 계층에 따른 주종관계가 엄격했고, 종교의 영향이 매우 컸던 사회였다. 따라서 이 시기는 신분에 따라 일부 아동의 권리만 인정되었으며, 대부분의 아동은 중세 장원을 유지하는 군사력과 경제력 확보의 수단으로 간주되었다(이순자 외, 2018).

또한, 아동을 독립된 인격체로 보지 않았고 성인의 축소판으로 여겼다. 이에 따라, 남아에게 성인 남성에게 요구되는 덕목과 훈련을 강요했고, 여아들도 성인 여성이 갖추어야 할 덕목을 훈련시켰다. 이러한 아동관은 고대시대보다 후퇴된 사상이라고 할 수 있다.

중세 말기에는 아동보호사업과 서비스가 시작되었는 데, 요보호아동은 자식이 없는 농노의 집이나 빈집에서 상호부조를 통해 양육되고, 공동체 사회의 노동력으로 활용되었으며, 공동체가 보살피지 않는 아동은 교회나 수도원에서 길러졌다(박정란, 서홍란, 2009). 그러나 이러한 아동보호는 동정적인 감정에 근거를 둔 종교적 자선행위였고, 개인의 욕구나 권리는 배제되었다.

3) 근대사회

근대사회에서는 산업혁명으로 인하여 다양한 사회적 변화가 일어났다. 자본주의 제도가 시작되었으나, 산업혁명으로 인하여 실업, 빈곤 등의 다양한 사회문제가 대두되었다. 이러한 사회적 현상에 따라 국가의 책임이 강조되게 되었다. 이에 영국은 1601년 「구빈법」을 제정하여 국가 빈곤체계에 책임을 졌고, 요보호아동을 포함한 빈곤층을 법으로 보호하였다. 「구빈법」은 현대아동복지의 기원이라고 할 수 있다.

18세기에 들어와 아동에 대한 존재와 가치에 대한 사회적 인식이 이루어지기 시작했다. 즉, 아동은 성인의 축소판이라는 인식에서 아동은 성인과 다른 특성을 가진 존재로서 성인기와는 구분되는 '아동기'라는 독특한 성장의 시기가 있음을 인정하기 시작했다(Aries, 2002). 루소(Rousseau)는 저서 『에밀』을 통해 유아기부터 청년기에 이르기까지의 교육의 중요성과 방법을 제시하였으며, 아동에게 인간으로서 살아갈 기회가 주어져야 하며 개인적인 자유와 권리가 보장되어야 한다고 주장했다. 이는 이후에 아동기에 대한 인식을 전환시키는 데 공헌하였다.

이 시기에는 산업혁명으로 인한 사회문제를 해결하기 위한 복지 차원의 방안이 필요하게 되었다(이효정 외, 2017). 그동안 집단수용시설에서 아동, 노인 등이 혼합 수용되었는 데, 이는 아동 사망률의 증가로 이어졌다. 이러한 시설수용의 문제를 개선하고자 19세기 후반 미국에서 위탁가정 운동이 시작되었다. 그러나 위탁가정에서 아동을 노동력 제공자로 간주하여 사회문제가 발생하게 되었으며, 영국에서는 1802년 「공장법」 제정을 통해 아동을 노동으로부터 보호하였다.

또한, 민간주도의 탁아시설을 통해 산업혁명으로 발생한 취업모의 육아 문제를 해결하였다. 영국의 오웬은 자신의 방직공장에 다니는 직원들의 자녀보호를 목적으로 '성격형성학원'을 설립하였다. 이에 따라 자신의 공장에서는 10세 미만의 아동은 고용하지 않았고, 아이들을 부속학교에서 교육시켰으며, 이는 영국 전역으로 확산되었다.

4) 현대사회

현대사회에서는 심리학 및 교육학적 연구결과를 바탕으로 아동은 독립적이고, 능동적인 인격체로 그 자체로서 존중해야 한다는 개념이 정립되었다. 아동발달과 아동기 교육의 중요성이 강조되기 시작함에 따라 아동복지에 있어서 교육적 측면이 강조되었다. 이에 따라 아동은 아동교육의 발달단계를 통해서 성장하는 존재이고 독립적이고 능동적인 인격을 가진 존재라는 인식이 확산되었다.

아동복지는 아동권리를 강조하는 방향으로 전개되었으며, 이에 따라, 아동의 권리에 대한 인식도 확대되어 아동권리보장을 위한 세계 각국의 구체적인 실천이 이루어졌다. 즉, 아동권리를 위한 최초의 국제적 선언인 제네바선언(1924)과 이를 기초로 한 유엔아동권리선언(1959), 아동의 권리보호만을 위한 최초의 국제협약인 유엔아동권리협약(1989)까지 아동권리 보장을 위한 선언과 협약이 이루어져 왔다.

또한, 요보호아동을 위한 위탁가정과 아동시설이 발전하였고, 아동의 노동에 대해서도 새로운 시각이 정립되었다. 아울러, 아동복지서비스도 전문화, 세분화되어 아동복지를 위한 노력이 꾸준히 실천되어 오고 있다.

3. 주요 선진국의 아동권리와 복지의 역사

본 절에서는 영국, 미국, 스웨덴, 일본의 아동권리와 복지의 변천과정을 통해 각국의 아동복지 특징 및 관련 정책을 살펴보고자 한다. 영국은 최초로 국민의 빈곤을 국가의 책임으로 인정한 나라이며, 미국은 세계 최초로 사회보장 개념을 도입한 나라이다. 스웨덴은 현재 최고수준의 복지국가이며, 그리고 일본은 우리와 지리적으로 가까운 선진국이기 때문이다. 이들 나라의 아동권리와 복지의 변천과정을 통하여 한국 아동복지의 보완점을 찾아보고자 한다.

1) 영국의 아동권리와 복지의 변천 과정

영국은 전 세계적으로 아동복지를 위한 기틀을 가장 먼저 수립한 국가이다. 영국의 아동복지는 산업혁명이 중요한 분기점이 되었으며, 이후 서구와 미국을 위시한 세계 여러 나라의 복지에 큰 영향을 미쳤다. 또한, 동양권 가운데 영국의 영향을 많이 받은 일본의 아동복지제도는 일제강점기를 거치면서 우리나라의 아동복지제도에 영향을 미쳤다. 영국의 아동권리와 복지의 발달사는 「엘리자스베스 구빈법」(1601년), 「공장법」(1802, 1833년, 1847년), 1946년 커티스위원회보고서(1946년) 및 「아동법」 제정(1948년)이 주요 분기점이 된다. 이를 중심으로 변천과정을 살펴보고자 한다.

(1) 엘리자베스 구빈법

영국의 아동복지는 빈곤문제를 해결하는 사회구호적 차원에서 시작되였다. 1601년에 「엘리자베스 구빈법」(Elizabethan Poor Law/Poor Law)이 제정되었으며, 이 법은 이후 영국복지제도의 근간을 이루었다. 「구빈법」의 제정으로 국가가 빈곤을 책임지게 되었으며, 빈곤 아동들은 국가의 보호를 받기 시작하였다. 즉, 「구빈법」에서는 도제 형태의 노동을 통해 빈곤아동을 구제하려고 하였으며, 이를 통해 자립능력을 키워 주고자 하였으나 노동력 착취 등의 문제점도 적지 않았다(장인협, 오정수, 2002). 이후, 1834년 개정된 「구빈법(Poor Law Reform Amendment Act)」에서는 이를 보완하여, 9세 이하의 아동의 노동을 금지하고 일정 노동시간을 제한하였으며, 장애아동을 위한 특수학교가 설립되기도 하였다.

(2) 공장법

1802년 「공장법」(Factory Act)이 제정되었다. 이 법은 9~13세의 아동은 하루 최대 8시간, 14~18세의 아동도 하루 최대 12시간 이상을 초과하여 일할 수 없고, 9세 미만 아동은 일할 수 없도록 제한하였다. 또한, 이 시기 아동시설의 참혹성과 집단수용시설에서의 높은 사망률이 사회문제로 대두되면서 성인과 아동을 혼합수용하던 기존의 시설을 아동만을 분리 수용하는 아동 전용시설로 발전하게 되었다(장인협, 오정수, 2000).

1833년 「공장법」은 섬유공장에서의 일상적인 작업시간을 규정하기 위해 제정되었다. 이 법에는 1시간의 점심시간을 포함하고 있으며, 9~13세의 아동은 매일 2시간씩 교육을 받도록 규정하였으며, 이 법의 시행을 위해 감독관제를 도입하였다.

노동운동가인 리차드 오슬러(Richard Oastler) 등의 노력으로 제정된 1847년 「공장법」(Factory Act/Ten ours Act)에서는 영국의 모든 공장에서 일하는 여성과 아동의 노동시간을 하루 10시간으로 제한하였다.

(3) 커티스 위원회 보고서

1946년 커티스 위원회 보고서는 제2차 세계대전 이후 영국의 아동정책에 중요한 영향을 미쳤다. 커티스 위원회는 정상적인 가정생활을 박탈당한 아동을 보호하기 위한 목적으로 정부에서 임명한 위원들로 구성되었다. 이 위원회의 보고서에서는 집단양육시설에서 성장한 아동들이 여러 가지 발달상의 문제를 보일 가능성이 높고, 성인이 되어서도 대인관계의 문제나 알코올 의존증, 범죄에 노출될 위험이 높다는 사실을 지적하면서 가정위탁보호가 시설보호보다 우월하다고 주장하였다. 이러한 원칙은 영국 「구빈법」에 근거하여 이루어졌던 아동에 대한 시설보호가 아동발달에 역기능적인 영향을 미칠 수 있음을 지적한 것이다.

영국은 이때까지 「엘리자베스 구빈법」에 따라 작업장에서의 근로를 통해 요보호아동을 구제해 왔으나 커티스 위원회의 보고서가 발표되면서 정부차원에서 현대적 의미의 가정위탁사업을 제도화하기 시작하였다. 또한, 이 위원회의 보고서를 기초로 아동복지의 기본골격을 형성하게 된 1948년 「아동법」(Children Act)이 제정되고, 아동국(Children's Bureau)이 설립되었다.

(4) 다양한 「아동복지법」의 제정 및 시행

1948년 「아동법」이 제정되어 양친이 없는 아동, 유기아동, 부모와 떨어져 사는 아동,

아동부양능력이 없는 부모의 자녀들은 지역사회와 공공단체가 부모의 역할을 담당해야 한다는 개념이 확립되었다. 이 법의 목적은 사회보장제도에 의한 가정의 유지 및 강화를 기본원리로 아동을 가능한 한 정상적인 가정환경에서 보호하는 데 있다. 이를 위해 국가는 아동에 대한 공적 책임을 명확하게 하였고, 통일된 행정체제를 확립하였으며, 아동개별 요구중시, 가정의 존중 등의 방침을 채택하였다.

또한, 「가족수당법」을 제정하여 경제적 · 사회적 지위에 관계없이 자녀가 둘 이상인, 16세 미만의 아동에게는 1인당 매주 수당을 지급할 수 있게 되었다. 1974년에는 가족수당제도 개선책으로 「아동수당법」(Child Benefit Act)을 제정하여 모든 아동을 대상으로 수당을 지급하였다. 이는 요보호아동이나 빈곤아동만이 아닌 모든 아동을 대상으로 했다는 점에서 보편주의적 복지이념을 반영한 것이다.

1989년에는 「아동법」(Children Act)이 입법화되어 지금까지 분산되어 있던 아동보호와 지원 관련법을 하나로 모았으며, 1991년 그 효력이 발생되었다. 1989년의 「아동법」은 UN아동권리협약(PIIO, Convention on the Rights of the Child)의 원칙에 근거한 것이다. 그 주요 내용을 살펴보면, 부모가 자녀양육의 일차적 책임을 지며, 법원이나 지방정부에서 아동보호를 담당할 경우에는 아동의 이익을 우선적으로 고려해야 한다. 또한, 아동의 의견이 존중되고 아동이 미래에 대한 의사결정에 참여할 수 있어야 하며, 아동이 가정을 떠나 양육될 경우 지방정부는 시설이 아닌 대리가정에서 보호를 받을 수 있도록 해야 한다는 것이다. 아동복지서비스를 민간부분과 공공부분이 역할을 분담하지만, 지방정부가 아동복지를 실행하는 과정에서 계획을 수립하고 실행하는 중심적 역할을 하며 민간기관과의 협력이 필수적이라는 기본적인 입장을 가지고 있다.

또한, 자녀양육에서 부모의 역할을 중시하여 다양한 법과 정책, 제도를 제정, 시행하였다. 1991년에는 부모헌장을 제정함으로써 부모의 책임을 명시하였고, 1992년의 「고등교육법」에서는 학교에 부모교육과정을 개설할 것을 권고하였다. 그리고 1994년에는 국립성인평생교육연구소를 통해 부모교육지침서를 발간하였다. 1997년에는 슈어스타트(Sure Start) 정책이 시행되었는 데, 이는 저소득층 아동과 부모를 대상으로 아동에게는 보육과 교육서비스를, 부모에게는 일과 자녀 양육을 동시에 할 수 있도록 지원하는 제도이다. 2003년부터는 자녀양육 가정의 조세 부담을 덜어 주기 위해 아동 조세 공제 제도가 실시되고 있으며, 2004년에는 무상교육 연령이 만 3세 유아까지 확대되었다.

2) 미국의 아동권리와 복지의 변천 과정

미국의 국가기틀은 영국 청교도의 집단이주자들로부터 갖추어졌기 때문에 영국의 사회복지제도의 영향을 받았다. 미국의 아동복지는 시대의 요구와 사회적 상황에 따라 관련 법률이나 정책이 논의되거나 제정되어 왔다.

미국에서 20세기 이전까지 이루어진 아동보호 형태는 요보호아동을 시설에 수용하는 시설보호(institutional protection)가 주를 이루었다. 위험가정으로부터 아동을 격리하는 아동분리(cild separation)를 강조하다가 이후 아동을 원가정에서 보호하도록 하는 가족보존(family preservation)으로 선회한 후, 최근에는 아동을 고유한 인격체로 받아들이고 이를 위한 다양한 사회적 제도를 마련하여 주어야 한다는 아동권리운동(children's right), 지역사회보호(community care)로 움직여 왔다(김미숙 외, 2009).

미국의 아동권리와 복지의 변천과정을 살펴보기 위해서 가정위탁제도의 발달, 제1차 백악관회의, 「사회보장법」의 제정 그리고 다양한 「아동복지법」의 제정 및 시행에 대하여 살펴보고자 한다.

(1) 가정위탁제도의 발달

미국의 아동복지는 종교단체를 중심으로 이루어진 시설보호제도가 그 시발점이 된다. 1727년 뉴올리언스의 우슬린 수도원에 최초로 아동을 위한 보호시설이 설립되어 인디언에게 부모를 잃은 아동을 보호하였다.

그러나, 19세기 후반에 이르러서는 위탁가정운동이 전개되었다. 이는 빈곤으로부터 아동을 보호하는 것은 시설보다 가정이 적절하다는 취지에 의한 것이다. 1853년 브레이스(Brace) 목사는 뉴욕 아동구호협회(New York Children's Aid Society)를 설립하여, 최초로 위탁가정서비스를 실시하였다. 브레이스 목사는 뉴욕에서 집 없이 거리를 방황하는 아동은 사회적으로 위험한 계층이라고 간주하여, 이들을 위해 여러 가지 프로그램을 운영하였는 데, 그중 위탁가정운동이 그 대표적이다. 위탁가정운동을 통해 아동들을 서부의 기독교 농가에서 위탁 양육하게 함으로써 도시의 범죄문제와 서부지역의 노동력 문제를 동시에 해결하고, 나아가 일을 통해 아동 자신의 자립능력을 키워 주고자 하였다. 이 과정에서 1853년부터 1929년까지 무려 15만 명이 넘는 아동이 고아열차를 타고 뉴욕에서 서부지역으로 옮겨 가게 되었다.

그러나 초기의 위탁가정운동은 위탁아동의 특성이나 욕구보다는 위탁가정의 필요나 서부지역에 대한 무료노동력 제공이라는 목적이 우선되었고, 실제로 위탁가정 내에서 아동학대가 일어났다는 사실로 인해 비판을 받기도 하였다. 그러나 이러한 문제점에도 불구하고 이는 아동보호가 종전의 시설수용보호 방식에서 위탁가정보호 방식으로의 전환이라는 점에서 볼 때, 아동복지사에서 중요한 의미를 갖는다. 이후 1895년에는 「아동노동법」이 제정되어 14세 이하 아동의 노동 및 야간작업 금지와 노동시간 제한 등을 규정하였다.

(2) 제1차 백악관회의

1909년 제1차 백악관회의는 아동문제에 대한 전 국민의 관심을 유발하였고, '성인의 세기'에서 '아동의 세기'로 변화된 큰 계기가 되었다. 제1차 백악관회의는 대규모의 아동수용시설에서 아동과 양육자 간의 애정결핍으로 인해 유발되는 문제의 심각성이 제기되면서 소집된 것이다. 이 회의는 당시 미국의 루즈벨트(Roosevelt)대통령이 요보호아동문제와 관련된 200명의 전문가를 백악관으로 초청하여 이루어졌다. 회의 결과를 근거로 루즈벨트 대통령은 아동발달에서 부모역할과 가정생활의 중요성을 언급하였다. 또한, 아동복지 증진을 위한 정부의 책임을 강조하였으며 아동에 대한 국가적·법적 보호의 필요성을 공식화하였다. 이 회의 결과를 근거로 다음과 같은 원칙을 제시하였다(표갑수, 2000).

첫째, 가난하다는 이유만으로 아동을 가정과 분리할 수 없다.

둘째, 불가피하게 가정으로부터 분리될 경우 엄선된 위탁가정을 차선책으로 고려한다.

셋째, 시설을 이용할 경우에는 '소숙사 형태(cottage system)'이여야 한다.

제1차 백악관회의를 계기로 1912년 아동문제를 전담하는 아동국이 설립되어 전반적인 아동문제를 담당하게 되었다. 아동국의 설립은 바로 아동복지에 대한 국가의 책임을 인정한 것이며, 정부차원에서 아동의 권리와 아동복지를 위한 기관설립의 필요성을 인식하였다는 점에서 그 의의를 찾을 수 있다. 또한 1930년의 제3차 백악관회의에서는 19개조로 구성된 아동헌장을 채택하여 발표하였다.

(3) 「사회보장법」의 제정

1935년 「사회보장법」(Social Security Act)의 제정은 아동복지사업에서 국가개입의 기틀을 형성한 계기가 되었다. 왜냐하면, 미국은 아동복지를 포함한 모든 「사회보장법」이 주를 중심으로 발전해 왔으며, 「연방법」에는 아동복지 관련 기본법이 별도로 명시되어 있지 않고, 관련 내용은 「사회보장법」에 포함되어 있기 때문이다.

「사회보장법」에서는 요보호아동 부조 프로그램(Aid to Dependent Children Program)을 처음으로 규정하여, 요보호아동들이 연방정부가 제공하는 공공부조의 혜택을 받을 수 있도록 하였다. 즉, 연방정부의 보조금 제도를 명시하여 가정이 있는 요보호아동이 자신의 가정이나 친척집에 머물 수 있도록 도움을 주었다. 또한, 이 법안은 영국 「구빈법」의 주요이념을 적용하여, 근로능력이 있는 빈곤한 아동과 청소년은 지원받을 자격이 없으며 스스로 노동을 통해 생계를 책임지도록 하고, 노인이나 장애인과 같이 근로능력이 없는 사람만 지원하도록 하는 차별적인 미국복지정책의 중요한 근간을 형성하게 된다(정익중, 2004).

(4) 다양한 「아동복지법」의 제정 및 시행

이후 미국에서는 좀 더 다양한 프로그램과 법령이 제정되어 실시되었다. 1964년 헤드 스타트(Head Start) 프로그램과 푸드 스탬프(Food Stamp) 프로그램의 실시로 도시 빈민층 아동을 지원하였다.

1970년대에는 시민권운동, 여성운동과 더불어 아동권리운동이 전개되었으며, 아동학대, 청소년 비행, 장애아동 등 요보호아동의 특성별로 다양한 법령체계가 이루어졌다. 1974년에는 「아동학대 예방 및 처우법」(Child Abuse Preventionb and Treatment Act)이 실시 제정되었으며, 1975년에는 「장애아동교육법」(Education of the Handicapped Children Act)이 제정되어 장애아동의 교육과 사회적 지원을 명시하였다.

1980년대 이후 연방정부의 복지재정이 감축되면서 주정부나 지방정부가 개입하도록 하는 새로운 정책방향에 따라 아동복지에 대한 국가적 지원이 약화되었다. 아동정책은 사회복지 예산삭감, 적절한 통계자료의 미비, 관련법들의 상충 등으로 인해 사후복지 서비스로 범위가 축소되었으며, 아동문제에 포괄적으로 대처하지는 못하는 것으로 나타났다. 1980년에는 「입양지원 및 아동복지법」(Adoption Accistance and Child Welfare Act)이 제정되었으며, 위기에 처한 가족을 위한 예방적 서비스와 특별한 욕구를 가지고 있는 아동의 입양비용을 지원하는 것 등을 명시하고 있다.

1990년대부터 아동권리운동과 더불어 아동복지의 대상이 요보호아동에 국한되지 않고 일반아동으로 확대되는 보편주의적 아동정책이 도입되었다. 미국은 가족해체가 가장 빈번하게 이루어지는 국가이지만, 최근 아동정책의 경향을 개별아동보다 가족전체를 대상으로 하는 사례관리 방식으로 변화하고 있다. 1990년대에 이루어진 「아동복지법」제정 및 시행을 살펴보면, 1990년 「가족지원법」(Family Support Act) 실시로 저소득층 가족의 재정지원이 이루어졌으며, 1993년 「가족유지 및 지원서비스법」(Family

Preservation and Supporting Service Act)의 제정으로 안전하고 안정된 가족을 지원하였다. 1997년 「입양 및 안전가족법」(ASFA: Adoption and Safe Families Act)의 제정되었으며, 그 주요내용은 아동의 안전을 가장 우선적으로 보장하고, 아동에게 영구적인 가정을 제공하며, 가정으로 안전하게 돌아갈 수 없는 아동의 입장을 촉진시키기 위한 것 등이다. 1999년 「위탁양육독립법」(Foster Care Independence Law)의 제정으로 위탁가정으로부터 청소년의 독립을 지원하고 의료보호를 확대하였다.

3) 스웨덴의 아동권리와 복지의 변천 과정

(1) 초기 아동복지 관련법

스웨덴은 1853년의 「구빈법」이 제정되면서 빈민에 대한 국가의 책임을 입법화하였다. 이 법은 그 발달과정이나 형태면에서 영국의 「구빈법」과 비슷하였다. 원칙적인 구빈대상은 15세 이하의 아동과 병자, 폐질환자인 노동 무능력자로 규정하였다. 이 법에 의하여 고아를 포함한 요보호자들을 구빈원에 수용 · 보호하기 시작하였다.

근대화가 가속되면서 스웨덴에서도 계속적인 농업인구의 감소, 산업화에 따른 사회구조의 변화, 노동조건의 악화에 따른 노동자의 문제, 부인과 연소 노동자의 증가, 도시인구의 급증, 청소년 비행 등이 사회문제가 되기 시작하였다. 이에 따라, 1881년 「노동금지법」이 제정되어 아동을 저임금과 장시간 노동으로부터 보호하였다. 이는 단지 비인간적인 대우에서 구해 준다는 것 외에 노동력의 질적향상을 도모하기 위한 의미도 있었다.(황해익 외, 2017).

1902년에는 입양아동의 건강과 보건을 위한 입양법을 제정하여 미혼부모의 아이들의 합법적 입양과 사후관리로 입양 후 정상적인 성장을 지원하였다. 1924년 비로소 「아동복지법」이 제정되면서 아동이 독립된 법규에 의해 보호되었다. 「아동복지법」에 의해 아동과 청소년의 보호를 위한 기관이나 시설의 관리 및 설치추진을 위한 아동복지위원회가 설립되어 아동복지기관의 업무를 감독하였다(아영아 외, 2017).

(2) 다양한 「아동복지법」 제정 및 시행

스웨덴의 사회복지정책의 성립기는 1930년대 이후이다. 스웨덴은 대공황기의 경제 위기를 돌파하기 위해, 복지예산을 중심으로 재정지출을 확대하였으며, 이에 따라 대공황에서 빠르게 회복하였다. 대공황 후 저출산 문제를 회복하기 위해 1934년 "모든계층을 위한 종일제 유아원"을 주창하면서 유아원에서는 부모들이 일하는 동안, 교육받고 훈련된 전문가들 또는 '대리모'들이 아동에게 교육과 보육을 제공하였고, 1938년에는 모자보건대책을 수립하였다(이선애 외, 2018).

또한, 저출산의 원인을 경제적 불안 때문이라고 진단하여, 결혼여부와 상관없이 모든 임산부에게 지급하는 출산수당과 아동수당(1937)을 도입하였다. 1948년 아동수당은 그 수혜대상을 확대하여 부모의 재산과 상관없이 모든 아동을 대상으로 하였다. 또한, 이혼한 부모는 자녀의 부양수당을 지급해야 하나 이를 지급할 수 없을 경우 국가가 이를 미리 지급하고 후에 지급책임이 있는 부모로부터 환급받는다.

스웨덴의 아동복지는 안전하고 적절한 시설과 환경에서 활동할 수 있도록 아동을 지도하는 일과 이를 통해 자녀를 가진 여성의 사회진출을 돕는 데 그 목적을 두고 있다(이배근, 2006). 1973년 「학령전교육법」 제정으로 아동보육제도가 보편적 복지서비스로 전환되었고, 1977년 관련법의 개정을 통해 지속적으로 아동보육의 시설을 확충하였고, 부모의 취업여부에 상관없이 12세까지 보육대상이 확대되었다.

1981년에는 「사회사업법」이 시행되었으며, 이 법은 오늘날 스웨덴 아동복지의 근간이 되고 있다. 그리고 1995년부터 모든 시에서 1~6세 아동을 위한 탁아소나 가정 탁아서비스를 제공하고, 6~12세 아동을 위한 방과후 보호서비스를 의무화하는 등 취업모에게 필요한 각종 대리양육제도를 구비하여 제공하고 있다. 1993년에는 아동과 청소년의 권리를 보장할 목적으로 '아동 옴부즈맨사무소'를 설립하였고, 스웨덴 민간단체의 '아동권리보호협회'에서는 '어린이 전화'를 운영하여 어려움에 처한 아동의 상담창구역할을 하고 있다. 아동과 청소년을 위한 재정지원으로 16세 이하의 모든 아동에게 주어지는 아동수당 외에도 부모보험 보조, 부양대출, 아동연금, 장애아동보호수당 등을 지원하고 있다. 더불어 스웨덴에서는 자국에서 벗어나 중동지역과 유럽지역에서 발생하는 여러 가지 긴급상황에 처해 있는 16세 이하의 난민아동을 위한 긴급수용보호서비스도 실시하고 있다(황해익 외, 2017).

4) 일본의 아동권리와 복지의 변천과정

(1) 아동복지발달

일본의 아동복지는 불교의 자비를 규범으로 시작되었다. 1874년 공적 「구빈법」인 「휼구규칙」이 제정되었는 데, 이는 전국적 규모의 빈민구제정책의 필요에 따른 것이다. 그 규칙에는 친족 및 공동체에 의한 상호부조를 원칙으로 했으며 여의치 않을 경우에는 국가가 구제함을 명시하였다. 구제대상은 극빈자이되 폐질환자, 노약자, 중병자와 13세 미만의 고아를 포함한 제한된 빈곤대책이었다. 이 휼구규칙은 빈민구제의 책임을 친족에게 우선시하였다는 점에서 형식적인 규칙이라고 볼 수 있다(이선애 외, 2018).

1887년 처음으로 고아원이 설립되었고, 1900년에 후다바 유아원이 설립되었고, 기독교 선교사들에 의해 빈곤가정의 아동을 돌보았으며, 그 기능적 성격은 오늘의 보육소와 흡사하였다. 그후 계속 민간독지가에 의해 보육소가 설립되었으며, 1918년 이후에는 공립보육소도 설립되기 시작하였다.

1929년에는 상호부조를 기초로 한 공적 「구빈법」으로서 「구호법」이 제정되었다. 이 법에는 휼구규칙에서 불분명했던 구호방법으로써 구호기관과 구호내용에 관한 사항을 규정하였으며, 그 대상은 13세 이하의 아동, 젖먹이가 있는 여성으로서 빈곤 때문에 생활이 어려운 자이다.

제2차 세계대전에서 일본이 패망하자 생활전선으로 뛰어든 어머니들의 아기를 맡기 위해 보육소의 수요는 급격하게 늘어났으나 당시 정부의 힘이 미치지 못해 보육사업은 주로 민간인의 힘에 의해 이루어졌다. 당시 입소조건은 생활빈곤자, 근로여성 및 병중이거나 임신 중인 어머니의 자녀들 또는 어머니 없는 자녀들로 국한되었다. 1947년 「아동복지법」과 「교육기본법」 및 「학교교육법」에서 의무교육제도의 실시를 통해 급속한 발전을 거쳐서 오늘날 일본 아동복지사업의 주종을 이루게 되었다.

(2) 다양한 「아동복지법」 제정 및 시행

일본에서 아동문제를 다루는 법률은 「아동복지법」(1947)을 비롯하여, 「모자보호법」(1937), 「아동부양수당법」(1961), 「특별아동부양수당의 지급에 관한 법률」(1964), 「모자보건법」(1965), 「정신박약아동복지법」(1965), 「모자 및 과부복지법」, 「아동수당법」(1971) 등이 제정되었으며, 1997년에는 50년 만에 「아동복지법」이 전면 개정되었고, 2000년에는 「아동학대금지법」이 새롭게 제정되었다.

일본의 아동복지를 대표하는 보육정책에 관한 주요 관련법을 제시하면 〈표 3-1〉과 같다(황해익 외, 2017; 황성하, 남미경, 2011).

〈표 3-1〉 **일본의 아동복지 및 보육지원정책에 대한 주요 관련법**

종류	제정 및 시행연도
육아휴업법	1991년 제정, 1992년 시행
육아 · 개호휴업법	1995년 개정
엔젤플랜	1994년 제정, 1995년부터 1999년까지 시행
신엔젤플랜	1999년 제정, 2000년부터 2004년까지 시행
차세대 육성지원대책추진법	2003년 제정, 2003년부터 2015년까지 시행
소자화 사회대책 기본법	2003년 제정
아동육아응원플랜	2004년 제정, 2005년부터 2009년까지 시행
아동육아비전 및 아동육아신시스템	2009년 제정, 2010년부터 2014년까지 시행

출처: 황성하, 남미경(2011).

함께 생각해 보기

1. 세계 여러 나라의 아동복지역사를 비교해 보고, 주요내용에 대하여 토의해 보세요.
2. 주요 선진국의 최신 아동복지정책에 대하여 조사하고 발표해 보세요.

04

CHAPTER

아동권리와 복지 행정

학습목표

- 아동복지행정의 개념 및 특성을 이해한다.
- 아동복지 행정서비스 전달체계에 대하여 안다.

학습내용

지식	기술	태도
• 아동복지행정의 개념 및 특성 • 아동복지 행정서비스 전달체계	• 아동복지행정의 이해능력 • 아동복지 행정서비스 전달체계를 이해하고 적용하는 능력	• 아동복지행정 및 행정서비스 전달체계를 이해하고 개선방안을 숙고하는 태도

주요용어

- 아동복지행정
- 아동복지행정 전제조건
- 공공아동복지 전달체계
- 아동복지행정 특성
- 아동복지 행정서비스 전달체계
- 민간아동복지 전달체계

CHAPTER 04

아동권리와 복지 행정

1. 아동복지행정의 개념 및 특성

1) 아동복지행정의 개념

아동복지행정은 협의의 개념과 광의의 개념으로 나누어 살펴볼 수 있다. 아동복지행정의 협의의 개념은 아동복지의 목표달성을 위해서 수행되는 개입과정으로서 아동 및 가족에게 적절한 서비스를 전달하기 위한 하나의 실천방법으로 볼 수 있다.

아동복지행정의 광의의 개념은 아동복지를 실현하기 위한 모든 활동을 조직하고 관리하여 서비스 대상자에게 최적의 서비스를 제공받도록 하는 일련의 행위를 포함한다. 다시 말하면, 아동복지이념이나 정책적 목표들을 구체적인 서비스로 전환시키는 총체적인 과정을 말한다. 아동복지정책이 구체적인 아동복지서비스 제공으로 이어지기 위해서는 구조화된 행정체계가 요구되며, 이는 아동복지정책의 제반활동을 조직하고 관리하는 기능을 수반해야 한다.

오늘날 아동복지사업은 정부부처나 지방자치단체 및 각종 아동단체와 관련된 기관들을 통해 아동 및 가족에게 적절한 서비스로 전달되기 때문에 아동복지행정은 이 모든 개념을 포괄하여 받아들이는 것이 바람직하다고 본다. 따라서, 아동복지행정이란 아동복지조직과 아동복지 전문 인력들이 서비스를 효과적으로 기획 · 실천 · 평가하도록 지원해 주는 것으로서, 아동복지 관련법과 아동복지정책에 따라 다양한 조직을 통해 아동복지서비스를 복지대상자에게 효과적으로 제공하는 데 기여하는 것을 목적으로 한다. 이에 따라 아동복지행정은 아동의 사회복지를 증진하기 위하여 아동복지정책으로 표현된 추상적인 것을 실제적인 아동복지서비스로 전환하는 공공과 민간의 전 과정을 의미한다(김이영 외, 2017).

우리나라의 경우, 아동복지행정은 보건복지부를 통하여 광역자치단체 그리고 기초자치단체로 아동복지서비스에 대한 계획과 지시, 지원, 관리 및 감독이 전달되거나 행해지는 것을 의미한다. 이를 보다 확대한다면 읍 · 면 · 동의 사회복지 및 아동복지 관련부서 행정담당관 및 공공복지시설과 민간사회복지시설을 통하여 아동복지서비스 수혜를 받는 아동과 아동의 가정에 실제적으로 서비스가 제공되는 집행체제를 포함할 수 있다.

2) 아동복지행정의 특성

아동복지행정은 아동복지정책이 정한 계획과 목표를 향하여 업무가 진행되며, 행동과 계획이 모두 포함된 포괄적인 업무이다. 또한, 최종적으로 서비스가 전달되는 과정이 효율적인지 파악해야 하며, 개선방향에 대한 연구를 포함하고 있어 모든 아동복지서비스의 실제적인 부분을 담당하고 있다. 아동복지행정의 특징을 구체적으로 정리해 보면 다음과 같다(이선애 외, 2018).

첫째, 아동복지행정은 아동복지정책에서 설정한 방향과 목표를 이용 가능한 자원을 동원하여 충족하고자 하는 수단과 방법을 의미한다. 따라서 「아동복지법」을 근거로 실행되며, 아동복지정책의 계획과 목표를 달성하고자 행정업무를 진행하게 된다.

둘째, 조직이나 기관의 운영도 아동복지행정의 중요한 요소로서 간주한다. 왜냐하면, 아동복지행정은 아동복지정책의 목표를 달성하기 위한 수단과 방법의 선택, 선택과정, 계획 등 일련의 과정을 모두 포함하는 포괄적인 행동을 의미하기 때문이다.

셋째, 아동복지행정은 최종적으로 아동과 가정에 직접 서비스가 전달됨으로써 그 효과가 나타나야 한다. 따라서 수혜를 받는 아동 및 가정에 서비스를 제공하는 사람들은 각종 서비스 분야의 전문가들이어야 하며, 서비스는 체계적으로 제공되어야 한다. 또한 효과에 대한 조사 및 연구를 통하여 보다 발전적인 방법으로 개선될 수 있도록 지속적으로 관리 및 감독이 필요하다.

3) 아동복지행정의 전제조건

아동복지행정의 전제조건은, 효과성, 효율성, 공평성 및 편익성(접근성)으로 구분할 수 있다. 구체적으로 내용을 살펴보면 다음과 같다(김이영 외, 2017).

(1) 효과성

행정이 욕구의 충족 또는 해결에 유효한 정도를 의미하는 것이다. 즉, 욕구충족을 위해 선택된 서비스의 적합성 관점에서 판단된다. 예를 들어, 아동복지서비스가 대상자에게 의존성을 조장하게 된다면 자주성, 주체성에 위배되는 것이므로 효과성이 없는 것으로 평가된다.

(2) 효율성

최소의 자원으로 최대의 효과를 어떻게 거둘 것인가 하는 것이다. 이 개념은 자원의 유한성을 전제로 하는 경우 항상 문제가 되는 것이다. 제한성이 있는 아동복지서비스를 공급할 때 중요시 되는 개념이다.

(3) 공평성

동일한 욕구를 가진 대상자는 동일한 혜택을 받아야 한다는 것이다. 특히 아동복지서비스의 공급에서 공평성이 배려되어야 한다. 공평성은 서비스를 받는 기회와 내용뿐만 아니라, 그 비용을 포함한 측면에서 고려되어야 한다. 그러나 형식적 평등만을 의미하는 것은 아니기 때문에 간혹 기회의 평등이 확보되더라도 결과의 평등을 얻지 못하는 경우도 있다. 따라서 공평성은 융통성 있게 유동적으로 판단할 필요가 있다.

(4) 편익성(접근성)

대상자가 서비스를 쉽게 이용하는 것으로, 복지 욕구 중 특히 비화폐적 욕구충족의 경우에 문제가 된다. 비화폐적 욕구충족은 금전 급여와는 달리 현물 또는 상담서비스이기 때문에, 이용자들이 쉽게 이용할 수 있어야 한다. 어떤 종류의 욕구충족을 위해 시설서비스가 필요한 경우, 시설이 충분한 설비와 기능을 갖추었다 하더라도 물리적으로 떨어져 있거나 그 시설의 운영관리가 지나치게 관료적이면 그 서비스는 욕구충족의 기능을 다하지 못할 가능성이 높다.

2. 아동복지행정과 서비스 전달체계

전달체계란 사회조직과 전문인력을 통해 아동복지서비스가 효과적으로 전달되도록 지원하는 체계로서, 지역사회 안에서 서비스 제공자와 수혜자 간에 존재하는 조직적 연계를 의미한다(Gibert & Terrell, 2005). 즉, 아동복지서비스의 조직적 환경인 중앙에서 지방조직까지 이르는 모든 공적 · 사적 아동복지조직과 이 조직의 서비스 전달망을 의미한다.

또한, 아동복지서비스 전달체계란 급여 또는 서비스를 아동과 가족에게 효율적으로 전달하기 위하여 어떠한 조직을 통해 실천할 것인가에 대한 전략 선택으로, 중앙정부에서 지방정부로, 그리고 일선의 서비스 전달로 이어진다. 전달체계는 수요자로 하여금 아동복지서비스와 관련한 정보를 제공하고 다른 기관과의 협력의 기능을 한다.

아동복지서비스 전달체계는 운영주체에 따라 공공전달체계와 민간전달체계로 나누어 볼 수 있다. 정부나 공공기관이 관리 및 운영하는 것은 공공전달체계라고 하고, 민간기관이 관리 및 운영하는 것은 민간전달체계라고 한다. 즉, 공공전달체계를 통해 국가는 아동을 건전하게 육성할 공적인 책임을 지며, 지방자치단체는 국가의 정책에 호응하면서 지역아동들의 욕구충족이나 문제해결을 공적으로 다룬다. 민간전달체계를 통해 민간단체나 지역주민은 인권사상이나 상부상조의 정신에 따라 자발적으로 요보호아동을 보살필 책임을 지는 주체가 될 수 있다.

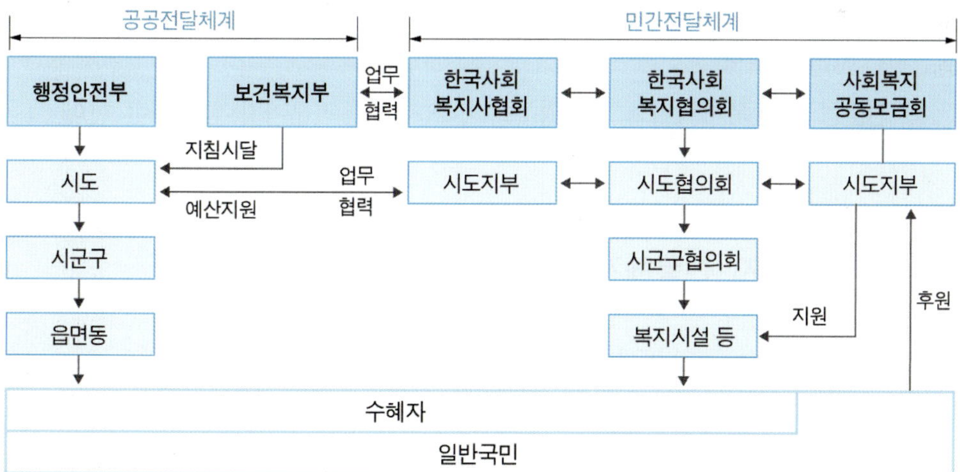

출처: 김영종(2007).

[그림 4-1] 공공전달과 민간전달체계

아동복지서비스 전달체계를 구성할 때에는 충분성, 지속성, 책임성, 통합성, 접근성, 평등성, 전문성 등이 고려되어야 한다. 각각의 고려요소와 내용을 살펴보면 다음과 같다(이순형 외, 2008).

① **충분성**: 제공되는 복지서비스의 양과 질이 수급자의 욕구충족과 서비스의 목표달성에 충분해야 한다.

② **지속성**: 각기 다른 아동, 가족의 문제와 욕구를 해결하는 데 필요한 여러 종류의 서비스를 전달체계 내의 프로그램이 밀접하게 연결되어 제공할 수 있어야 한다.

③ **책임성**: 아동복지서비스 수급자의 필요나 욕구 변화에 신속하고 융통성 있게 대응해야 한다.

④ **통합성**: 서비스 수급자의 문제가 복잡할 경우 각기 다른 서비스를 제공하는 기관 간에 긴밀한 상호 협조가 이루어져야 한다.

⑤ **접근성**: 서비스 수급자가 정보 부족, 자원 부족, 지리적 장애, 심리적 장애 없이 서비스에 접근할 수 있도록 해야 한다.

⑥ **평등성**: 성별, 소득, 지역, 종교, 지위에 관계 없이 모든 아동에게 서비스를 제공할 수 있어야 한다.

⑦ **전문성**: 아동복지서비스 제공업무는 반드시 아동전문가가 담당해야 한다.

1) 공공아동복지 전달체계

공공아동복지 전달체계란 중앙정부 및 지방정부나 공공기관이 직접관리 및 운영하는 것을 의미한다. 중앙정부차원에서 아동복지 전달체계 담당조직은 보건복지부이다. 보건복지부 내 산하기관에서는 아동복지서비스와 관련된 심사, 예산, 집행, 감독 등에 대한 내용을 다룬다. 그 외에 여성가족부와 교육부, 노동부와 행정자치부에서도 아동복지 관련 업무에 관여하고 있다.

출처: 보건복지부 홈페이지(www.mohw.go.kr).

[그림 4-2] **보건복지부 조직도**

보건복지부의 조직 중 인구정책실에서 주로 아동복지 업무를 담당하고 있다. 인구정책실의 인구아동정책관에 속한 아동복지정책과, 아동권리과, 아동학대대응과와 보육정책관의 보육정책과, 보육사업기획과, 보육기반과의 업무가 아동복지와 관련성이 높다. 이 중 인구아동정책관의 '아동복지정책과', '아동권리과', '아동학대대응과'의 업무내용을 살펴보면 다음과 같다.

〈표 4-1〉 **주요 업무내용**

부서	업무내용
아동복지 정책과	1. 아동복지에 관한 정책 총괄 및 종합계획의 수립 · 시행 2. 아동복지법령 제정 · 개정에 관한 사항 3. 아동정책조정위원회에 관한 사항 4. 아독복지서비스 조사 · 연구 · 홍보 및 통계에 관한 사항 5. 아동복지관련 업무의 중앙부처 및 지방자치단체 협의 · 조정 6. 빈곤아동종합대책의 수립 및 소성 7. 가정위탁, 소년소녀가정에 관한 사항 8. 아동복지시설, 그룹홈 등 운영 · 지원에 관한 사항 9. 입양특례법령 제정 · 개정에 관한 사항 10. 국내외 입양 제도개선 및 활성화 종합대책 수립 · 시행에 관한 사항 10의2. 국내외 입양 실태조사 · 연구 · 홍보 및 통계에 관한 사항 10의3. 헤이그국제아동입양협약에 관한 사항 10의4. 중앙입양원 및 입양 기관 · 단체에 관한 사항 11. 아동발달지원계좌에 관한 사항 12. 아동관련 법인 및 단체에 관한 사항 13. 한국아동복지협회, 한국아동그룹홈협의회에 관한 사항
아동권리과	1. 아동권리증진 및 인권보호에 관한 사항 2. 아동권리 관련 국제협약 및 국제협력에 관한 사항 3. 아동 건강관리에 관한 사항 4. 결식아동 급식에 관한 사항 5. 실종아동보호 및 지원에 관한 사항 6. 실종아동 등의 보호 및 지원에 관한 법령 제정 · 개정에 관한 사항 7. 아동에 대한 맞춤형 통합서비스 제공에 관한 사항 8. 지역아동센터, 방과 후 돌봄서비스에 관한 사항 9. 아동복지교사 파견 및 관리에 관한 사항

부서	업무내용
	10. 어린이날, 어린이 주간 등 아동행사에 관한 사항 11. 아동안전에 관한 사항
아동학대 대응과	1. 관계기관 협력을 통한 아동학대 예방 및 피해아동 보호대책의 수립 · 시행 2. 아동학대 관련 법령에 관한 사항 3. 아동학대 예방을 위한 중앙행정기관 및 지방자치단체와의 협력에 관한 사항 4. 아동학대 관련 범죄전력자 취업제한제도 운영에 관한 사항 5. 아동보호전문기관 및 학대피해아동쉼터의 설치 · 운영에 관한 사항 6. 피해아동에 대한 의료 및 법률 서비스 지원에 관한 사항 7. 아동학대 예방 관련 법인 및 단체에 대한 지원 8. 아동학대 예방 및 피해아동 보호 실태에 관한 조사 · 연구에 관한 사항 9. 아동학대 관련 통계의 생산 및 관리 10. 위기아동 조기발견시스템의 운영 및 관계기관 간 정보연계에 관한 사항 11. 국가아동학대정보시스템의 운영 및 아동학대 관련 정보제공에 관한 사항 12. 아동학대예방주간 운영 등 아동학대 예방을 위한 대국민 홍보에 관한 사항 13. 관계기관 협력을 통한 아동학대 신고의무자 교육 및 아동학대 예방교육에 관한 사항 14. 아동학대 예방교육 프로그램의 개발 · 보급 및 전문강사 양성 · 관리 15. 아동학대 현장점검 지원에 관한 사항 16. 아동학대 관련 해외 사례 조사 및 지원에 관한 사항

출처: 보건복지부 홈페이지.

보육정책관 산하 보육정책과, 보육사업기획과, 보육기반과에서는 보육관련정책을 담당하고 있다. 보육정책과에서는 중앙부처 및 지방자치단체의 영유아정책을 지원, 협의, 조정, 총괄, 영유아정책에 대한 조사 · 연구 · 평가 및 제도개선, 보육예산의 편성 · 집행관리 및 정산 · 결산, 보육교직원의 양성 및 자격관리등을 담당하고 있다. 보육사업기획과에서는 영유아보육료 · 양육수당 지원 및 가정양육지원에 관한 사항, 영아 · 장애아 · 다문화가족 영 · 유아 등 취약보육서비스 등의 지원에 관한 사항, 보육기반과에서는 어린이집 설치 및 운영지원, 어린이집의 지원 및 지도 · 감독, 표준보육과정 및 보육프로그램의 개발 · 보급, 어린이집의 평가인증, 국공립 어린이집 등의 확충 및 환경개선, 어린이집의 설치 및 인가기준에 관한사항 등의 업무를 맡고 있다.

그 밖에 여성가족부의 청소년 가족정책실과 아동청소년보호과에서도 아동복지전달체계로서의 역할을 하고 있다. 청소년가족정책실에서는 주로 미혼모와 한부모의 지원과 관련된 정책 및 지원이나 양육비 지원, 다문화 가족지원, 부모교육 등을 담당하고 있으며, 아동청소년보호과에서는 아동 및 청소년의 성보호를 위한 정책 등을 담당하고 있다. 교육부는 유아교육 정책과와 방과후 돌봄정책과, 그리고 특수교육정책과에서 아동복지와 관련된 행정업무를 진행하고 있다. 고용노동부는 근로기준정책과에서 청소년 근로권익에 대한 업무를 담당하고 있다.

지방자치제도가 실시되고 있는 국가에서는 중앙정부와 지방자치단체 간의 적절한 업무분담을 통해 국가정책이 실행된다. 지방자치에서의 사회복지정책은 사회보험제도와 같이 지역 간 · 계층 간의 불평등을 조정하거나 공공성이 높은 정책의 경우 중앙정부 중심으로 정책이 조정 · 수행되고, 정책에 지역적 특성을 반영하고 전문성과 효율성을 제고하기 위해서는 지방자치단체와 민간단체를 통해서 그 정책이 수행될 필요가 있다(김영모, 1995).

우리나라의 공공아동복지서비스의 전달체제를 살펴보면 각 부처의 기본정책과계획, 지침업무들이 행정안전부를 거쳐 특별시 · 광역시 · 도의 여성가족정책실이나 여성가족국 등으로 전달된다. 이는 다시, 각 시 · 도별 사업지침, 시달사항과 국고와 도비로 구성한 예산을 자치시 · 군 · 구로 전달한다. 자치 시 · 군 · 구의 복지보건국, 또는 복지환경국 등에서는 지역에 맞는 사업지침과 함께, 국고와 도비, 그리고 시 · 군 · 구비를 합쳐서 예산을 배정하고 사업을 집행 및 지도하게 된다.

시 · 도 및 시 · 군 · 구에는 아동복지심의위원회를 두어 연도별 아동정책 시행계획에 대한 사항과 아동의 보호조치 및 퇴소조치, 친권행사의 제한이나 친권상실선고, 후견인의 선임이나 변경청구, 지원대상아동의 선정과 지원에 관한 사항을 심의한다(「아동복지법」 제12조). 다시 읍 · 면 · 동의 주민생활지원계나 사회복지계로 내려오면 사회복지 전담공무원을 통하여 서비스 보호대상자를 선정하고 아동복지서비스를 제공해 주며, 사무집행 및 사후관리를 하게 된다. 이 과정은 사회복지 전담공무원을 거치지 않고 직접 공공시설로 전달되기도 하며, 또는 민간시설단체를 통하여 아동복지 수혜자로 서비스가 제공되기도 한다(김이영 외, 2017).

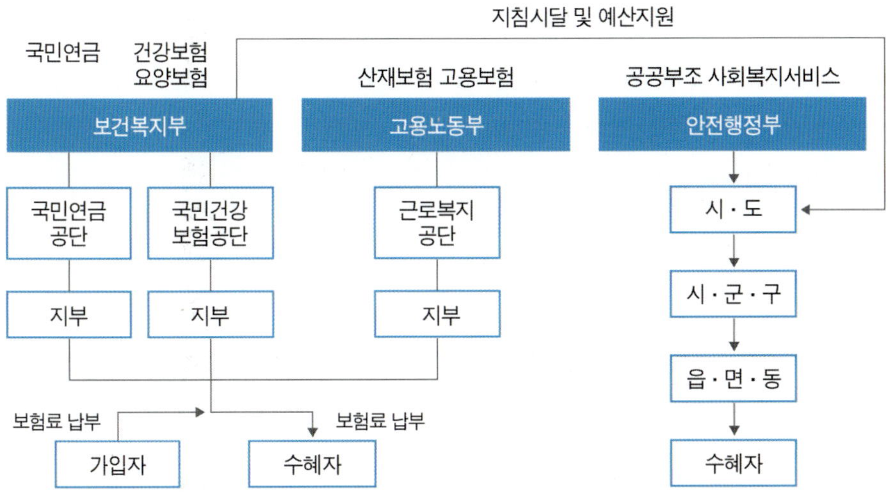

출처: 김영종(2007).

[그림 4-3] **복지예산 전달체계**

2) 민간 아동복지 전달체계

민간기관이 운영하는 복지서비스를 의미한다. 즉, 개인이나, 비영리사회단체와 기업이 주체가 되어 행하는 복지서비스 활동이며, 사회복지법인, 재단법인, 종교단체, 각종 사회단체 등이 운영주체가 되어 운영되고 있다. 민간기관은 정부의 사회복지서비스 기능의 일부를 보충하면서 정부가 실천하지 못함으로써 생기는 차이를 보완하여서 특수전문화가 필요한 서비스를 실천하고 있다. 또한 민간기관은 연합회나 협의회를 결성하여 서비스 질의 향상과 정부에 대한 집단적 정책 건의 등을 하고 있다.

우리나라 아동복지서비스의 전달체제를 살펴보면, 대부분 아동복지서비스는 정부에서 목표와 방향성을 제공하고, 사회복지서비스 주체인 법인에게는 보조금과 특혜를 주어, 사회복지법인과 같은 민간 비영리단체가 주체가 되어 수혜자에게 서비스를 전달하고 있다. 사회복지기관에서는 민간 기부금이나 후원금, 자원봉사들을 통하여 부족한 정부보조금을 충당하고 있다. 아동복지서비스 중 국민기초 생활보장제도의 경우 공공아동복지 전달체제로 제공되고 있으며, 그 외 대부분의 아동복지서비스는 민간위탁으로 인한 민간아동복지전달체제로 진행되고 있다. 아동복지서비스 관련 시설 및 내용은 다음과 같다.(이선애 외, 2018).

(1) 아동상담소

아동상담소는 아동과 그 가족의 문제에 관한 상담, 치료, 예방 및 연구 등을 목적으로 하는 시설이다. 그 대상은 사회에서 부적응을 겪는 만 18세 미만의 보호시설, 시설퇴소, 소년소녀가장, 피학대, 저소득가정, 일반아동과 그 가족이다.

(2) 아동양육시설

아동양육시설은 보호대상 아동을 입소시켜 보호, 양육, 취업훈련 및 자립지원서비스 등을 제공하는 것을 목적으로 하는 시설이다. 그 대상은 18세 미만의 보호가 필요한 아동(보호자가 없거나 보호자로부터 이탈된 아동), 보호자로부터 학대받은 아동, 보호자의 질병, 가출 등으로 가정 내에서 보호하기 어려운 아동, 시 · 도지사 또는 시장, 군수, 구청장이 특별히 보호가 필요하다고 인정하는 아동이다.

(3) 공동생활가정

공동생활가정은 보호대상 아동에게 가정과 같은 주거 여건을 제공하며 보호, 양육, 자립지원 서비스를 제공하는 것을 목적으로 하고 있다. 그 지원대상은 가정해체, 방임, 학대, 빈곤, 유기 등의 요보호아동, 18세가 되어 퇴소하는 그룹홈 아동이다.

(4) 아동일시보호시설

아동일시보호시설은 보호대상 아동을 일시 보호하고 아동에 대한 향후의 양육대책 수립 및 보호조치를 행하는 것을 목적으로 하는 시설이다. 그 대상은 보호자가 있거나 보호자로부터 이탈된 아동, 보호자로부터 학대받은 아동, 보호자의 질병, 가출 등으로 가정 내에서 보호하기 어려운 아동이다.

(5) 자립지원시설

자립지원시설은 아동복지시설에서 퇴소한 사람에게 취업준비 기간 또는 취업 후 일정 기간 동안 보호함으로써 자립을 지원하는 것을 목적으로 하는 시설이다. 그 대상은 가정 위탁 보호가 종료되거나 시설에서 퇴소한 지 5년이 지나지 아니한 아동자립지원시설 아동, 아동양육시설에서 퇴소한 사람 또는 국민기초생활수급권자이다.

(6) 아동전용시설

아동전용시설이란 어린이 공원, 어린이 놀이터, 아동회관, 체육 · 연극 · 영화 · 과학실험전시시설, 아동휴게숙박시설, 야영장 등이다. 이 시설의 목적은 아동에게 건전한 놀이 · 오락, 그 밖의 각종 편의를 제공하며 심신의 건강 유지와 복지증진에 필요한 서비스를 제공하는 것이며, 18세 미만의 아동을 대상으로 하고 있다.

(7) 지역아동센터

지역아동센터란, 지역사회 아동의 보호 · 교육, 건전한 놀이와 오락의 제공, 보호자와 지역사회의 연계 등 아동의 건전육성을 위한 종합적인 아동복지서비스를 제공하는 시설이다. 그 대상은 맞벌이 가정 등 지역 내 방과후 돌봄서비스를 필요로 하는 18세 미만의 아동으로 소득기준 중위소득 100%이하의 가정에 서비스를 제공한다.

(8) 아동보호전문기관

아동보호전문기관은 국가에서 아동학대예방사업을 활성화하고 지역 간 연계체계를 구축하기 위해 설치하였다. 지방자치단체는 지역아동보호전문기관을 시·군·구에 1개소 이상 설치하여 학대받는 아동의 발견, 보호, 치료에 대한 신속한 처리 및 아동학대예방을 담당하고 있다. 그 대상은 18세 미만의 아동학대피해아동, 학대행위자 및 피해아동이 포함된 가족이다.

(9) 아동보호치료시설

아동보호치료시설이란 아동에게 보호 및 치료서비스를 제공하는 시설이며, 그 대상은 법원의 소년재판에 의해 소년보호처분 6호를 받은 아동·청소년, 학교 밖 청소년이다.

(10) 가정위탁지원센터

가정위탁지원센터는 가정위탁을 하고자 하는 가정의 발굴, 가정위탁을 하고자 하는 가정에 대한 조사 및 가정 위탁 대상 아동에 대한 상담을 한다. 또한, 가정위탁을 하고자 하는 사람과 위탁가정 부모에 대한 교육 및 위탁가정의 사례관리를 하고 있으며, 친부모 가정으로의 복귀를 지원하고, 미사례 가정위탁아동을 관리하며, 관할구역 내 가정위탁 관련 정보 등을 제공한다.

(11) 초등돌봄교실

초등돌봄교실는 오후 및 저녁돌봄교실, 방과후 학교 연계형 돌봄교실을 내실화하여 학년별 특성에 맞는 맞춤형 돌봄 서비스를 제공하고 있다. 그 대상은 돌봄이 꼭 필요한 맞벌이, 저소득층, 한부모가족의 초등학생이다.

3) 아동복지 전달체계의 한계와 개선방향

아동복지의 전달체계의 한계와 개선방향은 다음과 같다(김석준 외, 2018; 김이영 외, 2017; 오정수 외, 2005).

(1) 아동복지서비스의 체계적 시스템 부족

요보호아동의 발생예방을 위한 시스템이 체계적으로 구축되어 있지 않다. 아동을 위험으로부터 보호하고 건강하고 행복하게 키우기 위해서는 예방이 매우 중요하다. 그러나 가장 핵심적인 중요한 문제점은 아동복지서비스를 전달하는 데 필요한 체계적 시스템이 부족하다는 것이다. 보호대상 아동이 발생하였을 경우, 초기의 접수창구가 통일되어 있지 않아 경찰서, 아동학대예방센터, 아동양육시설, 입양기관 등에 보호신청이 연결되면 각각의 기관, 시설은 각자의 업무처리 지침에 따라 독자적으로 처리한다. 또한 홍보도 제대로 되어 있지 않아 대부분의 사람들이 이러한 일이 벌어진 경우 어찌할 바를 모르는 일이 다반사다.

아동복지 전달체계의 중심축으로서 보호대상아동에 대한 초기의 접수신청과 진단이 통합적으로 이루어질 수 있도록 체계적인 시스템 구축이 절대적으로 필요하며, 기존의 아동복지 전달체계와 새롭게 형성되고 있는 아동복지 전달체계가 협력하는 방안도 요구된다.

(2) 사법기관과의 협력체계 미흡

아동에 대한 보호조치는 아동복지기관의 업무범위를 넘어 사법기관의 조치가 요구되기도 한다. 따라서 아동정책에서는 사법기관과의 협력체계가 법적·제도적으로 보완되어야 할 것이다. 아동학대 사례의 발생으로 부모의 친권을 제한하는 조치, 가정폭력 피해아동을 보호하고 격리시킬 수 있는 권한과 빠른 조치, 이혼소송으로 발생하는 아동에 대한 보호조치는 법률적 심판과 조치가 아동복지적 차원의 고려와 동시에 이루어져야 한다. 아동복지와 사법서비스가 함께 수행되는 대표적인 경우로는 경찰에 의한 보호조치, 가정법원에 의한 재판과 법률서비스 등이 있다. 「아동복지법」에서는 아동보호 명령 등 사법기관에 의한 보호조치가 보다 명확하게 규정되어야 하며, 사법기관은 단순한 법률적 판단과 심판을 넘어 아동복지차원에서 아동을 보호하고 서비스를 제공할 수 있는 제도적 기반을 마련하여야 할 것이다.

(3) 공공성 부재

「아동복지법」에 의하면 지역사회에서 발생하는 보호가 필요한 아동에 대한 보호와 조치는 시 · 군 · 구의 장에 의하여 이루어지도록 되어 있다. 그러나 아동복지 전담공무원이 극히 소수라서 지역의 아동보호와 조치에 관한 질적서비스를 기대하기 어려운 실정이다. 따라서 아동복지정책이 효과적으로 잘 시행되기 위해서는 국가의 의무를 강화하고 법적 준거를 마련하며 재정지원도 강제조항으로 강화시켜 아동복지 책임의 주체가 국가임을 실천해야 한다.

(4) 전문성의 강화

아동복지정책의 실천에 있어 중요한 사항은 현장 실천가의 전문성 강화이다. 현대사회에서 아동이 겪는 많은 심리적 · 정서적 문제들, 비행 등의 문제에 대응하기 위해서는 아동복지 상담사나 치료사 혹은 사회복지사가 지속적으로 교육과 재교육을 시행하여 전문가로서의 역량을 강화시켜 나가야 한다.

함께 생각해 보기

1. 아동복지행정 및 행정서비스 전달체계의 개선방안에 대하여 토론하세요.
2. 다양한 복지서비스가 제공되고 있지만 정작 도움이 필요한 사람들이 어떤 서비스가 있는지 알지 못해 혜택을 받지 못하는 경우가 있습니다. 아동복지대상자들이 필요한 서비스를 적절하게 제공받을 수 있는 방법에 대하여 생각해 보세요.

05

CHAPTER

아동복지정책과 관련법

학습 목표

- 아동복지정책의 개념 및 유형을 알아본다.
- 아동복지정책의 방향을 살펴보고 개선방안을 모색해 본다.
- 「아동복지법」 및 관련법의 체계와 주요내용을 살펴본다.

학습 내용

지식	기술	태도
• 아동복지정책 시비스 전달체계에 대한 지식 • 사회현상 및 정부정책에 대한 이해 • 자료 수집 및 분석에 대한 지식 • 의사소통 및 관리 지식	• 사회현상 및 아동징책에 대한 분석 및 이해능력 • 연구 보고서 작성 능력 • 데이터 활용 및 분석 능력	• 분식직 태도 및 원인분식 개선적 사고 • 주인의식 및 책임감 • 조직 내 협업 태도 • 전문성 향상을 위한 적극적인 학습 태도

주요 용어

- 아동복지
- 아동복지 유형
- 사회복지서비스
- 영유아보육법
- 장애아동복지지원법
- 아동복지정책
- 사회보험
- 아동복지 기본계획
- 청소년기본법
- 아동복지 원칙
- 공공부조
- 아동복지법
- 한부모가족지원법

CHAPTER 05

아동복지정책과 관련법

1. 아동복지정책

1) 아동복지정책의 개념 및 의미

아동복지정책을 개념적으로 쉽게 이해하기 위해서는 아동복지와 정책의 용어를 구분할 필요가 있다. 「아동복지법」 제3조(정의)에 의하면, '아동복지'는 아동이 행복한 삶을 누릴 수 있는 기본적인 여건을 조성하고 조화롭게 성장 · 발달할 수 있도록 하기 위한 경제적 · 사회적 · 정서적 지원을 말한다. 또한, '정책'은 바람직한 사회상태를 이룩하려는 정책목표와 이를 달성하기 위해 필요한 정책수단에 대하여 권위 있는 정부기관이 공식적으로 결정한 기본방침이라고 정의(정정길, 1990)하고 있다. 즉, 정책은 정책목표와 이를 달성하기 위한 정책수단을 기본요소로 하여 정부기관에 의해 공식적으로 발표된다. 아동복지정책은 간단히 정리하면, 아동복지를 달성하기 위한 정책목표와 수단이라고 말할 수 있다.

여기서 중요한 것은 아동복지정책의 목표를 무엇으로 설정하는가의 문제이다. 다양한 학자들의 의견이 있는데, 아동복지서비스 유형을 정의한 카두신(Kadushin, 1988)은 아동복지를 광의와 협의로 구분하여 정의하였다. 광의의 아동복지는 지역사회의 요구와 조화를 이루는 모든 아동들의 행복 및 사회적응을 위해 심리적 · 사회적 · 생물적 잠재력을 계발시켜 주기 위한 각종의 방법이며, 반면에 협의의 개념은 사회기관이나 가족을 통해서 충족되지 않는 요구를 지닌 아동과 그의 가족에 관련되는 것으로써 전문적인 기관에서 행해지는 특수한 서비스로 말하고 있다. 국내 학자들은 대부분 정부 또는 공공기관에 의해 행해지는 아동복지방침으로 국가차원의 아동복지서비스 제공을 규정하는 계획과 행동으로 아동복지정책을 정의하고 있다.

한편, 아동복지정책에 있어서 궁극적인 관심의 대상은 아동이지만, 최근에는 아동복지가 아동만을 목표로 삼기보다는 아동을 포함하는 가족의 삶의 질을 향상시키는 포괄적 복지로 정책적 방향이 수립되고 있다. 이에 아동복지정책의 방향도 특정한 문제를 가지고 있는 아동뿐만 아니라 일반아동을 그 포괄적 대상으로 하여 가정과 지역사회를 중심으로 보호자의 일차적 책임과 국가 및 지방자치단체의 이차적인 보호책임하에 아동의 욕구에 맞게 사회보장과 복지서비스를 알맞게 분석하여 방향을 모색하도록 설정되어야 한다.

2) 아동복지와 사회보장 법체계

우리나라에서 시행하고 있는 사회보장제도는 아동만을 직접적인 대상으로 하고 있지 않으므로 「사회보장기본법」 제3조제1호에서 정의하는 '사회보장'을 중심으로 살펴보고자 한다. 우리나라 정부에서 말하는 사회보장이란 출산, 양육, 실업, 노령, 장애, 질병, 빈곤 및 사망 등의 사회적 위험으로부터 모든 국민을 보호하고 국민 삶의 질을 향상시키는 데 필요한 소득 · 서비스를 보장하는 사회보험, 공공부조, 사회서비스를 말한다. 여기서 대한민국 「헌법」의 사회적 기본권에 근거해서 제정된 사회보장 관계 법령은 「사회보장기본법」 제3조의 분류에 기초해서 급여의 원인관계와 입법목적을 기준으로 아래 〈표 5-1〉과 같이 사회보험법 체계, 공공부조법 체계, 사회복지서비스법 체계, 사회보상법 체계로 구분할 수 있다.

〈표 5-1〉 **사회보장 관계 법령의 분류**

구분	사회보험법 체계	공공부조법 체계	사회복지서비스법 체계	사회보상법 체계
의의	사회적 위험이 발생하기 전에 보험료를 납부해서 보험관계를 성립시키고 사회적 위험이 현재화되면 급여를 지급하는 사회보험에 관한 사항을 규율	법적 원인관계를 전제로 하지 않고 순수한 사회정책적 목적에서 지급되는 급여관계를 규율	신체적, 정신적인 특수한 상황으로 인해 스스로의 능력으로 인격을 실현하는 데 지장이 있는 집단의 보호를 규율	국가유공행위 중에 발생하거나 특별히 공동체 전체에 책임이 귀속되는 개인의 인적·물적 피해에 대한 국가적 차원에서의 보상을 규율
관련 법률	국민건강보험법, 국민연금법, 산업재해보상보험법, 고용보험법 등	국민기초생활 보장법, 의료급여법 등	「아동복지법」, 노인복지법, 장애인복지법 등	국가유공자 등 예우 및 지원에 관한 법률, 범죄피해자 보호법 등

출처: 법제처 생활법령정보포털(www.easylaw.go.kr).

(1) 사회보험

사회보험에 의한 아동복지정책은 아동을 직접 대상으로 하기보다는 가정의 소득을 지원함으로써 아동복지를 보장하는 경우로 볼 수 있다. 이에 속하는 대표적인 사회보험으로는 사회보장연금, 건강보험, 산재보험, 고용보험을 포함하여 일명 4대 보험이라고 한다. 따라서 사회보험제도는 가족의 노령, 장애, 사망, 질병, 실업, 산업재해 등으로 인한 소득손실을 보완하여 아동의 삶의 질을 보장하는 측면에서 아동복지정책과 관련지어 설명된다.

〈표 5-2〉 **사회보험의 특징**

구분	관련 내용
사회보험	사회보장연금, 건강보험, 산재보험, 고용보험
주요특징	강제성, 전 국민 대상, 정부의 관장 및 감독, 보험료(특별세) 기반 운용
기본원칙	• 보편적 적용의 원리 • 국민의 최저생활 보장 • 불평등 완화 및 소득재분배 효과(저소득자에게 유리하도록 설계) • 형평성 보장 • 재정운영 방식의 균형성(미래 피보험자가 현재 피보험자에 비해 상대적으로 높은 비율의 보험료를 부담하지 않도록 설계)

(2) 공공부조

우리나라 「사회보장기본법」 제3조(정의)에서 공공부조는 국가 및 지방자치단체의 책임하에 생활유지능력이 없거나 생활이 어려운 국민의 최저생활을 보장하고 자립을 지원하는 제도라고 규정하고 있다. 선진복지국가에서는 사회보험제도와 함께 사회보장의 일환으로 이 사업을 활발히 진행하고 있다. 대상자에 대한 현금급여 및 기타 서비스로 대상은 빈민에게 한정되고 급여 혜택은 그 대상자의 재정상태와 욕구에 따라 결정되고 재정은 정부의 일반 세입에서 충당된다. 국민기초생활보장제도에서 제공하는 기초생활보장 수급자의 자녀를 위한 지원은 생계급여, 의료급여, 교육급여 등이 있다.

〈표 5-3〉 **공공부조의 특징**

구분	관련 내용
공공부조	• 최저생활 보장을 위한 현금급여 및 기타 서비스 • 재정은 정부의 일반세입에서 충당 • 사회보험의 보완 기능 담당
기본원리	• 국가 책임의 원리 • 생존권 보장의 원리 • 최저생활 보장의 원리 • 무차별 평등의 원리 • 보충성의 원리 • 자립조장의 원리

(3) 사회복지서비스

사회복지서비스는 국가 및 지방자치단체, 민간부문의 지원을 통해 모든 국민을 대상으로 상담, 재활, 직업 소개 및 훈련, 사회복지시설의 이용 등을 제공함으로써 정상적인 생활이 가능하도록 제도적으로 지원하는 것을 말한다. 아동복지서비스는 「아동복지법」, 「청소년기본법」, 「영유아보육법」 등을 근간으로 제공되고 있다. 서비스의 내용은 시설아동, 장애아동, 다문화가정 아동, 빈곤 아동, 한부모 가정의 아동 등을 대상으로 아동 · 청소년 보호서비스, 아동학대 예방 및 방지 서비스, 상담 및 위기 서비스, 발달재활 및 상담서비스, 언어발달 지원 서비스, 건강관리지원서비스, 자립지원 서비스, 보육서비스, 방과후 서비스 등이다.

(4) 아동수당

아동수당은 아동수당법('18.9월 시행)에 기초하여 마련된 아동복지정책으로 아동 양육에 따른 경제적 부담을 경감하고 아동의 건강한 성장 환경을 조성하며, 아동 양육에 대한 국가의 책임성을 강화하려는 취지가 있다. 그동안 아동은 우리 사회의 소중한 구성원이자 미래 사회를 책임지게 될 중요한 세대임에도 불구하고 아동에 대한 재정적 · 정책적 지원에는 소극적이었다.

당초 이 법은 6세 미만 아동을 대상으로 보호자와 그 가구원의 경제적 수준을 고려하여 아동수당을 지급하도록 하였으나, 아동수당의 도입취지가 모든 아동이 누려야 할 기본적 권리와 복지의 증진 및 미래 세대인 아동에 대한 사회적 투자라고 볼 때, 아동수당을 경제적 수준을 고려하여 선별적으로 지급하는 것이 적절하지 않다는 문제 제기가 있었다. 이에 아래 〈표 5-4〉와 같이 일부 개정('19.4월)이 이루어져 아동수당의 본질적인 의미를 살리고 모든 아동이 기본적인 권리와 복지를 누릴 수 있도록 경제적 수준과 상관없이 모든 6세 미만 아동 가구에게 아동수당을 지급하고 있다.

〈표 5-4〉 **아동수당 주요내용**

구분	관련 내용
법적근거	아동수당법('18.3.27. 제정, '18.9.1. 시행)
지원대상	만 6세 미만 모든 아동
지원금액	아동 1인당 월 10만 원
지원방식	현금입금 원칙(단, 시군구 조례로 정하는 경우, 지역상품권 지급가능)
신청방식	읍면동 주민센터 방문 또는 온라인 복지로

「아동수당법」은 만6세 미만의 모든 아동을 대상으로, 아래 〈표 5-5〉와 같이 아동에게 아동수당을 지급하여 아동 양육에 따른 경제적 부담을 경감하고 건강한 성장 환경을 조성함으로써 아동의 기본적 권리와 복지를 증진함을 목적으로 총 5장 26개 조문으로 구성되어 있다.

〈표 5-5〉 **아동수당법의 목적 및 주요내용**

구분	내용
목적 (제1조)	아동에게 아동수당을 지급하여 아동 양육에 따른 경제적 부담을 경감하고 건강한 성장 환경을 조성함으로써 아동의 기본적 권리와 복지를 증진함
국가 등의 책무 (제3조)	① 국가와 지방자치단체는 아동수당이 아동 양육에 따른 경제적 부담을 경감하고 아동의 건강한 성장 환경을 조성하는 데 필요한 수준이 되도록 최대한 노력하여야 한다. ② 국가와 지방자치단체는 제1항에 따라 필요한 비용을 부담할 수 있도록 재원을 조성하여야 한다. ③ 보호자는 아동의 기본적 권리와 복지 증진을 위하여 아동수당을 사용하여야 한다.
법조문 구성 (총 26개 조항)	총칙 → 목적과 정의, 국가 등의 책무 아동수당의 신청 및 지급 등 → 아동수당의 지급대상 및 지급액 / 아동수당 관련 정보의 제공 / 지급신청, 지급결정, 지급시기 및 방법 등 수급아동의 사후관리 → 미지급 아동수당 / 수급아동의 보호를 위한 보호자의 변경 / 지급정지, 수급권 상실, 신고 및 환수 등 아동수당 수급권자의 권리 보호 → 아동수당 수급권의 보호 및 이의신청 보칙 및 벌칙 → 아동수당정보시스템 구축 및 운영, 자료 및 정보의 수집 / 벌칙 및 과태료

3) 아동복지정책의 방향

아동복지정책은 유엔아동권리협약을 기초로 하여 아동의 생존 · 보호 · 발달 · 참여의 권리에 대하여 문제해결 중심의 사후 · 치료적 접근에서 권리주체로서 아동을 인식하고 개별화된 다양한 요구를 맞추기 위한 정책방향으로 전개되고 있다.

(1) 유엔아동권리협약 이해

유엔아동권리협약(Convention on the Rights of the Child, CRC)은 18세 미만 아동의 모든 권리를 담은 국제적인 약속으로 1989년 11월 20일 유엔에서 만장일치로 채택되었다. 우리나라를 포함해 지구촌의 196개국(2019년 기준)이 함께 한 약속으로 아동이 건강하게 자라나기 위해 꼭 필요한 권리를 구체적으로 이야기하고 있다. 이 약속에 참여한 국가는 아동의 권리를 지키기 위해 노력해야 하며, 아동의 권리를 얼마나 지켜 주었는지를 유엔에 정기적으로 보고해야 한다. 이를 위해서 아동권리모니터링제도를 운영하고 있는데, 유엔아동권리협약에서 약속한 권리가 잘 지켜지고 있는지를 살펴보고, 아동에게 가장 좋고, 이익이 되도록 의견을 제시하는 모든 활동을 말한다. 더불어 아동권리에 대해 보다 많은 사람들이 이해하도록 교육을 실시하고, 아동과 관련된 법이 수정되고 만들어지도록 노력하는 등 아동의 권리증진을 위한 다양한 옹호활동을 포함하고 있다.

(2) 우리나라의 아동정책 기본방향

정부는 2012년 8월, 「아동복지법」을 개정 · 시행하여 아동정책에 대한 범정부 차원의 중기계획 수립 근거(「아동복지법」 제7조)를 마련하고, 관계부처 합동으로 아동을 대상으로 하는 "제1차 아동정책기본계획(2015~2019)"을 수립하였다. 아동정책기본계획은 「아동복지법」 제10조에 근거한 '아동정책조정위원회'에서 수립되며, 아동의 권익 및 복지증진 등을 심의하는 아동정책분야 의결기구로서, 국무총리, 관계부처 장관, 민간위원 등 총 25인 이내로 구성된다.

제1차 기본계획은 생애주기에서 아동기가 가장 행복한 시기가 될 수 있도록 하고, 모든 영역에서 아동을 권리의 주체로 인정하여 아동의 권리가 온전하게 실현되도록 한다는 의미를 담았다. 이를 위해 경제협력개발기구(OECD) 국가 중 최하위인 아동의 "삶의 만족도"와 "주관적 행복지수"를 10년 내 OECD 국가 평균 수준으로 향상시키고, 유엔아동권리협약의 중요 원리인 '아동 최우선의 원칙'을 실현시킬 수 있는 기반을 조성하는 것을 핵심 목표로 설정하였다. 아동정책에 대한 기본방향, 추진목표, 분야별 주요 시책, 재원조달방안 등을 포함하며, 유사 분야 중장기 계획과 추진연도를 조정, 정책방향의 일관성을 확보하게 되었다.

다음의 [그림 5-1]은 제1차 기본계획의 주요개념으로 미래를 준비하는 삶, 건강한 삶, 안선한 삶, 함께하는 삶의 4개 영역 등을 위한 세부과제를 제시하고 있다. 첫째, 미래를 준비하는 삶 영역에서는 아동의 성장 · 발달과정에 영향을 미치는 사안에 대해 아동 스스로 의견을 충분하게 표현할 수 있는 권리를 보장한다. 둘째, 건강한 삶 영역에서는 아동이 가장 많은 시간을 보내는 생활공간을 기반으로 아동 건강을 통합 관리하는 체계를 구축한다. 셋째, 안전한 삶 영역에서도 역시 가정 · 학교 등 아동의 주된 생활 공간에서 위해 요인을 줄인다. 마지막은 함께하는 삶 영역으로 빈곤, 장애, 범죄, 가출, 다문화가정, 이주아동 등 다양한 사유로 사회적 보호나 지원이 필요한 아동에 대해 종합적인 보호 대책을 수립하고 이행관리하는 방안을 제시하고 있다.

비전	행복한 아동, 존중받는 아동
핵심 목표	▪아동 행복도 증진 ▪아동 최우선의 원칙 실현기반 조성
추진 영역	**중점 추진 과제**
1. 미래를 준비하는 삶	• 아동기 역량강화 • 꿈과 끼를 살리는 교육실현 • 아동의 참여권 보장 • 놀이 여가 권리 보장
2. 건강한 삶	• 생활공간 기반 건강관리체계 마련 • 발달주기별 건강관리체계 내실화
3. 안전한 삶	• 생활공간 안전확보 • 사회안전 위협요인 대응체계 구축 • 아동안전기반 구축
4. 함께하는 삶	• 아동보호 차별금지 원칙 실현 • 보호 · 지원 필요 아동에 대한 종합대책 마련

[그림 5-1] **제1차 아동정책 기본계획(2015.05.)**

「아동복지법」 제7조에 따라 정부는 지난 2015년에 마련된 제1차 아동정책기본계획을 근간으로 향후 5년간의 아동정책을 포괄하는 제2차 아동정책기본계획(2020~2024)을 다시 발표하였다. 이번 제2차 기본계획은 '아동 중심' 관점의 패러다임 전환을 정책적으로 체계화하고 아동권리를 실현하고 보호하는 등 실질적으로 아동의 삶을 변화시킬 수 있는 과제발굴에 중점을 두었다.

이번 기본계획의 비전은 '아동이 행복한 나라'로 설정하였다. 경제개발협력기구(OECD)와 비교할 때 우리나라 아동 삶의 만족도가 낮고, 아동기 낮은 행복감은 성인기까지의 삶과 나아가 사회 · 국가 발전에도 부정적 영향을 미칠 수 있다는 점을 고려하였으며, 지난 2019년 5월에 '아동에 대한 국가책임 확대'를 천명한 '포용국가 아동정책'의 비전을 계승 · 견지할 필요가 있다는 점도 감안하였다.

다음의 [그림 5-2]와 같이, '아동 권리의 존중 및 실현', '아동이 현재 행복을 누릴 수 있는 환경 조성'을 정책목표로, 4대 추진 전략, 9개 중점 추진과제를 제시하였으며, 4대

추진전략은 ▲ 권리주체 아동권리 실현 ▲ 건강하고 균형 있는 발달 지원 ▲ 공정한 출발 국가책임 강화 ▲ 코로나19 대응 아동정책혁신을 중심으로 담았다. 첫째 '권리주체 아동권리 실현'은 각종 정책에서 아동을 중점 고려하여 아동권리가 실현되도록 정책시스템을 마련하는 것이다. 둘째 '건강하고 균형 있는 발달 지원'은 놀이-학습의 균형과 조화를 통해 즐거움 속에서 미래 역량을 개발하도록 하는 것이다. 셋째 '공정한 출발 국가책임 강화'는 아동 중심의 공적 보호체계를 완비하고, 돌봄을 확충하여 아동에 대한 국가책임을 다하는 것으로 학대, 유기 등 보호필요아동 조사·지원 전주기 과정에서 공적 전담인력을 단계적으로 확충하여 공적 책임을 강화하고, 기관별 전문화 및 현장 전담인력 전문성 등 역량을 향상시킨다. 넷째 '코로나19 대응 아동정책혁신'은 코로나19 등 사회적 돌봄 제약상황에서 가정의 아동양육 역량 강화를 위해 소득-시간-양육자 역량 제고 등을 종합적으로 지원한다.

비전	아동이 행복한 나라
핵심 목표	■ 아동 권리의 존중 및 실현 ■ 아동이 현재 행복을 누릴 수 있는 환경 조성
추진 전략	**중점 추진 과제**
1. 권리주체 아동권리 실현	1 아동 권리 실현을 위한 정책추진체계 마련 2 생활 속 아동권리 실현
2. 건강하고 균형 있는 발달 지원	3 놀이와 학습이 조화로운 학교와 지역사회 4 아동 신체와 마음건강 관리 강화 5 폭력과 각종 안전사고로부터 보호
3. 공정한 출발 국가책임 강화	6 아동중심 공적 보호·돌봄체계 구축 7 저소득 가구 등 취약아동 지원 강화
4. 코로나19 대응 아동정책 혁신	8 가정의 양육 역량 강화 9 재난 상황에 대응 가능한 돌봄체계 마련

[그림 5-2] **제2차 아동정책 기본계획(2020.08.)**

2. 아동복지 관련법

「아동복지법」 및 관련법은 아동복지정책을 실현하기 위한 수단을 제공하는 데 중요한 근거가 된다. 정부 정책은 법에 근거하여 수립되고, 법은 정책을 실현하는 수단이 되기 때문이다. 아래 [그림 5-3]와 같이 법은 정책의 필요에 따라서 제·개정될 수 있으며, 법과 정책은 상호관계를 맺으며 발전하게 된다. 모든 정책이 법의 형식으로만 이루어지는 것은 아니지만, 입법기관에서 찬반양론의 토론과정을 충분히 거쳐 검증된 법률의 형태로 정책이 결정되는 것은 바람직하다. 따라서 정책의 형성과 법으로서의 구현과정에 대해 법치주의의 준수, 사회현상에 바탕을 둔 합리성과 공공성을 갖춘 법제도의 마련 및 그 연구에 대한 필요성이 계속 강조되고 있다(임현, 2014).

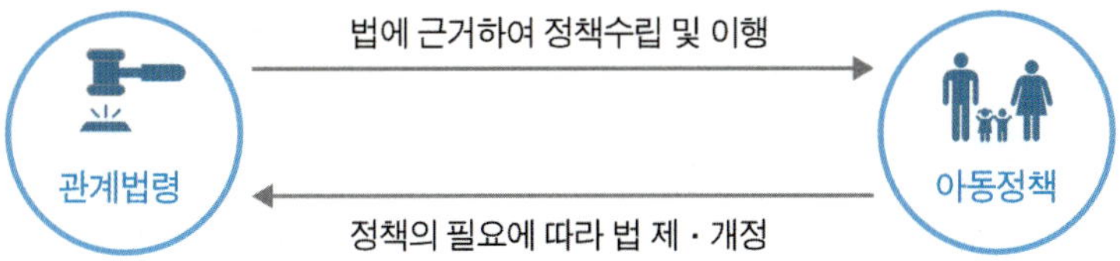

[그림 5-3] **법령과 정책의 상호관계**

1) 개요

우리나라의 아동복지 관련법제는 크게 아동구호세대(1960년까지), 아동보호시대(1970~1980년 중반) 및 아동복지시대(1980년 중반 이후)로 구분된다. 선별주의에서 보편주의로 진보하였고, 주관기관 또한 정부기관으로 이동하였다. 기초생활에 대한 지원에서 찾아가는 복지로 발전하고 있다. 1961년 「아동복리법」(현재 「아동복지법」)이 제정되면서 요보호아동에 대한 국가 책임의 원칙이 법제화되었다(김수진, 2005).

아동복지 관련법은 아동 및 가족의 요구와 관련된 복지정책을 마련하는 데 근거가 되고 아동복지서비스를 제공하는 데 필요한 사회적 책임을 규정하고 있는 법률을 말한다. 아래 〈표 5-6〉은 아동보호 및 지원, 아동노동, 아동교육, 아동범죄, 아동건강, 아동문화 등으로 아동복지 관련법을 분류한 것이다(초록어린이재단, 2013).

〈표 5-6〉 **아동복지 관련법 분류**

구분		관련법
아동보호 및 지원	일반아동	아동복지법, 영유아보육법, 아동 · 청소년 성보호에 관한 법률, 사회복지사업법, 건강가정기본법, 사회보장기본법, 저출산 · 고령사회기본법, 민법, 청소년복지지원법, 청소년활동진흥법, 아이돌봄지원법
	시설아동	보호시설에 있는 미성년자의 후견 직무에 관한 법률
	장애아동	장애아동 복지지원법
	실종아동	실종아동 등의 보호 및 지원에 관한 법률
	빈곤아동	국민기초생활보장법, 아동의 빈곤예방 및 지원 등에 관한 법률
	입양아동	입양특례법
	다문화아동	다문화가족지원법
	한부모아동	한부모가족지원법
아동노동		근로기준법
아동교육		교육기본법, 초중등교육법, 유아교육법, 장애인 등에 대한 특수교육법
아동범죄		소년법, 성매매방지 및 피해자보호 등에 관한 법률, 성폭력범죄의 처벌 등에 관한 특례법, 가정폭력방지 및 피해자보호 등에 관한 법률, 학교폭력예방 및 대책에 관한 법률
아동건강		의료급여법, 정신보건법, 청소년보호법, 모자보건법, 학교안전사고예방 및 보상에 관한 법률, 자살예방 및 생명존중문화 조성을 위한 법률, 학교보건법, 학교급식법
아동문화		문화예술교육지원법, 청소년활동진흥법

2) 아동복지법

「아동복지법」은 아동복지가 사회복지의 한 분야로서 사회복지법의 체계에 따라 「아동복지법」이 지니는 법적 위치와 그 의미에 대해 파악할 수 있어야 한다. 이러한 맥락에서 「아동복지법」은 사회복지법의 하위법으로 특별법적인 성격을 띠며, 아동복지의 기본 가치를 실현하는 데 필요한 내용과 체계를 갖추고 있는지를 이해하여야 한다.

(1) 아동복지법의 개념

우리나라는 정부 수립 후, 한국전쟁(6.25) 등 사회적 격동기를 거치면서 수많은 고아가 발생하게 되었고, 아동복지가 시설수용 중심으로 발전하는 데 중요한 역사적 배경이 되었다.

1961년에 제정된 「아동복리법」은 아동이 그 보호자로부터 유실, 유기 또는 이탈되었을 경우, 그 보호자가 아동을 양육하기에 부적당하거나 양육할 수 없는 경우 또는 아동의 건전한 출생을 기할 수 없는 경우에 아동이 건전하고 행복하게 육성되도록 그 복리를 보장하려는 내용을 중심으로 법조문이 구성되었다.

이후 1981년 전문을 개정하고 법명을 「아동복지법」으로 개칭하였다. 종전의 「아동복리법」은 구호적 성격의 복지제공에 중점을 두고 있어 그동안의 경제 · 사회의 발전에 따라 발생한 사회적 복지요구에 부응하지 못하고 있으므로 요보호아동뿐만 아니라 일반아동을 포함한 전체 아동의 복지를 보장하였다. 특히, 유아기의 기본적 인격 · 특성과 능력개발을 조장하기 위한 여건을 조성할 수 있도록 하였다.

2000년에 접어들면서, 우리 사회의 아동복지수요에 능동적으로 대응하고 심각한 사회문제로 지적된 학대아동에 대한 보호 및 아동안전에 대한 제도적 지원을 공고히 하기 위하여 아동복지지도원을 사회복지전담공무원으로 그 신분을 변경하고, 아동학대에 대한 정의와 금지유형을 명확히 규정하며, 아동학대에 대한 신고를 의무화하는 등 기타 현행 규정의 운영상 나타난 일부 미비점을 개선 및 보완하였다.

최근 아동학대로 인한 중상해, 사망 등 심각한 아동학대 사건이 지속적으로 증가하고 있으나, 아동학대 조사업무를 비영리법인인 아동보호전문기관이 담당하여 조사 거부와 조사자 위협 등의 문제점이 발생하고 있었다. 이를 해결하기 위하여 시·도지사 또는 시장·군수·구청장 등 지자체장이 아동학대전담공무원을 두고 아동학대 조사업무를 수행하고, 조사 후에는 피해아동보호계획을 수립하는 등 아동학대 조사체계를 공공 중심으로 개편하였다. 이러한 내용을 포함한 일부 개정된 「아동복지법」은 2020년 10월부터 시행되고 있다.

(2) 아동복지법의 주요내용

「아동복지법」은 18세 미만인 사람을 "아동"으로 정의하고, 아래 〈표 5-7〉과 같이 아동이 행복한 삶을 누릴 수 있는 기본적인 여건을 조성하고 조화롭게 성장·발달할 수 있도록 하기 위한 경제적·사회적·정서적 지원을 목적으로 총 7장, 75개 조문으로 구성되어 있다.

〈표 5-7〉 아동복지법의 목적 및 주요내용

구분	내용
목적 (제1조)	아동이 건강하게 출생하여 행복하고 안전하게 자랄 수 있도록 아동의 복지를 보장하는 것
기본이념 (제2조)	① 아동은 자신 또는 부모의 성별, 연령, 종교, 사회적 신분, 재산, 장애유무, 출생지역, 인종 등에 따른 어떠한 종류의 차별도 받지 아니하고 자라나야 한다. ② 아동은 완전하고 조화로운 인격발달을 위하여 안정된 가정환경에서 행복하게 자라나야 한다. ③ 아동에 관한 모든 활동에 있어서 아동의 이익이 최우선적으로 고려되어야 한다. ④ 아동은 아동의 권리보장과 복지증진을 위하여 이 법에 따른 보호와 지원을 받을 권리를 가진다.

구분	내용	
법조문 구성 (총 75개 조항)	총칙	목적과 기본이념, 정의
		국가와 지방자치단체의 책무, 보호자 등의 책무
	아동복지정책의 수립 및 시행 등	아동정책기본계획 및 연도별 시행계획 수립/시행
		아동정책조정위원회, 아동권리보장원 운영
		아동종합실태조사 및 아동정책영향평가 실시
		아동복지심의위원회, 아동복지전담공무원, 아동위원 지정
	아동에 대한 보호서비스 및 아동학대의 예방 및 방지	아동보호서비스(보호 · 퇴소 조치, 금지행위 등)
		아동학대의 예방과 방지 의무, 예방교육, 학대통보 및 지원
	아동에 대한 지원서비스	아동안전 및 건강지원
		취약계층 아동 통합서비스지원 및 자립지원
		방과 후 돌봄 서비스 지원
	아동복지시설	아동보호전문기관, 가정위탁지원센터 운영
		아동복지시설 및 아동전용시설 설치, 아동복지단체 육성
	보칙 및 벌칙	비용 보조와 징수, 조사 및 청문 등
		벌칙, 상습범, 미수범, 양벌규정 및 과태료

3) 아동복지 관계법

아동복지 관계법은 〈표 5-6〉의 분류표와 같이 다양한 법률이 존재하지만, 여기에서는 아동복지와 가장 긴밀한 관계를 맺고 있는 「영유아보육법」, 「청소년기본법」, 「한부모가족지원법」, 「장애아동복지지원법」을 중심으로 설명한다.

(1) 영유아보육법

「영유아보육법」은 1991년 제정되어 산업화에 따른 여성의 사회참여 증가 및 가족구조의 핵가족화에 의한 보육 아동수요의 급증에 따라, 아동보호와 교육문제는 개인적인 차원을 넘어 사회적 · 국가적 차원에서 해결이 불가피하게 되었으나, 당시 「아동복지법」은 보육시설 설립주체의 제한으로 보육사업 확대가 곤란하고, 관장부처의 다원화로 체계적이고 효율적인 보육사업 추진 등에 문제점이 있었다. 이에 영유아의 보호와 교육에 관한 별도의 입법을 통하여 보육시설의 조속한 확대 및 체계화로 아동의 건전한 보호 · 교육 및 보육자의 경제적 · 사회적 활동을 지원하고 가정복지증진을 도모코자 하였다.

이 법에서 "영유아(嬰幼兒)"는 6세 미만의 취학 전 아동을 말하며, "보육"은 영유아를 건강하고 안전하게 보호 · 양육하고 영유아의 발달 특성에 맞는 교육을 제공하는 어린이집 및 가정양육 지원에 관한 사회복지서비스를 말하고 있다. 특히 국가와 지방자치단체는 보호자와 더불어 영유아의 심신을 보호하고 건전하게 교육하여 건강한 사회구성원으로 육성해야 할 책임이 있으며, 이에 필요한 재원을 안정적으로 확보하도록 노력하여야 한다고 명시하여 영유아 보육의 중요성을 강조하고 있다.

1997년 영유아 보육의 정의를 신설하여 보육의 범위를 명확히 하고 「초 · 중등교육법」에 초등학교 취학 직전 1년의 유아의 교육을 무상으로 실시하는 방안이 제기됨에 따라 저소득층 중심의 보육유아에 대하여도 무상보육을 실시할 수 있도록 근거를 마련하여 형평을 기하고, 보육시설 설치운영에 국가의 재정지원을 함으로써 가정의 육아 및 보육비용 부담을 완화하였다.

2004년에는 이 법의 전면개정이 이루어졌는 데, 여성의 사회참여 확대, 가족구조의 변화 등으로 인해 영유아 보육에 대한 수요가 증가함에 따라 보육시설 종사자의 자격기준을 강화하고, 영유아 보육시설 설치 · 운영을 종전 신고제에서 인가제로 전환하는 등 영유아 보육에 대한 공공성을 강화하도록 하는 한편, 영유아보육제도의 운영상 나타난 일부 미비점을 개선 · 보완하였다. 또한, 보육정책의 기본방향에 관한 심의와 관계부처 간의 의견 조정을 위하여 국무총리 소속하에 보육정책조정위원회를 두고, 보육에 관한 각종 정책 · 사업 · 보육지도 등을 심의하기 위하여 보건복지부에 중앙보육정책위원회를 두도록 하였다. 특별히 농어촌지역의 경우 인구의 고령화와 아동인구의 감소 등으로 인하여 보육시설의 설치가 어려운 지역이 상당수에 이르고 있어 농어촌지역의 영유아는 도시지역의 영유아에 비하여 체계적으로 보육되지 못하고 있는 실정인 바, 보육시설의 설치기준 및 보육시설 종사자의 배치기준에 있어 도시지역보다 완화된 기준을 적용받을 수 있는 지역에 도서 · 벽지 이외에 새로이 농어촌지역을 포함시켜 농어촌지역의 보육여건 개선을 도모하였다.

2011년에는 보육시설 및 보육시설 종사자의 명칭을 어린이집 및 보육교직원으로 변경하여 국민에게 밝고 긍정적인 이미지를 심어 주어 보육교직원 등의 위상을 높이고, 어린이집의 원장과 보육교사의 자격검정 및 자격증 교부 업무를 공공 또는 민간 기관 · 단체에 위탁할 수 있도록 하는 한편, 다문화가족의 자녀에게 국 · 공립 어린이집에 우선 입소와 무상보육의 특례를 부여함으로써 다문화가족의 자녀가 우리 사회에 더욱 수월하게 적응할 수 있도록 여건을 마련하였다.

2013년에는 무상교육이 전 연령으로 확대되어 부모들이 일과 가족생활의 균형 문제와 경제적인 어려움에서 벗어나 안심하고 자녀를 출산할 수 있도록 영유아의 보육을 국가가 담당하도록 함으로써 보육에 관한 국민의 부담을 줄여 저출산 문제를 해결하여 보육서비스의 질을 향상할 수 있는 지속적인 체계를 마련하였다.

이 법은 영유아보육정책의 핵심수단을 제공하는 근거법으로 수십 차례의 개정을 거치면서 시대의 사회 · 문화 · 경제적 변화를 반영하고 있다. 2020년 7월부터는 국가자격증이 대여 · 알선 등을 통해 돈벌이 수단으로 악용되는 것을 방지하기 위하여 어린이집 원장이나 보육교사 자격증의 대여 · 알선 등의 행위를 금지하고, 이를 위반한 경우 처벌할 수 있는 근거를 마련한 일부 개정된 「영유아보육법」이 시행된다.

영유아 및 가정의 복지증진을 위한 이 법은 다음 〈표 5-8〉과 같이 모든 국민을 포함하여 국가와 지방자치단체가 영유아보육에 관한 책임을 다하여 노력하도록 총 9장, 56개 조문으로 구성되어 있다.

〈표 5-8〉 「영유아보육법」의 목적 및 주요내용('20.7.8.)

구분	내용
목적 (제1조)	영유아의 심신을 보호하고 건전하게 교육하여 건강한 사회 구성원으로 육성함과 아울러 보호자의 경제적 · 사회적 활동이 원활하게 이루어지도록 함으로써 영유아 및 가정의 복지 증진에 이바지함
보육이념 (제3조)	① 보육은 영유아의 이익을 최우선적으로 고려하여 제공되어야 한다. ② 보육은 영유아가 안전하고 쾌적한 환경에서 건강하게 성장할 수 있도록 하여야 한다. ③ 영유아는 자신이나 보호자의 성, 연령, 종교, 사회적 신분, 재산, 장애, 인종 및 출생지역 등에 따른 어떠한 종류의 차별도 받지 아니하고 보육되어야 한다.
법조문 구성 (총 56개 조항)	총칙 → 목적과 정의, 보육이념 / 보육정책조정위원회, 보육정책위원회 운영 / 육아보육지원센터 및 한국보육진흥원의 설립 및 운영 어린이집의 설치 → 어린이집의 종류, 설치기준 / 보육계획의 수립 및 시행 / 국공립어린이집 및 외의 어린이집, 직장어린이집 설치 / 국공립어린이집 외의 어린이집 설치 보육교직원 → 보육교직원의 배치, 직무, 책무, 임면 및 결격 사유 / 어린이집 원장 및 보육교사의 자격 및 보수교육 어린이집의 운영 → 어린이집 운영기준, 운영위원회, 부모모니터링단 운영 / 취약보육, 시간제보육 및 어린이집 평가 건강, 영양 및 안전 → 건강관리, 응급조치, 치료 및 예방접종, 급식 및 차량관리 비용 → 무상보육, 양육수당, 비용보조 및 세제지원 등 지도 및 감독 → 지도와 명령, 보고와 검사, 어린이집 폐지 · 휴지 및 재개 / 어린이집 원장과 보육교사 자격정지 및 취소 보칙 및 벌칙 → 경력의 인정과 권한의 위임, 벌칙과 양벌규정 및 과태료

(2) 청소년기본법

「청소년기본법」은 1991년에 제정, 시행된 법으로 미래사회의 주역이 될 청소년들이 지식을 바탕으로 건강하고 정서와 용기가 충만하며, 예절과 협동을 바탕으로 공동체적 삶을 실천하고, 자유민주주의 원칙에 대한 신념과 조국에 대한 긍지를 가지고 인류공

영에 이바지할 줄 아는 밝고 능동적인 모습으로 자랄 수 있도록 가정·사회 및 국가의 책임과 의무를 정하고 이를 실천하기 위한 기본적인 사항을 규정하고 있다.

이 법은 9세 이상 24세 이하인 사람을 "청소년"으로 정의하며, 사회구성원으로서 정당한 대우와 권익을 보장받음과 아울러 스스로 생각하고 자유롭게 활동할 수 있도록 하며 보다 나은 삶을 누리고 유해한 환경으로부터 보호될 수 있도록 함으로써 국가와 사회가 필요로 하는 건전한 민주시민으로 자랄 수 있도록 하는 것을 기본이념으로 삼고 있다.

청소년활동과 복지를 지원하는 이 법은 다음 〈표 5-9〉와 같이 청소년정책에 관한 기본적인 사항을 규정하는 것을 목적으로 총 10장, 66개 조문으로 구성되어 있다.

〈표 5-9〉 **청소년기본법의 목적 및 주요내용**

구분	내용
목적 (제1조)	청소년의 권리 및 책임과 가정·사회·국가·지방자치단체의 청소년에 대한 책임을 정하고 청소년정책에 관한 기본적인 사항을 규정함
기본이념 (제2조)	① 청소년이 사회구성원으로서 정당한 대우와 권익을 보장받음과 아울러 스스로 생각하고 자유롭게 활동할 수 있도록 하며 보다 나은 삶을 누리고 유해한 환경으로부터 보호될 수 있도록 함으로써 국가와 사회가 필요로 하는 건전한 민주시민으로 자랄 수 있도록 한다. ② 위의 내용을 구현하기 위한 장기적·종합적 청소년정책을 추진할 때에는 다음의 사항을 그 추진 방향으로 한다. • 청소년의 참여 보장 • 창의성과 자율성을 바탕으로 한 청소년의 능동적 삶의 실현 • 청소년의 성장 여건과 사회 환경의 개선 • 민주·복지·통일조국에 대비하는 청소년의 자질 향상

법조문 구성 (총 66개 조항)		
	총칙	목적과 기본이념, 청소년의 권리와 책임
		가정의 책임과 사회의 책임
		국가와 지방자치단체의 책임
	청소년정책의 총괄 및 조정	청소년정책의 총괄 및 조정
		청소년정책위원회, 지방청소년육성위원회 설치
		청소년육성에 관한 기본계획 및 연도별 시행계획 수립
	청소년 시설	청소년시설의 종류, 설치 · 운영, 지도 · 감독
	청소년 지도자	청소년지도자, 청소년상담사 운영
	청소년 단체	청소년 단체의 역할, 임원자격 및 지원사항
		한국청소년단체협의회, 지방청소년단체협의회 설립
	청소년 활동 및 청소년 복지	청소년 활동의 지원, 학교교육 등과의 연계
		청소년 복지향상, 유익환경의 조성, 유해환경의 규제
	청소년 육성기금	기금의 설치, 조성 및 사용
	보칙 및 벌칙	조세감면, 포상, 권한의 위임 및 위탁 등
		벌칙, 양벌규정 및 과태료

(3) 한부모가족지원법

「한부모가족지원법」은 1989년 「모자복지법」으로 제정되었다. 도시화 · 공업화 · 핵가족화로 인한 배우자와의 사별, 이혼, 유기, 별거 등의 사유로 배우자가 없거나 배우자가 있어도 폐질 · 불구 등으로 장기간 근로능력을 상실하여 여성이 생계의 책임을 지는 모자가정이 증가함에 따라서 이들을 자립 · 자활할 수 있도록 생계보호 · 교육보호 · 생업자금융자 · 주택제공 등을 통하여 모자가정의 건강하고, 문화적인 생활을 보장코자 하였다. 2002년에 세대주인 부자가정에 대하여도 지원을 확대하는 취지로 「모 · 부자복지법」으로 개정되었고, 이후 2007년에 다시 「한부모가족지원법」으로 변경하고, 65세 이상의 고령자들과 손자녀로 구성된 조손가족의 경우도 이 법에 따른 보호대상자로 포함시켰다. 또한, 2018년 일부 개정에서는 국가와 지방자치단체가 미혼모 · 부와 그 자녀가 건강하게 생활할 수 있도록 건강관리를 위한 지원을 할 수 있도록 하는 내용을 신설하였다.

한부모가족지원을 위한 이 법은 아래 〈표 5-10〉과 같이 한부모가족의 생활 안정과 복지 증진에 이바지함을 목적으로 총 5장, 31개 조문으로 구성되어 있다.

〈표 5-10〉 **한부모가족지원법의 목적 및 주요내용**

구분	내용
목적 (제1조)	한부모가족이 안정적인 가족 기능을 유지하고 자립할 수 있도록 지원함으로써 한부모가족의 생활 안정과 복지 증진에 이바지함을 목적
국가 등의 책임 (제2조)	① 국가와 지방자치단체는 한부모가족의 복지를 증진할 책임을 진다. ② 국가와 지방자치단체는 한부모가족의 권익과 자립을 지원하기 위한 여건을 조성하고 이를 위한 시책을 수립 · 시행하여야 한다. ③ 국가와 지방자치단체는 한부모가족에 대한 사회적 편견과 차별을 예방하고, 사회구성원이 한부모가족을 이해하고 존중할 수 있도록 교육 및 홍보 등 필요한 조치를 하여야 한다.
법조문 구성 (총 31개 조항)	총칙 → 목적과 정의, 국가 등의 책무 복지의 내용과 실시 → 지원대상자의 조사 / 복지급여의 신청 및 내용 / 복지자금의 대여, 고용의 촉진, 시설우선이용 등 / 가족지원서비스, 국민주택분양 및 임대 한부모가족복지시설 → 한부모가족복지시설 및 설치 / 시설 폐지 또는 휴지, 시설 감독, 시설 폐쇄 등 비용 및 보칙 → 비용의 보조, 부정수급 징수, 보조금 반환 등 / 벌칙, 양벌규정 및 과태료

(4) 장애아동복지지원법

「장애아동복지지원법」은 2011년 국가와 지방자치단체가 장애아동과 그 가족을 대상으로 통합적인 복지 지원대책과 지원사업을 수행하기 위하여 제정되었다. 이 법이 제정되기 전에는 장애아동의 복지를 위한 사업들은 보육사업을 제외하고는 근본적으로 장애아동에 대한 보편적 복지가 아니라, 저소득층 장애아동에 대한 선별적인 복지의 성격이 강하고, 복지정책도 주로 성인기 장애인들을 중심으로 수립되어 있었다. 더불어 복지지원 전달체계나 연계 협력체계가 미비하여 분절된 복지서비스가 이루어지고 있어서 장애아동과 그 가족에 대한 종합적인 지원대책도 필요하였다. 이에 국가와 지방자치단체가 장애아동의 특별한 복지적 욕구에 적합한 지원을 적시에 제공함으로써 장애아동의 건강한 성장과 사회 구성원으로서 역할을 적극적으로 담당할 수 있도록 하고 장애아동 가족의 부담도 줄일 수 있게 되었다.

〈표 5-11〉 **장애아동복지지원법의 목적 및 주요내용**

구분	내용
목적 (제1조)	국가와 지방자치단체가 장애아동의 특별한 복지적 욕구에 적합한 지원을 통합적으로 제공함으로써 장애아동이 안정된 가정생활 속에서 건강하게 성장하고 사회에 활발하게 참여할 수 있도록 하며, 장애아동 가족의 부담을 줄이는 데 이바지함
기본이념 (제2조)	① 장애아동을 위한 모든 활동에 있어서 장애아동의 이익이 최우선적으로 고려되어야 한다. ② 장애아동은 자신에게 영향을 미치는 모든 활동에 대하여 자신의 견해를 자유로이 표현할 권리를 최대한 보장받아야 한다
법조문 구성 (총 41개 조항)	총칙 → 목적과 정의, 기본이념, 장애아동의 권리 국가와 지방자치단체의 임무 → 국가와 지방자치단체의 임무 / 장애아동 복지지원의 심의 / 중앙장애아동지원센터, 지역장애아동지원센터 운영 복지지원 대상자 선정 및 복지지원 제공의 절차 → 장애의 조기발견 / 복지지원의 신청, 대상자 선정 및 금융정보 등의 제공 / 장애아동과 그 가족의 개인정보보호 복지지원의 내용 → 의료비, 보조기구, 발달재활서비스 지원 / 보육지원, 가족지원, 돌봄 및 일시적 휴식지원 / 지역사회 전환 서비스 지원, 문화 및 예술 등 복지지원 / 복지지원의 제공 및 비용의 환수 복지지원 제공기관 등 → 복지지원 제공기관 시설유형 및 직무 / 장애영유아 어린이집 운영 / 발달재활서비스 제공기관의 정보제공 보칙 및 벌칙 → 지도와 감독, 보고와 감사, 위임과 위탁사항 등 / 벌칙, 양벌규정 및 과태료

장애아동지원을 위한 이 법은 앞의 〈표 5-11〉과 같이 장애아동을 위한 모든 활동에 있어서 장애아동의 이익이 최우선으로 보장되어야 하며, 장애아동이 가진 발달상의 특수성과 장애의 정도 및 특성에 고려하여 통합적 복지를 제공하는 것을 목적으로 총 7장, 41개 조문으로 구성되어 있다.

함께 생각해 보기

권리주체로서 아동권리는 어떻게 실현되는 것일까요?

2020년 8월에 발표된 제2차 아동정책기본계획은 '아동이 행복한 나라'를 비전으로 설정하고, 권리주체로서 아동권리의 실현을 추진한다고 말합니다. 예를 들어, 아동청원제도(가칭) 등을 통해서 권리주체로서 아동이 정부의 아동복지정책 및 법제도 개선에 대한 의견을 직접 제출할 수 있게 됩니다.
권리주체로서 아동권리를 실현할 수 있는 다른 방법이나 의견을 들어볼까요?

06

CHAPTER

빈곤아동 복지서비스

학습 목표

- 빈곤의 개념을 이해하고 현재 우리나라의 빈곤 현황을 파악한다.
- 우리나라의 아동빈곤의 실태와 문제점에 대하여 이해한다.
- 빈곤 아동을 위한 복지서비스에 대하여 살펴보고, 개선점을 모색한다.

학습 내용

지식	기술	태도
• 절대적 빈곤과 상대적 빈곤의 개념 및 정의 • 빈곤아동을 위한 우리나라의 복지정책 이해	• 빈곤아동을 위한 교사로서의 실천방안 • 국내 아동빈곤 관련 제도와 개선방안 탐색	• 국내 아동빈곤의 실태와 문제점을 숙고하는 태도

주요 용어

- 절대적 빈곤
- 상대적 빈곤
- 빈곤선
- 빈곤아동

CHAPTER 06

빈곤아동 복지서비스

1. 빈곤의 개념

빈곤이란 무엇인지 정의하기 위해서는 두 가지 개념, 즉 절대적 빈곤과 상대적 빈곤을 생각할 필요가 있다. 기본적인 생존을 위한 조건을 충족되지 않은 사람들이 보편적 의미에서의 빈곤층이라고 할 수 있지만, 항상 보편적 의미의 절대빈곤만을 기준으로 삼을 수는 없다. 어느 곳이든 인간의 필요는 동일하지 않고, 각각의 사회마다 통용되는 빈곤의 기준도 다르기 때문에 사회 안에서의 상대적인 박탈감으로 인해 발생하는 상대적 빈곤 또한 존재한다. 예를 들어, 냉장고를 사용하지 않는 사회에서는 냉장고의 소유 자체가 생존조건의 기본적인 요소가 아니지만, 현대의 산업국가에서 냉장고는 필수품처럼 여겨질 뿐만 아니라 냉장고의 소유여부는 상대적 빈곤으로 나타나기도 한다. 이처럼 빈곤은 하나의 잣대로만 기준을 삼을 수 없으며, 이러한 이유에서 사회학적 접근을 통해 절대적 빈곤과 상대적 빈곤의 개념을 모두 살펴볼 필요가 있다. 이번 장에서는 빈곤의 개념과 더불어 빈공아동의 특성과 현황을 살펴보고 빈공아동을 위한 아동복지 지원에 대하여 살펴보고자 한다.

1) 절대적 빈곤

절대적 빈곤(absolute poverty)은 육체적인 건강을 유지하기 위해 의, 식, 주와 같은 생존을 위한 기본적인 삶의 요건이 충족되지 않는 것을 의미한다(Giddens, 2009). 인간이 어디에 살든지 인간의 생존을 위한 기준은 전 세계 어느 곳이나 보편적인 기준을 갖고 있으며 이런 기준에 못 미치는 경우를 절대적 빈곤이라고 할 수 있다. 일반적으로 생계비용이 하루에 1.25달러(혹은 2달러) 미만인 경우를 절대빈곤이라고 한다(World Bank, 2020). 절대적 빈곤은 어느 사회에나 보편적으로 적용될 수 있는 개념이다. 어디에 살든지 인간의 생존을 위한 기준은 나이와 신체적 조건이 같다면 누구에게나 비슷할 것이라고 간주되므로, 세계 어느 곳에서든지 이 기준에 못 미치는 사람은 빈곤한 것이다. 즉, 생존을 위한 기본적인 욕구로서의 의식주의 결핍을 의미하며, 이것이 절대적인 빈곤선 혹은 최저 생계비에 도달하지 못할 때를 의미한다. 절대빈곤을 측정하는 방법은 여러 가지가 있을 수 있는데, 인간의 생존을 위해 필요한 기본적인 재화의 가격에 근거해서 빈곤선(poverty line)을 설정하여 그 기준보다 낮은 것을 빈곤으로 분류하는 것이다(Giddens, 2009).

그러나 각 나라의 경제적 수준의 차이가 존재하는 이상, 빈곤이라고 규정할 수 있는 빈곤선은 각국의 경제적 상황에 따라 달라질 수밖에 없다. 따라서 빈곤선을 설정하기 위해서는 각 나라의 경제적 상황과 사회적 상황을 고려하여 객관화된 기준을 마련하여야 한다.

우리나라의 경우, 빈곤선의 개념이던 "최저생계비"를 "국민 가구소득의 중위값"으로 개편하여 상대적 빈곤 개념을 도입하여 매년 공시하고 있다. 다음은 연도별 기준중위소득으로, 2015년~2017년까지 1인 가구에서 7인 가구까지의 기준중위소득 내용이다(보건복지부).

〈표 6-1〉 **연도별 기준중위소득** (단위: 원)

구분	1인	2인	3인	4인	5인	6인	7인
2015년	1,562,337	2,660,196	3,441,364	4,222,533	5,003,702	5,784,870	6,566,039
2016년	1,624,831	2,766,603	3,579,019	4,391,434	5,203,849	6,016,265	6,828,680
2017년	1,652,931	2,814,449	3,640,915	4,467,380	5,293,845	6,120,311	6,946,776

2) 상대적 빈곤

상대적 빈곤(Relative poverty)의 개념도 복잡하다. 사회가 발전함에 따라 상대적 빈곤에 대한 이해도 함께 변하기 때문이다. 상대적 빈곤은 절대적 빈곤과는 달리 한 사회의 전반적인 생활수준에 무게를 두고, 전체 국민의 복지나 소득수준과 비교하여 상대적인 저소득층을 판단함으로써 빈곤의 정의를 내린다. 즉, 다른 사람들과 비교해 상대적으로 적게 가지고 있는 상태를 의미하며, 상대적으로 낮은 수준의 계층을 빈곤층으로 정의하는 것이다(김미영, 2018). 우리나라의 경우 「국민기초생활보장법」에서는 최저생계비를 '인간으로서 건강하고 문화적인 생활을 영위하기 위한 최소한의 비용'으로 규정하고 있으며, 국가가 그 이하의 소득을 가진 가구를 기초보장수급자로 선정하고 있다.

2. 빈곤아동 현황 및 실태

1) 빈곤아동의 개념

빈곤아동이란, 아동 자신이 빈곤하기보다는 아동이 속한 가족의 빈곤을 의미한다. 보다 구체적으로 UN과 OECD 주요 국가에서 사용하고 있는 법적 규정에 의하면 18세 미만의 아동이 속한 가족이 빈곤할 때, 빈곤아동이라고 부른다(김미영, 2018; 초록우산 어린이재단 복지사업본부, 2017).

「빈곤예방 및 지원 등에 관한 법률」에 따르면 빈곤아동은 복지 · 교육 · 문화 격차 해소를 위해 지원이 필요한 아동을 뜻한다. 기초생활수급자 아동, 한부모가족 아동, 다문화가족 아동, 학대 아동 등이 해당된다. 국제연합국제아동구호기금(유니세프) 등 국제기준과 「아동복지법」에 따라 연령 기준은 만 18세 미만으로 청소년까지 포함된다. 「아동의 빈곤예방 및 지원 등에 관한 법률」 3조 3항과 동법 시행령 2조에서 규정하고 있는 빈곤아동의 정의는 다음과 같다.

〈표 6-2〉 **아동의 빈곤에 관한 법률**

구분	내용
아동의 빈곤예방 및 지원 등에 관한 법률	제3조(정의) 3. '빈곤아동'이란 생활여건과 자원의 결핍으로 인한 복지 · 교육 · 문화 등의 격차를 해소하기 위하여 지원이 필요한 아동을 말하며, 그 구체적인 기준은 보건복지부령으로 정한다.
아동의 빈곤예방 및 지원 등에 관한 법률시행령	제2조(빈공아동의 기준) 「아동의 빈곤예방 및 지원 등에 관한 법률」(이하 법이라 한다). 제3조 제3호에 따른 빈곤아동은 다음 각 호와 어느 하나에 해당하는 아동을 말한다. 1. 「아동복지법」 제3조 제4호 및 제6호에 따른 보호대상 아동 및 지원대상 아동 2. 「국민기초생활보장법」 제2조 제2호에 따른 수급자인 아동 3. 「한부모가족지원법」 제4조 제2호에 따른 한부모가족 및 「다문화가족지원법」 제2조 제1호에 따른 다문화가족의 아동 등 복지 · 교육 · 문화 등의 격차를 해소하기 위하여 사회적 · 경제적 · 문화적 지원이 필요하고 보건복지부장관이 인정하는 아동

2) 국내 빈곤아동의 실태와 문제점

우리나라의 아동빈곤율은 OECD국가 중 26위이다. OECD국가의 전체 빈곤율에서는 36위인데 반해 아동빈곤율은 상대적으로 나은 편이라고 할 수 있다. 우리나라 통계청에서도 빈곤아동의 가정환경과 생활 모습을 측정하여 빈곤아동에 대한 통계를 제시하였다. 경제적 위험, 가족 해체, 취약한 사회안전망 등에 노출된 빈곤아동의 규모와 가구 특성을 파악해 맞춤형 정책 기반을 다지겠다는 취지라고 할 수 있다.

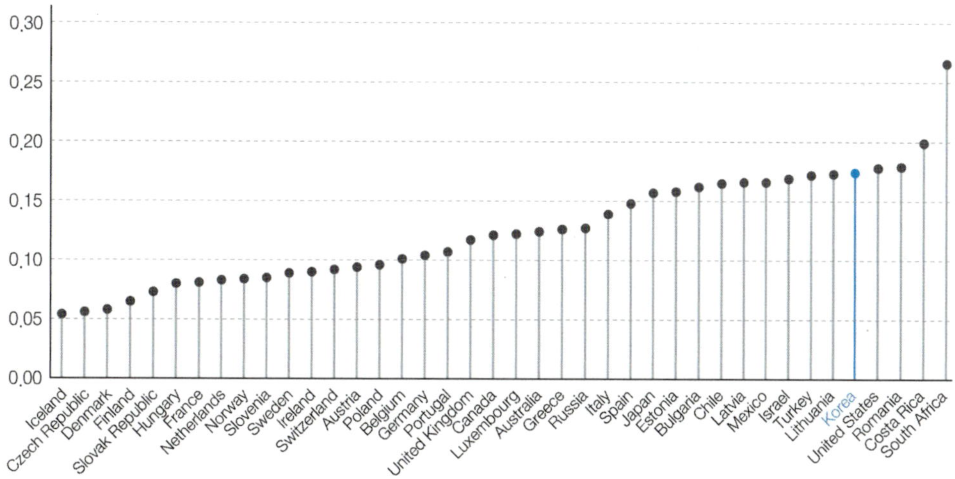

[그림 6-1] **OECD 국가의 전체 빈곤율 순위**

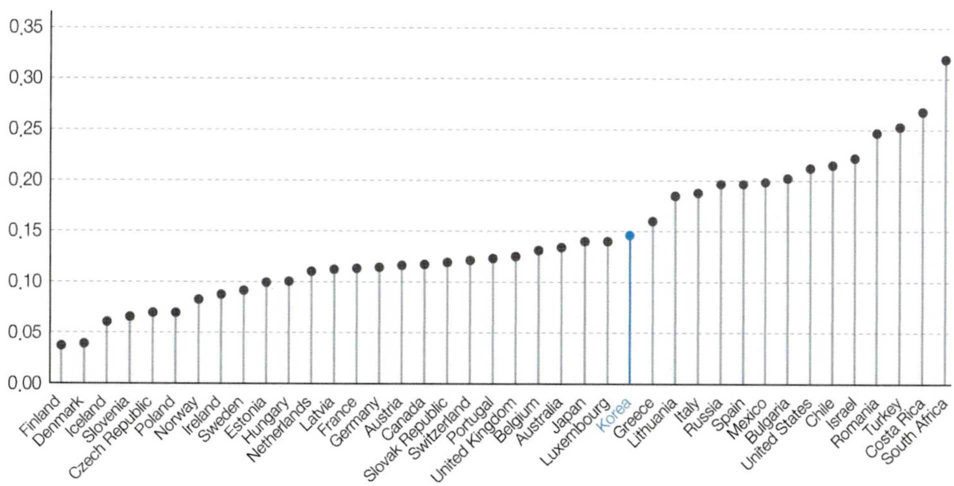

[그림 6-2] **OECD 국가의 아동빈곤율 순위**

2019년도 빈곤통계연보에 따르면 아동빈곤율은 2018년 시장소득 기준 13.1%, 가처분소득 기준 12.3%로 전년대비 모두 감소한 것으로 나타났다(한국보건사회연구원, 2019). 최근의 자료로는 2019년 통계청 인구주택총조사 결과 주거빈곤 상태에 있는 아동은 전국적으로 52만 가구, 94만 명으로 추산되고 있다. 그리고 2019년 최저주거기준 미달 가구 250가구를 대상으로 진행한 서울시 주거실태조사에 따르면, 조사가구 아동의 75.5%가 현재의 주거환경으로 인해 질병을 경험한 것으로 드러났다.

3) 빈곤아동의 문제

(1) 신체발달문제

빈곤아동과 일반아동을 비교해 볼 때 가장 큰 차이가 있는 섬은 신체적 건강이다. 빈곤아동은 출생 시부터 신체적 건강에서 부정적 결과를 보이고 있으며, 발달과정에서도 낮은 성취도를 보인다. 특히 어린 연령의 영유아의 경우 빈곤이 직접적으로 의식주와 연관되어 있는 경우에는 치명적인 영향을 미칠 수 있다. 영유아기에 섭취해야 할 영양이 결핍되거나 영유아기 발달에 필요한 적절한 신체 움직임과 환경적 자극이 제한될 경우에는 아동의 신체발달에 문제를 야기할 수 있다.

(2) 정서 및 행동문제

빈곤이 아동의 사회 정서 발달에 부정적인 영향을 미친다는 것은 널리 알려져 있는 사실이다(김미영, 2018). 빈곤은 아동의 자신감과 절망감, 우울, 행동문제, 또래갈등, 아동학대와 방임 등에 영향을 주며, 약물사용, 비행, 폭력, 범죄 등과의 접촉 빈도를 높인다. 지속적 빈곤에 있었던 아동일수록 우울과 불안의 문제가 많이 나오고, 일시적인 빈곤에 놓인 아동들은 공격성과 같은 외현화의 문제를 많이 보이는 것으로 나타났으며 유급률도 더 높은 것으로 나타났다.

(3) 학업수행문제

빈곤아동은 학교환경에서 상대적으로 더 높은 스트레스를 경험하고 학교로부터의 지지가 낮다고 인식하고 있으며, 빈곤은 청소년의 학력성취에 부정적 영향을 미치는 중요한 요인으로 나타났다. 실제로 아동기 초기의 빈곤 경험이 청소년기의 신체적, 인지적 발달에 큰 영향을 미치며 성인기 이후에도 건강, 교육수준, 노동시장에서의 사회경제적 지위 성취 등 다양한 영역에서 부정적인 영향을 미친다는 사실을 보여 주고 있다(Duncan et al, 2012). 부모의 빈곤이 중학교 1학년 아동의 성적에 직접적으로 부정적인 영향을 나타내는 연구(이경혜, 김정일, 2009)가 보여 주듯이 빈곤은 학업 성취에 영향을 미친다.

(4) 가족문제

부모-자녀 관계를 주양육자와의 신뢰관계, 의사소통, 훈육 및 감독, 양육활동 등으로 나누어 볼 때 모든 영역에서 빈곤아동은 비빈곤아동에 비해 낮으며, 부모의 양육환경이 부족한 것으로 나타난다. 빈곤가정에서 자란 아동의 경우, 그렇지 않은 아동보다 전반적으로 부정적 경험을 제공하고 신체, 인지, 심리, 사회성 전 영역에 걸쳐 취약성을 보인다(정은희, 2015, 김미영, 2018). 취약계층의 부모들은 경제적 어려움을 비롯하여 기타 부모의 정서적 불안 및 스트레스 상황으로 인해 부부관계나 자녀양육 태도에 부정적인 영향을 미쳐 자녀에게 바람직하지 못한 영향을 미치게 된다고 한다(김미영, 2018; Conger, 2005).

3. 아동빈곤 관련 제도

1) 국내 빈곤아동을 위한 복지서비스 현황

국내 빈곤아동을 위한 복지서비스는 크게 정부지원과 민간지원으로 나눌 수 있다. 아동빈곤은 다양한 원인과 형태로 존재하기 때문에 하나의 정책이나 지원만으로는 충분하지 않다. 다양성을 포함할 수 있는 여러 형태의 정책과 지원이 공존해야 한다. 정부지원사업으로는 소년소녀가정 지원사업, 한부모가족 지원사업, 아동급식 지원사업, 드림 스타트, 아동발달지원계좌 '디딤씨앗통장' 등이 있으며, 민간차원의 지원으로는 초록우산재단의 후원제도, 지역아동센터(공부방)의 빈곤아동복지사업, 'we start' 운동 등이 있다.

(1) 정부지원

① 소년소녀가정 지원사업

실질적으로 가정을 이끌어 가는 소년소녀가정의 아동에 대하여 생활보장을 실시함으로써 자립능력 배양 및 건전한 사회인으로 성장하도록 지원하는 사업이다. 영구임대, 국민임대, 재개발임대, 50년 공공임대 등에 거주하는 지원이 절실한 소년소녀가정 세대를 대상으로 지원하는 사업인데, 여기서 '실질적 소년소녀가정 세대'란 질병, 장애, 이혼, 방임 등으로 인하여 부양능력이 없는 부모, 혹은 조부모와 함께 생활하고 있거나, 법으로 보호받는 소년소녀가정을 의미한다.

② 한부모가족 지원사업

한부모가족 지원 서비스는 저소득 한부모가족 · 미혼가족 · 조손가족 등의 자녀양육 및 생활안정을 지원하는 서비스로 저소득 한부모가족 아동양육비, 아동교육지원비, 생활보조금 등의 지원을 통해 아동의 건강한 성장과 가정의 생활안정을 도모하기 위한 제도이다. 저소득 한부모가족 · 미혼가족 · 조손가족 등이 가족기능을 유지하고, 건강하고 문화적인 생활을 영위할 수 있도록 내실 있는 지원사업을 수행함으로써 한부모가족의 생활안정 및 자립기반 조성과 복지증진에 기여하는 목적이 있다.

한부모가정 지원사업은 1989년 「모자복지법」의 제정에 따라 모자복지사업으로 시작된 이후, 부자가정, 조손가족 등의 보호 등을 포괄하여, 2007년 「한부모가족지원법」으로 개정되면서 실시하기 시작하였다. 이 법에서 사용하는 '한부모가족'이란 모자가족 또는 부자가족을 말하며, '아동'이란 18세 미만(취학 중인 경우에는 22세 미만을 말함)의 자녀를 말한다(제4조). 이 법에 따른 보호대상자 아동의 연령을 초과하는 자녀가 있는 한부모가족의 경우 그 자녀를 제외한 나머지 가족구성원을 보호대상자로 한다. 보호대상자 또는 그 친족이나 그 밖의 이해관계인은 복지 급여를 관할 특별자치도지사 · 시장 · 군수 · 구청장에게 신청할 수 있으며, 국가나 지방자치단체는 생계비 · 아동교육지원비 · 아동양육비, 그 밖에 대통령령으로 정하는 비용 등의 복지급여를 실시해야 한다.

국가 또는 지방자치단체는 한부모가족의 모 또는 부와 아동의 직업능력을 개발하기 위해 능력 및 적성 등을 고려한 직업능력개발훈련을 실시해야 하며, 한부모가족의 모 또는 부와 아동의 취업 기회를 확대하기 위해 한부모가족 관련 시설 및 기관과 직업안정기관 간 효율적인 연계를 도모해야 한다. 또한 공공시설에 각종 매점 및 시설의 설치를 허가하는 경우 이를 한부모가족 또는 한부모가족복지단체에 우선적으로 허가할 수 있다.

③ 아동급식 지원사업

빈곤아동 또는 기능결손가정의 아동으로 결식하거나 결식할 우려가 있는 아동에게 식사를 제공함으로써 아동의 건전육성을 도모하는 목적으로 실시하고 있다. 아동의 결식에 대한 사회적 관심은 1988년 서울올림픽 개최와 경제적 풍요에도 불구하고 점심

시간에 점심을 먹지 못하고 운동장에 나가 놀거나 수돗물로 배를 채우는 학생이 있다는 언론 보도로 표면화되어 사회 문제로서 인식되기 시작했다. 결식아동에 대한 사회적 관심을 계기로 교육부가 1989년 중식 지원 사업을 도입하였다. 아동 급식 지원 사업은 저소득 가정의 아동들이 건강하고 행복하게 자랄 수 있도록 민 · 관이 협조 체계를 구축하여 지역 실정과 아동의 가정환경 및 욕구에 맞는 효율적이고 적극적인 급식을 제공하는 것을 주요 목적으로 하고 있다.

아동급식 지원사업은 빈곤과 가족 해체 등의 사유로 제대로 보살핌을 받지 못해 끼니를 거르거나 필요한 영양을 충분히 공급받지 못하는 아동을 지원하는 사업이다. 빈곤층의 아동들 중 일부는 부모(보호자)의 실직 · 질병 · 가출 또는 부모의 직업적 특성에 의해 방치되거나, 보호자의 학대 · 방임 · 유기 · 부양 기피 및 거부 등으로 충분한 보살핌을 받지 못하고 있으며, 가정위탁 아동이나 소년소녀가정 등도 가정 사정으로 방치되어 있다. 이에 아동급식 지원사업을 통해 아동의 식사를 제공하거나 식사를 할 수 있도록 관련 식품 등을 지원하고 있다.

④ 드림 스타트

드림 스타트는 취약계층 아동에게 맞춤형 통합서비스를 제공하여 아동의 건강한 성장과 발달을 도모하고 공평한 출발기회를 보장함으로써 건강하고 행복한 사회구성원으로 성장할 수 있도록 지원하는 사업이라고 할 수 있다. 가족해체, 사회양극화 등에 따라 아동빈곤 문제의 심각성이 대두되고, 빈곤아동에 대한 사회투자 가치의 중요성을 강조하면서 아동과 가족에 초점을 둔 통합사례관리를 통해 모든 아동에게 공평한 출발기회를 보장하기 위한 지원이다.

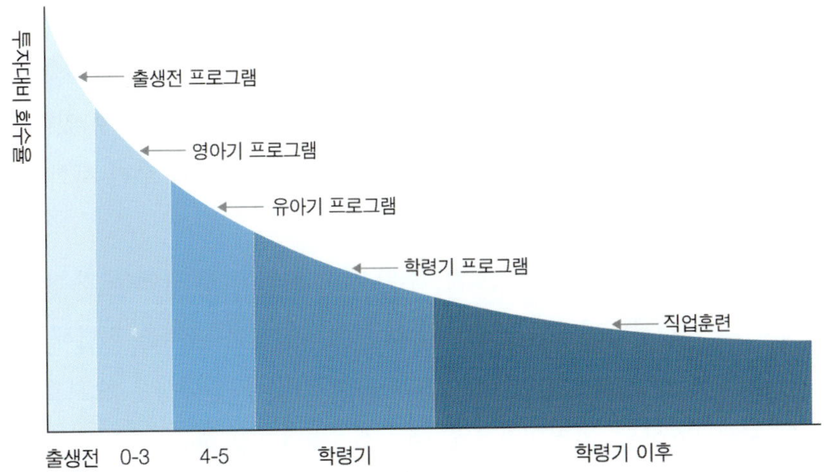

[그림 6-3] **생애초기 투자대비 효과**

빈곤 아동에 대한 사회적 투자는 취업률, 소득수준, 교육성취, 복지수급 등의 측면에서 최대의 환원효과가 나타난다는 연구 결과에 따라 빈곤정책에도 변화가 생겼다. 최근 강조하는 빈곤 정책의 주요 방향 중 하나는 아동기 빈곤의 영향에 대한 이해를 바탕으로 어린 시기에 발생할 수 있는 발달 격차를 줄여 줌으로써 출발선에서부터 공정한 기회를 제공하는 조기 개입 인적 자본 개발형 빈곤 대책이다. 드림 스타트 사업은 이러한 상황을 바탕으로 저소득층 아동을 위한 사후 대처적인 단기적 소득 지원형의 서비스 형태를 탈피하여 지역사회 내 보건 복지 자원을 연계하여 빈곤아동 개개인에게 통합사례관리시스템을 통한 '맞춤형 통합 서비스'를 조기에 제공하는 사업으로서 궁극적인 목적은 아동이 빈곤에서 탈출할 수 있도록 잠재적인 능력을 키워 주는 것이다.

⑤ 아동발달지원계좌 '디딤씨앗통장'

저소득 아동 자산형성지원사업으로 저축된 금액은 18세 이후 학자금, 기술자격 및 직업훈련비 등 자립에 필요한 용도로 사용되며, 현재는 그 명칭이 바뀌어 '디딤씨앗통장'으로 불리고 있다. 디딤씨앗통장 사업은 아동의 건전한 육성과 발달을 실현하고, 아동의 완전한 경제적 자립 및 빈곤의 대물림을 예방하며, 아동에게 보다 나은 사회 출발 여건을 제공하기 위한 자산형성을 지원하기 위한 사업이라고 할 수 있다. 이러한 목적을 달성하기 위해 개인 및 기업을 통한 효과적인 자원개발과 우리 사회의 기부문화를 정착시키고자 노력하고 있다.

디딤씨앗통장은 저소득층 아동(보호자, 후원자)이 매월 일정 금액을 저축하면 국가(지자체)에서 1 : 1 정부매칭지원금으로 월 5만 원까지 같은 금액을 적립해 줌으로써 아동이 준비된 사회인으로 성장할 수 있도록 도와준다. 지원대상은 요보호아동이라 할 수 있는 시설보호아동, 가정위탁보호아동, 소년소녀가정 아동, 공동생활가정(그룹홈)아동, 장애인시설보호 아동, 가정복귀아동, 기초생활수급가구 아동 일부 등이 해당된다.

(2) 민간지원

빈곤아동 대상 민간지원은 초록우산어린이재단 후원사업과 지역사회 종합복지관 서비스, 지역아동센터(공부방)사업이 있으며, 2004년부터 빈곤아동을 위한 시민운동인 'We Start' 운동이 전개되고 있다.

① 초록우산어린이재단 후원사업

초록우산어린이재단은 미국 버지니아주 리치몬드에 본부를 둔 기독교 아동복리회(Christian Children Fund, Inc.)의 지원을 받아, 1948년에 한국지부로 설치되어 부산에서 불우한 아동들을 위한 구호사업을 시작하였다. 당시에는 주로 미국 기독교인들의 헌금으로 사업을 추진하여 그간 약 10만 명에 달하는 불우아동을 도와 왔다. 뒤에 한국어린이재단의 이름으로 활동했는데, 1994년 한국복지재단으로 명칭을 다시 변경하였다. 2008년 60주년에 맞추어 재단 이름을 한국복지재단에서 어린이재단으로 바꾸었다.

2010년 어린이재단의 BI '초록우산'을 채택, 어린이재단을 '초록우산어린이재단'으로 불리도록 하였고, 아동복지 전문기관의 체제를 강화하여 현재까지 활동하고 있다.

현재 서울의 본부 산하에 16개의 시도지부와 20개의 사회복지관을 두고 있다. 후원자는 불우한 어린이들을 돕고자 하는 사람으로 월 5,000원 · 7,000원 · 1만 원의 부담액을 내면 되고, 후원기관은 후원자의 사정에 따라 조정된다.

그 밖의 사업으로는 영세가정의 아동들에게 건전한 민주시민으로 성장할 수 있는 기회를 제공하는 가정복지사업과 맹아원 · 농아원 · 정박아시설 · 미감아시설(未感兒施設)에서 보육하고 있는 아동들을 위한 재원지원과 프로그램을 지도하는 시설복지사업이 있다. 또 근로자 부모들의 미취학 자녀들을 보호하고 교육하는 탁아사업을 하고 있으며, 유아원 지원 및 신문배달을 하는 청소년에게 생활관에서 생활지도를 하며, 야간에는 정규교육 및 직업교육을 실시하기도 한다.

1981년부터 정부의 결연사업을 위임받아 347개의 아동복지시설과 영세가정의 아동을 결연 성금으로 지원하고 있다. 전국 아동보호전문기관 6개소를 정부로부터 위탁 운영하며 학대받은 아동들의 상담 및 치료, 예방 홍보 활동, 학대 피해 아동 임시 보호 등을 진행하고 있다. 또한, 아동이 폭력으로부터 스스로 보호할 수 있도록 아동폭력 예방 교육(CAP, Child Assault Prevention), 학교폭력 예방 교육(No-Bullying)을 전국 초등학교 등에서 실시하고 있다. 이외에도 보편적 아동 행복을 위하여 아동 환경 개선 활동 '애드보커시'를 포함한 다양한 활동을 활발하게 추진하고 있다.

[그림 6-4] **초록우산어린이재단 후원금 사용처 안내**

② 지역사회종합복지관과 지역아동센터(공부방)의 빈곤아동복지사업

지역사회복지관은 빈곤가정아동을 대상으로 상담, 가사, 의료, 결연, 학습지도, 자립지원서비스 등을 제공하고 있으며, 지역아동센터는 「아동복지법」 개정에 따라 기존 민간에서 운영되어 오던 공부방의 명칭이 변경된 것으로 빈곤아동에게 방과후 학습지원 및 정서지원서비스를 제공하는 사업이다. 지역사회 아동의 보호·교육, 건전한 놀이와 오락의 제공, 보호자와 지역사회의 연계 등 아동의 건전육성을 위하여 종합적인 아동복지서비스를 제공하는 시설을 말한다.

지역아동센터는 지역 사회 아동의 보호, 교육, 건전한 놀이와 오락의 제공, 보호자와 지역 사회의 연계 등 아동의 건전 육성을 위하여 설립되었다. 저소득층 수급권자, 차상위 계층이나 조손(祖孫) 가정, 한부모 가정을 대상으로 민간 차원에서 진행되던 공부방을 2004년 보건복지부에서 법제화하여 '지역아동센터'로 전국에 보급한 아동 복지 시설 중 의성군 지역에 있는 사회복지기관이다. 현재 지역아동센터는 통합적 복지 개념을 도입하여 학원과 기타 시설에서 시행하지 못하는 다양한 문화 콘텐츠와 기부 문화 형성, 무료 급식 실시 등 다변화하는 21세기의 새로운 가정 개념에 적극적으로 대처하는 아동복지시설이다.

주요 핵심사업으로는 지역아동센터를 중심으로 아동복지사업과 기타 연대사업을 진행하고 있으며, 공부방 설립 지원과 활성화를 위한 실무자 교육, 그리고 각종 캠프와 문화 활동 지원이 이루어지고 있다. 뿐만 아니라 '아동결연사업'을 통해 개인이나 기업이 지역 결손 아동과 연계하여 생활의 필요한 부분을 지원하고, 교육의 기회나 정보를 제공하며, 기업의 지역아동센터 후원 사업을 연계하고 있다. 그리고 '네트워크 사업'으로 전국 네트워크를 통한 문화 창달에 힘쓰며, 아동 지원 기관 및 단체와 협력 및 정책 제안 사업을 하고 있다.

실질적인 운영의 목적은 다음과 같다. 첫째, 보호 프로그램으로 지역 사회에서 방치·방임되어 보호를 필요로 하는 아동 및 청소년에게 사회복지 통합서비스를 제공하여 급식 및 의료 서비스를 통한 건강하고 안전한 보호를 목적으로 한다. 둘째, 교육 프로그램으로 아동이 가정의 빈곤이나 기타 이유로 적절한 교육을 받기 어려운 환경에 놓였을 때, 생활 교육, 아동 인권 교육, 사회 적응력 강화 교육, 학습 지도 등의 교육 서비스를 통하여 건강한 인성을 형성하고, 아동의 생존권, 복지권, 문화권, 발달권, 학습권이 보장되도록 돕는다. 셋째, 문화 프로그램으로 아동·청소년을 위한 열린 문화 공간으로서 문화 체험, 연극, 미술, 음악, 체육, 공동체 놀이 등의 특기 적성 활동, 견학, 캠프 등 다양한 프로그램을 제공한다. 넷째, 복지 및 지역사회 연계 프로그램으로 지역 사회 복지 자원 네트워크 등을 통한 아동 상담, 부모 교육 및 가족 상담, 결연 후원 등을 활발히 진행함으로써 가족의 해체와 기능 상실로 도움이 필요한 아동들이 건전하게 성장할 수 있도록 돕는다.

③ We Start 운동

저소득층 아이들이 가난의 대물림에서 벗어나도록 복지와 교육의 기회를 제공하는 운동으로, 복지(Welfare)와 교육(Education)의 영문명 첫 글자와 출발(Start)의 영문명을 합친 것이다. 저소득층 아이들에게 복지와 교육 혜택을 제공함으로써 보다 동등한 삶의 출발선이 주어지도록 하는 활동으로 지난 2004년 국내에서도 '가난의 대물림을 끊자'라는 각계 각층의 뜻이 모아져 사단법인 '위스타트 운동본부'가 만들어졌다.

50여개 민간단체로 시작된 We Start 운동본부는 부모의 가난이 자녀에게 대물림되는 가장 큰 이유를 교육과 복지의 부실에서 찾고, 최소한의 교육, 복지권리를 누릴 수 있는 지역교육복지망 만들기와 희망의 집 꾸미기 등으로 공부방 활성화 사업전개, 건강지킴이 사업, We Start마을 사업 등을 실시하고 있다.

미션 Mission

We Start는 빈곤 및 소외된 어린이들이 뒤처지지 않고 공동의 출발선에서 미래의 희망으로 자라날 수 있도록 아동-가족-지역사회의 역량을 강화하고 지원해 주는 역할을 한다.

비전 Vision

Children Start	Family Start	Community Start
모든 아동들이 동등한 출발선에서 커 가도록 지원한다. 복지/교육(보육)/ 건강의 세 측면에서 빈곤 및 소외된 아동에 대한 개인 맞춤형 역량강화(사례관리) 모델과 질 높은 프로그램을 개발 · 실행 · 전파한다. 아동들이 의존적 존재가 아닌 주체적 존재가 되도록 돕고, 아동권리를 옹호한다.	가족이 변해야 아동이 변할 수 있음을 유념하고, 부모의 역량강화와 주체화를 위한, 강점 관점 사례관리 모델과 프로그램을 개발 · 실행 · 전파한다.	위스타트 운동으로 역량이 강화된 지역주민들이 주체가 되어 더불어 살아가는 공동체를 만들도록, 주민 참여형 지역사회 조직 (Community Organization) 활동 모델을 개발 · 실행 · 전파 한다.

[그림 6-5] **We Start의 미션과 비전**

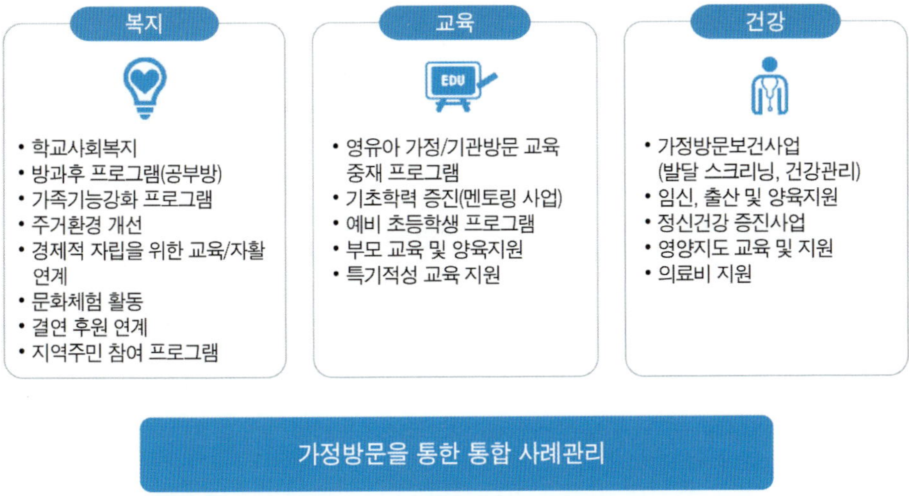

[그림 6-6] We Start 운동의 사업내용

4. 빈곤아동을 위한 복지정책 및 복지실천방향

아동빈곤은 발달의 기회를 엄격하게 차단하고 사회적 배제와 문화적 소외 등으로 인한 기회박탈과 안정성을 위협하며, 위험한 환경에 아동이 노출될 수 있다. 따라서 빈곤 아동이 신체적, 인지적, 사회적, 정서적으로 건강하게 성장, 발달할 수 있도록 지원하는 총체적 접근이 필요하다(보건복지부, 2013).

1) 교육급여의 현실화와 서비스 전문성 확보

빈곤아동의 교육급여를 현실적 수준으로 지원해야 할 것이며, 빈곤의 대물림이 되지 않도록 방과후 프로그램의 질적 수준 향상과 교육, 복지, 보건이 통합된 서비스로 변화되어야 하며, 이를 제공하는 종사자의 전문성 확보가 이루어져야 할 것이다.

2) 기본생활보장을 위한 경제적 지원 확대

빈곤아동을 위해서는 아동수당제도가 도입되어야 하며 아동수당의 수준은 아동의 기본생활이 보장되는 수준으로 확대되어야 한다. 현재 우리나라는 다양한 방식을 통해 아동수당을 지급하고 있으나 현실적으로 빈곤아동의 가정양육을 보장하기에는 미흡하다(김이영 외, 2017). 따라서 현실성 있는 수준으로 아동의 기본생활이 보장될 수 있는 복지정책으로 확대되어야 한다.

3) 신체적 · 정서적 건강관리 강화

빈곤아동에 대한 체계적 건강관리를 강화하여 빈곤아동의 성장 및 발달 수준을 일반아동의 수준으로 끌어올려야 할 것으로, 이를 위해서는 지역사회 연계를 통한 서비스가 제공되어야 하며, 특히 빈곤아동의 정서적 발달을 위한 상담 및 치료서비스가 제공되어야 한다.

함께 생각해 보기

빈곤은 어느 국가, 어느 사회에나 존재하는 문제입니다. 그러나 빈곤에 대한 시각에는 여러 가지 생각이 존재합니다. 개인의 문제라고 보는 관점은 개인의 나태함, 무능함 등 개인적 요인으로 발생하는 것이라는 시각이고, 사회의 문제라고 보는 관점은 사회구조상 빈곤이 발생할 수밖에 없는 상황이 야기된 것이기 때문에 빈곤이 개인의 책임이 아니라 사회의 책임이라고 보는 관점입니다.
빈곤은 개인의 문제일까요? 아니면 빈곤은 사회의 문제일까요?

07

CHAPTER

보육서비스

학습 목표

- 보육의 개념을 설명할 수 있다.
- 보육의 필요성 및 목적을 설명할 수 있다.
- 보육사업의 발달과정을 이해한다.
- 보육사업의 현황을 이해한다.
- 보육사업 지원정책을 이해한다.

학습 내용

지식	기술	태도
• 보육의 개념 • 보육의 필요성 및 목적 • 보육사업의 발달과정 • 보육사업의 현황 • 보육사업 지원정책	• 보육의 목적에 따른 보육사업 현황 파악 • 보육사업 지원정책 활용 능력	• 양질의 보육서비스를 제공하기 위한 책임감 있는 보육정책 수립을 위해 노력하는 태도

주요 용어

- 보육의 개념
- 보육의 필요성
- 보육의 목적
- 보육사업의 발달과정
- 보육사업의 현황
- 보육사업 지원정책

CHAPTER 07

보육서비스

1. 보육의 개념과 필요성

1) 보육의 개념

보육은 과거 '탁아(託兒, day care)'의 개념에서 출발한 용어로서 과거의 전통적인 '탁아' 개념은 부모의 낮은 사회 · 경제적 수준, 직업, 질병 또는 그 밖의 이유로 가정으로부터 정상적인 양육을 받기 어려운 아이를 낮 시간 동안 맡아 준다는 의미가 있었다.

"보육(保育)"은 영유아를 건강하고 안전하게 보호(保護), 양육(養育)하고 영유아의 발달 특성에 맞는 교육(敎育)을 제공하는, 어린이집 및 가정양육 지원에 관한 사회복지서비스이다(영유아보육법, 2020). 우리나라에서 현재 사용되는 보육이라는 용어는 영어의 'care(보호 · 양육)'와 'education(교육)' 양쪽 모두를 통합하는 의미이다.

「영유아보육법」이 제정되기 이전인 초기의 보육은 빈민 구제사업의 일환으로 보호자 대신 아이를 맡아 돌보는 탁아(託兒)의 의미가 강한 것이었다. 우리나라에서는 1991년 「영유아보육법」 제정 이후 보육이란 용어를 보편적으로 사용하게 되면서 본격적으로 보육이 활성화되었다. 「영유아보육법」은 "영유아의 심신을 보호하고 건전하게 교육하여 건강한 사회 구성원으로 육성함과 아울러 보호자의 경제적 · 사회적 활동이 원활하게 이루어지도록 함으로써 영유아 및 가정의 복지 증진에 이바지함을 목적으로 한다(제1조)"고 밝히며, 보육과 교육의 개념을 통합시키는 기초를 마련하고자 하였다.

이후 보육의 방향은 영유아의 이익을 최우선적으로 고려하여 안전하고 쾌적한 환경에서 건강하게 성장할 수 있도록, 영유아나 보호자의 성, 연령, 종교, 사회적 신분, 재산, 장애, 인종 및 출생지역 등에 따른 어떠한 종류의 차별도 받지 아니하고 보육되어야 한다는 보육이념(영유아보육법 3조) 아래 수요자의 요구를 적극적으로 반영하는 추세로 전환되고 있다. 이에 정부는 필요한 재원의 안정적 확보, 영유아의 질 높은 보육을 위한 좋은 어린이집 확보, 우수한 보육교직원의 양성 및 근로여건 개선을 위하여 책임감 있는 보육정책 수립을 위해 노력하고 있다.

2) 보육의 필요성

(1) 가치관의 변화

최근 여성들의 경제활동은 이전의 생계유지형에서 벗어나 자신의 자아실현의 욕구 달성이나 직업적 성취에 더 많은 비중을 두게 되었다. 이는 자녀양육에 대한 가치관의 변화를 가져왔으며 기혼여성의 경제활동 참여를 확대시켜 가정 내에서 자녀양육에 대한 기능을 약화시키는 요인이 되고 있다. 현대사회의 부모는 전통적인 부모역할에서 벗어나 자녀양육에 많은 시간과 경제적인 투자를 하기보다는 자신의 풍요로운 삶과 사생활을 중요시하며 자아실현을 위한 노력에 많이 투자하고 있다. 그리고 자녀 양육은 부모에게 전적으로 책임이 있다고 생각하기보다는 미래 세대 양성에 대한 국가와 사회의 책무성을 강조하며 전업주부의 경우에도 보육서비스를 이용하고자 하는 경향이 늘어나고 있다. 따라서 가정의 자녀양육 문제를 사회적으로 해결해 주어야 하며, 국가와 사회가 책임을 공유하고 적극적으로 지원해야 한다는 국민적 의식이 강화되고 있다.

(2) 여성의 경제활동 증가

지난 10년간 우리나라 여성 경제활동 참가율은 점진적으로 증가하는 추세이며, 여성의 경제활동 참여가 많을수록 경제성장률과 삶의 질이 향상되는 것으로 나타났다(이투데이, 2018.03.18.). 〈표 7-1〉은 최근 10년간의 여성 경제활동 인구 및 참가율을 나타낸 것이다.

〈표 7-1〉 **여성 경제활동 인구 및 참가율** (단위: 천 명, %)

	2010	2011	2012	2013	2014	2015	2016	2017	2018	2019
15세 이상 여성인구	20,846	21,119	21,356	21,576	21,806	22,018	22,205	22,357	22,484	22,618
여성경제 활동인구	10,335	10,520	10,704	10,862	11,229	11,426	11,583	11,773	11,893	12,097
여성경제 활동참가율	49.6	49.8	50.1	50.3	51.5	51.9	52.2	52.7	52.9	53.5

출처: 통계청(2020).

부모는 어린 자녀가 건강하고 행복한 삶을 영위할 수 있는 인간으로 성장하도록 돌보고 양육해야 하는 책임이 있다. 전통적으로 여성이 남성보다 자녀양육의 역할을 담당하는 데 더 많은 비중을 두고 있다. 자녀양육과 여성의 경제활동의 연관성은 기혼여성이 일과 가정을 양립하기 어려운 요인으로 작용하기 때문에 맞벌이 가정의 양육을 지원하고 가정의 기능을 강화시켜야 한다는 요구가 증가하고 있다. 따라서 여성의 지속적인 경제 활동 참여를 지원하고 부모역할 부담을 경감시킬 수 있는 사회적 지원과 다양한 형태의 보육서비스 지원을 통한 일 · 가정 양립 정책을 확대하기 위한 방안을 더욱 고민해야 한다.

(3) 가족구조의 변화

우리나라의 가족 형태는 부부 중심의 핵가족이 주를 이루고 있다. 핵가족의 경우 자녀양육을 전적으로 부부에게만 의존하게 됨으로써 자녀양육을 조력하거나 대신할 인원이 없고, 가족의 자녀양육 기능을 약화시키는 결과를 가져왔다. 그리고 최근 가족에 관한 가치관의 변화와 함께 배우자의 부재, 별거, 이혼 등으로 한부모 가정, 재혼가정, 조손가정, 다문화 가정 등의 증가 등으로 관심을 쏟아야 할 취약계층이 지속해서 증가하는 추세이다. 이와 같은 가족형태의 증가는 어머니나 아버지 혼자 아이를 양육해야 하거나 조부모에 의한 양육 등 곧 자녀양육 문제로 이어지기에 이를 보완하기 위한 사회적 지원이 절실하다.

(4) 영유아 발달 지원

가치관의 변화로 인한 여성의 경제활동 증가에 따라 가정의 자녀 보호기능이 약화되면서 영유아가 돌봄을 받을 수 없는 상황이 증가되어 영유아의 기본적 욕구 충족이 박탈될 위기에 처해 있다. 보육은 영유아의 이익을 최우선적으로 고려하여야 하며, 영유아가 안전하고 쾌적한 환경에서 건강하게 성장할 수 있도록 하여야 한다. 영유아의 기본권 보장 측면에서 신체적으로나 정서적으로 건강하게 성장할 수 있도록 발달에 적합한 환경을 제공해 주는 것은 매우 중요하다.

우리나라에서는 2007년 표준보육과정을 개발하고 2012년에는 제2차 표준보육과정이, 2013년에는 제3차 표준보육과정이 고시되었다. 2020년에는 개정 누리과정이 도입되며 이에 대한 보완요구로 제4차 표준보육과정 개정을 통해 영유아의 발달 수준에 적합한 보육을 실시하기 위해 노력하고 있다. 제4차 표준보육과정은 0~5세 영유아를 위한 국가 수준의 보육과정이며 0~1세 보육과정, 2세 보육과정, 3~5세 보육과정(누리과정)으로 구성하여 2020년 9월 1일부터 시행되고 있다. 이러한 노력 또한 국가와 정부의 보육에 대한 관심이 날로 증가되고 있다는 것을 보여 준다.

2. 보육사업의 발달

1) 보육사업의 역사

우리나라 보육사업은 1990년 이전 보육사업의 시작 · 개혁단계(1921~1990년)와 보육사업의 정비단계(1991~2003년), 보육사업의 확대 · 발전단계(2004~현재)로 나누어 설명할 수 있다.

(1) 보육사업의 시작 · 개혁단계(1921~1990년)

우리나라의 보육사업은 1921년 서울의 태화기독교사회관에서 탁아프로그램을 개설하면서 시작되었다. 이는 빈민아동을 위한 구제사업의 일환으로 구빈적 성격의 보육사업이었다. 한국전쟁 이후 1960년까지는 정치적 · 사회적 혼란기로 이 시기의 탁아사업은 임시구호적 성격을 가진 사후처리적인 복지정책이었다.

1961년 「아동복리법」이 제정 · 공포되면서 아동복리 증진과 보장을 위한 보육시설에 대한 법적 근거가 마련되어 본격적으로 보육사업이 실시되었다. 「아동복리법」이 제정되면서 '탁아소'가 법정시설로 인정받았으며, 1968년에는 탁아소의 이름을 '어린이집'으로 변경하여 부르게 되었고 탁아시설이 양적으로 팽창되었다. 이후 어린이집이 양적으로 확산된 반면 질적 수준의 문제가 발생하게 되면서 여러 가지 폐단이 생기게 되어 1977년부터는 어린이집의 질적 향상을 제고하기 위해 탁아시설의 법인전환이 추진되었다.

1978년 정부는 취업모가 늘어나고 보육 수요의 증가에 따라 '탁아시설 운영 개선방안'을 마련하여 중산층의 아동도 어린이집을 이용할 수 있는 계기를 마련하였다. 그 후 여러 차례 탁아시설 운영 개선방안 등이 발표되면서 1981년에는 「아동복리법」이 폐지되고, 「아동복지법」으로 전면 개정되면서 선별적 아동복지 차원에서 보편적 아동복지적 개입으로 변화하여 국가의 아동보호에 대한 책임이 보다 강화되었다.

1982년 정부는 보육관련 모든 시설을 '새마을 유아원'으로 명칭을 통일하여 운영하였으며, 「유아교육진흥법」을 제정하여 유아교육진흥이라는 목적하에 취학전 영유아의 교육과 보호, 특히 저소득층 취업모의 자녀를 위한 탁아기능을 담당한다는 목적으로 전국적으로 확대되어 갔다. 그러나 새마을 유아원의 운영은 늘어나는 보육수요를 충족시키기에는 시설이 크게 부족하였고, 설립취지와는 달리 종일제 탁아시간을 제한하고 영아 기피현상이 나타나 저소득층 맞벌이 근로자의 보육부담을 덜어 주는 데에는 한계가 있었다. 또한 정부의 재정지원 감소 등으로 인하여 점차적으로 그 기능을 담당하지 못하였다.

이에 노동부는 1987년 「남녀고용평등법」을 제정, 시행하면서 공단지역을 중심으로 근로자 자녀를 위해 직장탁아제를 도입하였다. 직장탁아에 대한 법적인 근거는 상시 여성근로자 500인 이상 사업장에 직장보육시설 설치를 의무화하도록 명시하였고, 이후 상시 여성근로자 300인 이상 사업장으로 확대하도록 권고하였다.

(2) 보육사업의 정비단계(1991~2003년)

1991년 1월 「영유아보육법」이 제정 · 공포됨에 따라 「아동복지법」(보건복지부), 「유아교육진흥법」(내무부, 교육부), 「남녀고용평등법」(노동부)으로 다원화되어 있던 보육사업의 주관부서를 보건복지부로 통합 · 일원화하였다. 이 시기에는 '탁아'라는 용어를 '보육'이란 용어로 전환하고 영유아의 보호와 교육을 통합한 '보육'의 기능을 강조하며 보다 진일보된 개념의 보육사업이 시작되었다. 한편으로 「아동복지법」상 사회복지법인 등 비영리법인만이 설치할 수 있도록 되어 있던 보육시설 설치 요건을 완화하여 국가, 지방자치단체, 법인, 기업, 개인에게 확대되어 보육시설의 종류를 국공립, 민간, 직장, 가정보육시설 등으로 규정하고 보육시설의 활성화를 도모하였다.

1990년대 이후 경제성장과 여성의 경제활동 참가율 증가로 가정 내의 자녀양육 문제가 가중됨에 따라 사회와 국가의 책임에 대한 인식이 높아지면서 보육수요가 꾸준히 증가하였다. 이에 부족한 보육시설 확충을 위해 정부는 1995~1997년까지 '보육시설 확충 3개년 계획'을 수립하여 보육의 중요성을 강조하며 보육시설을 양적으로 팽창시켰다.

그러나 보육시설의 양적 확대에만 치중한 결과 보육프로그램, 교재·교구의 연구개발, 보육시설 운영관리, 다양한 서비스 부재 등 보육의 질적 개선의 필요성이 야기되었다. 이러한 문제를 개선하고자 1998년 이후부터 '보육사업의 질 개선 및 보육서비스 향상'이라는 보육사업의 목표를 설정하고, 보건복지부는 2001년 '보육사업 중·장기 종합발전계획'을 발표하며 보육서비스의 질적 수준 향상을 위한 노력을 지속하였다.

(3) 보육사업의 확대·발전단계(2004~현재)

2004년 1월 「영유아보육법」의 전면 개정안이 공포됨으로써 보육시설의 질적 수준 향상과 보육서비스의 다양화 그리고 보육에 대한 공적 책임을 강화하면서 다양한 보육사업을 전개하였다. 보육서비스의 질적 제고에 대한 사회적 각성이 촉구되면서 2004년 이후 보육업무는 보건복지부에서 여성가족부로 이관되었으며, 이 시기에 시설장과 보육교사의 국가자격증제 도입, 표준보육과정 기틀 마련, 어린이집평가인증제 도입 등을 통해 국가적 차원에서의 보육접근을 시작하였다.

2005년 「영유아보육법」이 전면 개정되면서 공보육 강화를 위한 '새싹플랜'을 발표하고, 어린이집 영아 기본 보조금을 확대 지원하였으며, 어린이집 차등보육료 지급 대상자의 범위를 확대하였다. 보육시설의 질적 수준 개선을 위해 2005년에 평가인증제도를 시범운영하였고, 2006년 11월 「영유아보육법 시행규칙」 개정을 통해 개발된 국가수준의 표준보육과정을 2007년부터 보육시설에서 실시되어 보육사업이 획기적으로 발전할 수 있는 계기가 되었다.

2008년부터 보육업무가 여성가족부에서 다시 보건복지부로 이관되어 정책 방향을 보육 정책의 질적 수준 향상과 수요자 중심의 보육정책으로 전환하고 '새싹플랜'을 수정·보완한 '아이사랑플랜'을 수립하였다. 보육의 공공성이 더욱더 강조된 이 시기는 보육정책의 대상을 어린이집 이용자뿐만 아니라 모든 영유아로 확대하였으며 어린이집 이용자들에게는 보육료를 확대 지원하고, 어린이집 미이용 가구에 대해서는 양육수당을 지급하기 시작하였다.

2011년 「영유아보육법」 개정으로 보육시설, 보육시설 종사자, 시설장이란 명칭이 어린이집, 보육교직원, 원장으로 변경되었으며, 직장보육시설 설치기준은 상시 여성근로자 300명 이상 또는 상시근로자 500명 이상을 고용하는 사업장으로 변경되었다.

2012년에는 0세부터 2세까지의 영아에 대한 무상보육을 실시하고, 만 5세를 대상으로 누리과정을 적용하였다. 2013년부터는 0세부터 만 5세까지 전 계층 영유아에게 보육료와 양육수당을 지원하고, 3~5세 누리과정 확대 등을 통해 국가적 책임을 강조하는 정책적 지원이 이루어졌다.

2014년부터는 아이사랑카드와 아이즐거운카드를 통합한 아이행복카드를 운영하여 보육료 지원을 확대하였으며, 2015년 CCTV 의무 실시, 2017년 제3차 평가인증지표 도입 후 2018년부터 통합지표를 적용하였다. 보육의 질적 수준 개선을 위해 2020년에는 평가제 도입, 개정누리과정과 제4차 표준보육과정 시행, 연장반 인건비 지원 등 다양한 보육사업 지원정책을 통해 많은 변화와 수정을 거쳐서 꾸준한 발전을 도모하고 있다.

3. 보육사업의 현황

1) 보육의 유형

보육서비스는 설립 주체와 보육서비스 형태에 따라 나누어 볼 수 있다(보건복지부, 2020).

(1) 설립 주체에 따른 어린이집

「영유아보육법」의 설립 주체에 따른 어린이집 유형은 다음과 같다.

① **국 · 공립어린이집:** 국가나 지방자치단체가 설치 · 운영하는 어린이집

② **사회복지법인어린이집:** 「사회복지사업법」에 따른 사회복지법인이 설치 · 운영하는 어린이집

③ **법인 · 단체 등 어린이집:** 각종 법인(사회복지법인을 제외한 비영리법인)이나 단체 등이 설치 · 운영하는 어린이집

④ **직장어린이집:** 사업주가 사업장의 근로자를 위하여 설치 · 운영하는 어린이집(국가나 지방자치단체의 장이 소속 공무원 및 국가나 지방자치단체의 장과 근로계약을 체결한 자로서 공무원이 아닌 자를 위하여 설치 · 운영하는 어린이집을 포함한다)

⑤ **가정어린이집:** 개인이 가정이나 그에 준하는 곳에서 설치 · 운영하는 어린이집

⑥ **협동어린이집:** 보호자 또는 보호자와 보육교직원이 조합(영리를 목적으로 하지 아니하는 조합에 한정한다)을 결성하여 설치 · 운영하는 어린이집

⑦ **민간어린이집:** 위 어린이집에 해당하지 아니하는 어린이집

(2) 보육서비스 형태에 따른 어린이집

보육서비스 형태에 따른 어린이집 유형은 다음과 같다.

어린이집은 주 6일 이상, 하루에 12시간(07: 30~19: 30) 이상 운영하여야 한다. 다만, 보호자의 근로시간 등을 고려하여 보호자 및 그 영유아에게 불편을 주지 않는 범위에서 어린이집 운영일 및 운영시간을 조정하여 운영이 가능하다.

① 취약보육

- **영아 보육**: 만 3세 미만의 영아를 대상으로 보육서비스를 제공하는 것
- **장애아 보육**: 「장애인복지법」 제32조에 따라 장애인으로 등록된 영유아 등에게 보육서비스를 제공하는 것
- **다문화아동 보육**: 「다문화가족지원법」 제2조제1호에 따른 다문화가족의 영유아 등에게 보육서비스를 제공하는 것
- **그 밖의 연장형 보육**: 「영유아보육법 시행규칙」 [별표 8]에 따른 어린이집의 운영일 및 운영시간 외에 시간을 연장하여 보육서비스를 제공하는 것으로 야간연장, 야간 12시간, 24시간, 휴일(토요일 제외), 방과후 보육이 있다.

② 시간제보육

가정양육 시에도 지정된 제공기관에서 시간단위로 보육서비스를 이용하고 이용한 시간만큼 보육료를 지불받는 보육서비스

③ 연장보육

연장보육 이용을 사전에 신청한 영유아를 대상으로 하며, 기본보육시간(07 : 30~16 : 00) 이후인 시간(16 : 00~19 : 30) 동안 제공하는 보육서비스

2) 보육 통계

보건복지부에서 매 3년마다 실시되는 보육실태조사 결과는 영유아보육 국가정책 수립에 영향을 미치고 있다. 우리나라 어린이집 현황 및 이용실태에 대해 살펴보면 다음과 같다. 먼저 어린이집 설치 현황(보건복지부, 2019)은 〈표 7-2〉와 같다.

전체 어린이집 수는 2019년 기준 37,371개소로 전년도에 비해 4.6% 감소한 것으로

나타났다. 국공립어린이집과 직장어린이집이 지속적으로 증가하고 있는 반면, 민간 어린이집과 가정 어린이집은 큰 폭으로 감소하고 있는 것으로 나타났다.

이는 점차적으로 저출산으로 인한 보육아동 수의 감소, 국공립어린이집 확충 계획과 직장어린이집 의무설치 계획에 따라 부모들이 선호하지 않는 어린이집들이 폐원함으로써 생기는 현상으로 보인다. 이러한 현상은 공공성 확립의 개선을 위한 정부와 지자체의 노력으로, 국공립어린이집과 직장어린이집의 설치 요구 등이 반영된 결과로 보인다.

〈표 7-2〉 **어린이집 설치 현황**

(단위: 개소)

구분		2016	2017	2018	2019
어린이집수	계	41,084	40,238	39,171	37,371
	(전년대비,%)	−3.4	−2.1	−2.7	−4.6
	국공립	2,859	3,157	3,602	4,324
	사회복지법인	1,402	1,392	1,377	1,343
	법인 단체 등	804	771	748	707
	민간	14,316	14,045	13,518	12,568
	가정	20,598	19,656	18,651	17,117
	협동	157	164	164	159
	직장	948	1,053	1,111	1,153

출처: 보건복지부(2020).

〈표 7-3〉에 의하면, 전체 어린이집을 이용하는 보육아동 수는 2019년 기준 136만 5천 명으로 전년도에 비해 3.6% 감소한 것으로 나타났고 최근 몇 년간 꾸준한 감소율을 보이고 있다. 2019년 보육아동 수를 어린이집별로 보면, 민간어린이집이 66만 4천 명으로 가장 많으며, 다음으로는 가정어린이집 27만 3천 명, 국공립은 23만 2천 명 순으로 나타났다. 아직도 국공립어린이집 이용 아동보다는 민간이나 가정 어린이집의 이용 아동이 현저히 많기는 하나, 국공립어린이집 이용 아동은 꾸준히 증가하는 추세이고

민간이나 가정 어린이집을 이용하는 아동은 현저하게 감소하고 있음을 알 수 있다.

이러한 결과로 정부 차원에서 국공립어린이집의 지속적 확충 및 우수 민간어린이집 지원 등 다양한 정책을 통한 보육서비스의 질적 수준을 향상시켜야 할 과제를 안고 있음을 알 수 있다.

〈표 7-3〉 **어린이집 이용 아동 현황**

(단위: 명)

구분		2016	2017	2018	2019
보육아동 수	계	1,451,215	1,450,243	1,415,742	1,365,085
	(전년대비,%)	−0.1	−0.1	−2.4	−3.6
	국공립	175,929	186,916	200,783	232,123
	사회복지법인	99,113	96,794	92,787	86,775
	법인 단체 등	45,374	43,404	41,298	38,538
	민간	745,663	738,559	711,209	664,106
	가정	328,594	321,608	302,674	273,399
	협동	4,240	4,508	4,360	4,121
	직장	52,302	58,454	62,631	66,023

출처: 보건복지부(2020).

〈표 7-4〉는 어린이집 연도별 보육교직원 현황을 표로 제시한 것으로 2019년 말 보육교직원 수는 33만 1,444명으로 2005년 대비 약 2.42배가 증가하였다.

2019년 기준, 원장은 3만 7,168명, 보육교사는 23만 9,973명, 기타 보육교직원은 5만 4,303명으로 보육교직원 중 보육교사가 72.4%를 차지했다. 전체적인 아동 수 감소에도 보육교직원 수가 증가하는 것으로 나타나 보육교사 1인당 아동 수가 감소하고 있다는 것을 알 수 있다. 이는 보육교직원 근로 환경 및 처우개선을 위한 정책이 지속적으로 추진되고 있다는 결과로 보여지며, 향후 보육서비스의 질적 수준 향상을 더욱 증대시키기 위해 보조교사 지원, 대체교사 지원, 교사근무환경개선비 지원을 더욱 확장시키기 위한 국가정책 방향에 대한 과제를 안고 있다.

〈표 7-4〉 **보육교직원 현황(2019년 12월 31일 현재)** (단위: 명)

구분	2005	2010	2015	2016	2017	2018	2019
계	136,916	229,084	321,067	321,766	330,217	333,420	331,444
어린이집 원장	28,367	37,601	42,338	40,901	40,085	38,975	37,168
보육교사	85,985	166,937	229,116	229,548	235,704	239,996	239,973
기타	22,564	24,546	49,613	51,317	54,428	54,449	54,303

출처: 보건복지부(2020).

우리나라 특수보육으로 분류되는 영아전담, 장애아전문, 장애아통합, 방과 후, 시간 연장, 휴일, 24시간 어린이집의 현황을 살펴보면 다음과 같다. 2019년 12월 현재, 전국에 영아전담 어린이집은 405개이며, 영아전담 어린이집에서 보육되는 영아는 1만 3,912명이다. 장애아전문 어린이집은 176개소이며, 이를 이용하는 장애아동은 6,301명이다. 그리고 장애아통합 어린이집은 전국에 1,100개소이며, 4,568명의 장애아동이 보육되고 있다. 영아전담 어린이집과 이용 아동 수는 전년도 대비 감소하고 있는데, 장애아통합 어린이집이 매년 지속적으로 증가하고 있고 이용 아동 수도 증가 추세를 보이고 있다.

그 밖에 2019년 기준 방과 후 어린이집은 총 229개소이며 이용 아동 수는 2,079명이고, 시간 연장 어린이집은 8,015개소이며 이를 이용하는 아동은 2만 9,908명이다. 휴일 어린이집은 312개소이며, 프로그램을 이용하는 아동은 143명이다. 그리고 24시간 어린이집은 153개소이고, 24시간 보육 프로그램을 이용하는 아동은 549명으로 나타났다. 특수보육으로 분류된 어린이집 현황은 〈표 7-5〉와 같다.

〈표 7-5〉 **특수보육 어린이집 현황(2019년 12월 31일 현재)** (단위: 개소/명)

특수보육	2017		2018		2019	
	어린이집수 (개소)	아동현원 (명)	어린이집수 (개소)	아동현원 (명)	어린이집수 (개소)	아동현원 (명)
합계	10,664	64,682	10,497	59,714	10,390	57,460
영아전담	469	16,127	426	14,991	405	13,912
장애아전문	178	6,161	177	6,239	176	6,301
장애아통합	946	4,066	1,000	4,189	1,100	4,568
방과후	268	2,631	247	2,443	229	2,079
시간 연장	8,245	34,722	8,104	31,069	8,015	29,908
휴일	306	280	309	200	312	143
24시간	252	695	234	583	153	549

출처: 보건복지부(2020).

4. 보육사업 지원정책

여성의 사회참여 증가와 가족구조의 핵가족화로 인한 보육수요의 급증으로 인하여 자녀양육을 국가·사회가 지원해야 한다는 국민의식이 증대되면서, 보육의 공공성 강화 및 보육서비스의 질적 수준 향상을 위한 보육정책 사업이 이슈로 떠올랐다. 2020년 이후 운영 중인 보육사업 지원정책으로는 영유아 보육료 및 가정양육수당, 연장보육, 어린이집 평가제, 열린어린이집, 그 밖의 연장형 어린이집, 시간제 보육, 부모교육 등이 있다.

1) 영유아 보육료 및 가정양육수당

(1) 영유아 보육료 지원

현재 정부에서는 어린이집을 이용하고 있는 만 0~5세 전체 영유아의 보육료를 지원하고 있다. 기본보육에 대한 보육료를 지원하고, 추가적 돌봄이 필요한 영유아가 연장보육 이용 시 연장보육 신청 사유를 검토하여 연장보육 서비스 필요 정도를 판단한 경우에 한하여 시간당 연장보육료를 추가 지원한다. 아동 1명당 지원되는 보육료는 다음 〈표 7-6〉과 같다(보건복지부, 2020).

〈표 7-6〉 **보육료 지원대상 및 지원금액(2020년 3월 기준)** (단위: 원)

구분	지원대상	지원금액
만 0~2세 보육료	어린이집 이용 만 0~2세	만 0세 470,000 만 1세 414,000 만 2세 343,000
만 3~5세 보육료	어린이집 이용 만 3~5세	만 3~5세 240,000
장애아 보육료	• 장애아반 편성아동 – 만 3~5세 누리반(장애아)아동	478,000원
	– 일반아동반 편성 장애아동: 시도지사가 고시한 연령별 보육료 수납한도액	
다문화 아동 보육료	다문화가족	만 0세 470,000 만 1세 414,000 만 2세 343,000 만 3~5세 240,000

출처: 보건복지부(2020).

그리고 취약계층으로는 다문화가족의 영유아와 장애아동에게 일정 수준으로 보육료를 지원하고 있다. 다문화 보육료는 다문화가족 자녀 중 초등학교 취학전 만 0~5세 아동이 어린이집을 이용하는 경우에는 보호자의 소득 수준에 상관없이 연령별 보육료 정부지원단가를 신청일 기준으로 지원받을 수 있다. 장애아 보육료 지원은 어린이집을 이용하는 만 12세 이하의 미취학 장애아동을 대상으로 장애아 보육료를 지원하는 것으로, 어린이집 유형에 관계없이 교사 대 아동비율이 1 : 3으로 반을 편성하고, 장애아전담보육교사 또는 특수교사를 별도 배치해 보육하는 경우 지원된다(보건복지부, 2020).

(2) 가정양육수당 지원

국가와 지방자치단체는 어린이집을 이용하지 않는 영유아에 대하여 영유아의 연령을 고려하여 양육에 필요한 비용을 지원하고 있다. 지원대상은 어린이집, 유치원(특수학교 포함), 종일제 아이돌봄서비스 등을 이용하지 않고 가정에서 양육되는 영유아로서 초등학교 미취학 86개월 미만 전 계층 아동은 양육수당을 지원받을 수 있다. 위 요건을 충족하면서 장애인으로 등록된 영유아에게는 장애아동 양육수당이, 위 요건을 충족하면서 농어촌 지원 자격 요건을 갖춘 영유아에게는 농어촌양육수당이 지원된다(보건복지부, 2020). 자세한 지원 내용은 〈표 7-7〉과 같다.

〈표 7-7〉 **가정양육수당 지원대상 및 지원금액**

<table>
<tr><th>연령(개월)</th><th>양육수당</th><th>연령(개월)</th><th>농어촌
양육수당</th><th>연령(개월)</th><th>장애아동
양육수당</th></tr>
<tr><td>0 ~ 11</td><td>20만 원</td><td>0 ~ 11</td><td>20만 원</td><td rowspan="4">0 ~ 35</td><td rowspan="4">20만 원</td></tr>
<tr><td>12 ~ 23</td><td>15만 원</td><td>12 ~ 23</td><td>17만7천 원</td></tr>
<tr><td rowspan="2">24 ~ 35</td><td rowspan="2">10만 원</td><td>24 ~ 35</td><td>15만6천 원</td></tr>
<tr><td>36 ~ 47</td><td>12만9천 원</td></tr>
<tr><td>36개월 이상
~
86개월 미만</td><td>10만 원</td><td>48개월 이상 ~
86개월 미만</td><td>10만 원</td><td>36개월 이상
~
86개월 미만</td><td>10만 원</td></tr>
</table>

출처: 보건복지부(2020).

2) 연장보육

연장보육이란 종일반을 기본보육과 연장보육으로 나누어 연장반 전담교사를 배치하여 담임교사의 업무 부담을 줄이고 보육서비스의 질을 높이기 위한 제도이다. 기본보육은 기존과 동일하게 만 0~5세 영유아들이 07:30~16:00까지 이용하고, 16:00~19:30까지 연장보육 시간에는 별도의 전담교사가 배치되어 반을 운영하게 된다. 연장반을 운영하는 어린이집은 연장보육료 지원의 대상이 되며, 자동 출결시스템을 도입해 연장보육을 이용한 아동의 이용시간에 따라 연장보육을 운영하는 어린이집에 시간당 금액을 지원한다(보건복지부, 2020). 연장보육료 지원 단가는 〈표 7-8〉과 같으며, 연장반에 편성되지 않은 아동이 간헐적으로 17:00시 이후 이용 시에도 보육연령에 따라 지원이 가능하다.

〈표 7-8〉 **연장보육료 지원단가** (단위: 원)

구분 (교사 대 아동비율)	1:3 (0세반)	1:5 (영아반)	1:15 (유아반)	장애아
지원금액	3,000	2,000	1,000	3,000

출처: 보건복지부(2020).

3) 어린이집 평가제

2019년 6월부터 전체 어린이집을 대상으로 어린이집 평가제가 시행되고 있다. 평가제 시행은 기존에 평가과정을 거쳐 인증을 부여하는 평가인증제에 의해 어린이집 질 관리를 해 오던 제도에서, 전체 어린이집에 대해 의무적으로 주기적 평가를 통하여 보육서비스가 이루어지게 된다는 점에서 의미가 크다. 어린이집 평가 운영체계는 [그림 7-1]과 같다.

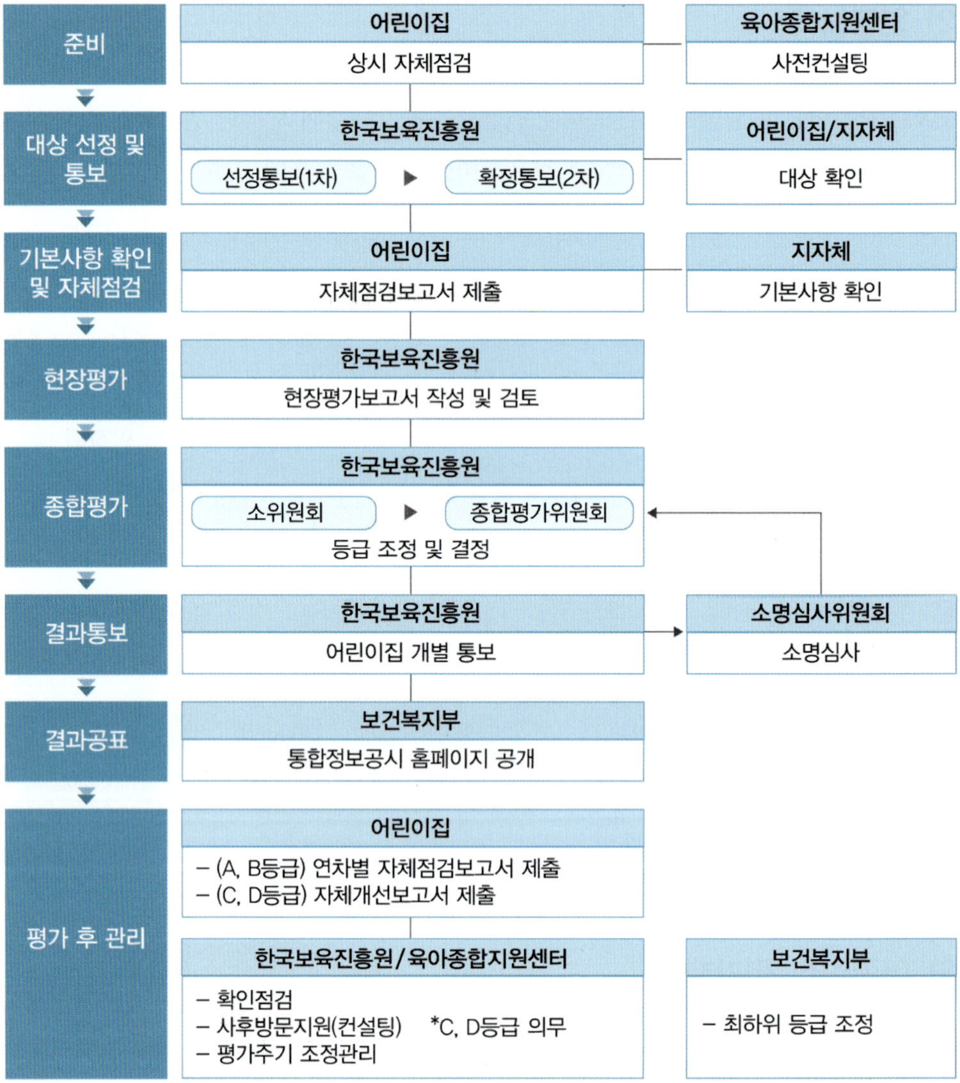

출처: 보건복지부(2020).

[그림 7-1] **어린이집 평가 운영체계**

4) 열린어린이집

열린어린이집이란 어린이집의 물리적 공간 개방성과 함께 보육프로그램, 어린이집 운영에 이르기까지 부모의 일상적 참여가 이루어지는 운영형태로, 어린이집을 이용하는 부모에게 믿고 맡길 수 있는 보육환경을 조성하고 영유아와 그 가족의 행복을 증진시키기 위한 제도이다(보건복지부, 2020). 열린어린이집은 지방자치단체장이 선정하여 자율적인 운영 보장과 보육사업 지원 등의 인센티브를 제공한다. 영유아의 부모는 부모교육, 부모상담, 부모행사, 봉사활동, 의사결정자, 평가자로서 여러 활동에 참여할 수 있으며, 열린어린이집 부모활동은 다음 [그림 7-2]와 같다.

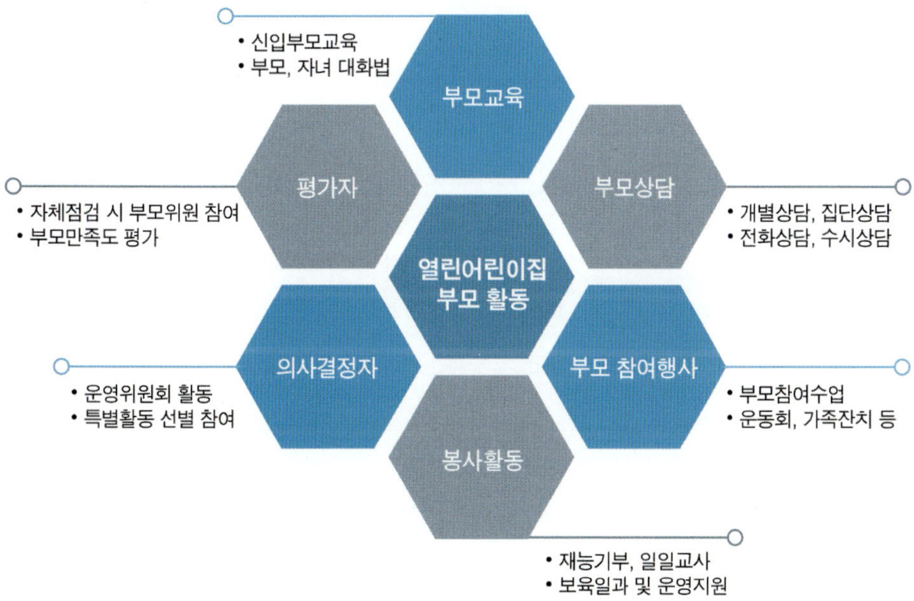

출처: 보건복지부 · 임신육아종합포털 아이사랑(2020).

[그림 7-2] 열린어린이집 부모활동

5) 그 밖의 연장형 어린이집

그 밖의 연장형 보육이란 늦은 시간이나 휴일에도 어린이집을 이용할 수 있도록 제공되는 보육서비스이다. 야간연장, 야간 12시간, 24시간, 휴일보육을 포함한 것으로, 그 밖의 연장보육료 지원대상은 만 0~2세 연장보육료(기본보육시간 보육료 지원아동은 휴일보육료만 지원가능), 만 3~5세 누리과정보육료, 다문화보육료 및 장애아보육료(취학전) 지원아동을 원칙으로 한다. 야간 12시간 보육료, 24시간 보육료는 지정 어린이집을 이용하는 경우만 지원 가능하다(보건복지부, 2020). 그 밖의 연장형 보육 개념은 [그림 7-3]과 같다.

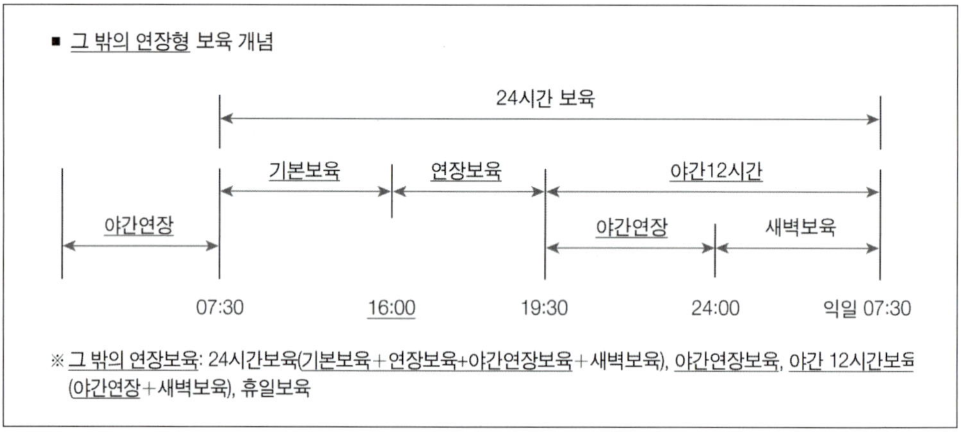

출처: 보건복지부(2020).

[그림 7-3] **그 밖의 연장형 보육 개념**

(1) 야간연장 보육

야간연장 보육 기준 시간은 평일은 19:30~24:00, 토요일은 15:30~24:00이다. 주간 어린이집 이용아동이 07:30 이전부터 어린이집을 이용하는 경우 야간연장 보육료를 지원할 수 있으며 지원한도는 월 60시간이다. 야간연장 보육서비스만 이용하는 아동은 정부 지원을 받을 수 없다.

(2) 야간 12시간 보육

주간에 어린이집을 이용하지 않는 아동이 야간(19:30~다음 날 07:30)에 어린이집을 이용하는 경우에만 야간 12시간 보육료 지원을 받을 수 있으며, 취학아동은 야간보육료 지원을 받을 수 없다.

(3) 24시간 보육

부모가 야간에 경제활동에 종사하는 가정, 한부모 또는 조손가정 등의 아동으로 주간 보육도 이용하고 야간 12시간(07:30~다음 날 07:30) 보육이 불가피하다고 판단되는 아동에게 24시간 보육료가 지원된다.

(4) 휴일 보육

일요일 및 공휴일에 이용하는 휴일(토요일 제외, 일요일, 공휴일 07:30~19:30) 보육료는 정부지원 일 보육료의 150%가 지원된다. 다만, 휴일어린이집으로 지정된 경우에는 일 보육료의 100%가 지원된다.

6) 시간제 보육

가정양육 시에도 지정된 제공기관에서 시간단위로 보육서비스를 이용하고 이용한 만큼 보육료를 지원받는 보육서비스로 어린이집이나 유치원을 다니지 않는 생후 6개월 이상의 영유아는 필요한 경우 시간제보육 서비스를 받을 수 있다. 〈표 7-9〉는 시간제 보육 지원내용이다. 일반적으로 주 6일, 하루 12시간에 못 미치는 시간제 보육 서비스를 이용하고, 긴급한 상황으로 보육서비스가 필요한 경우 비정기적인 긴급 시간제 보육 서비스를 이용할 수 있다(보건복지부, 2020).

〈표 7-9〉 **시간제 보육 지원내용**

구 분		지 원 내 용
이용대상		6개월 ~ 36개월 미만 영아
지원대상		양육수당 수급 가구
지원시간		월 80시간
보육료	이용단가	시간당 4천 원
	지원단가	시간당 3천 원
	부모부담	시간당 1천 원

출처: 보건복지부(2020).

7) 부모교육

부모교육이란 건강한 부모 자녀관계 증진을 위해 영유아의 발달 특성을 이해하고 부모다움 등을 배우며 부모의 올바른 역할을 정립할 수 있도록 지원하는 교육이다. 영유아 부모 및 자녀, 관내의 영유아가 있는 어린이집을 대상으로 전국의 육아종합지원센터에서 '행복한 부모를 위한 마음 프로젝트' 콘텐츠를 개발하여 부모교육을 지원하고 있다. 자세한 내용은 〈표 7-10〉과 같다.

〈표 7-10〉 **행복한 부모를 위한 마음 프로젝트**

<table>
<tr><th rowspan="2">과정</th><th>오프라인 콘텐츠</th><th>온라인 콘텐츠</th></tr>
<tr><th colspan="2">과목</th></tr>
<tr><td rowspan="4">아이와
함께
성장하기</td><td>클로버 부모교육</td><td rowspan="4">클로버 부모교육</td></tr>
<tr><td>육아정보는 어디? 여기! 가득~</td></tr>
<tr><td>우리집 놀이 환경은?</td></tr>
<tr><td>자녀 놀이에 어떻게 참여하나요?</td></tr>
<tr><td rowspan="3">아이마음
헤아리기</td><td>존중 받는 아이, 함께 크는 부모</td><td rowspan="3">자녀권리존중 부모교육
아동학대 예방 부모교육</td></tr>
<tr><td>아동학대 0%, 가족행복 100%</td></tr>
<tr><td>발견! 아이 강점, 키움! 가족 놀이</td></tr>
<tr><td>내마음
토닥이기</td><td>양육 스트레스 관리
부모교육</td><td>양육 스트레스 관리 부모교육</td></tr>
</table>

출처: 보건복지부 · 임신육아종합포털 아이사랑(2020).

함께 생각해 보기

1921년 보육사업의 시작 이래 지원정책은 많은 변화와 수정을 거쳐 꾸준한 발전을 이루고 있습니다.

1. 가족의 구조와 기능 변화에 따른 양육 과정에서 중요한 문제점으로 부각된 육아부담 감소와 여성의 사회 참여에 따른 일과 가정의 양립을 위한 보육정책의 바람직한 방향은 무엇일까요?
2. 저출산 현상을 극복할 수 있는 다양한 보육정책과 활성화 방안은 무엇일까요?
3. 보육교사 처우개선을 위한 최우선적인 개선방안은 무엇일까요?

08

CHAPTER

다양한 가정의 아동복지서비스

학습 목표

- 우리나라의 다문화가정의 실태를 파악하고 아동복지서비스에 대해 이해한다.
- 우리나라의 한부모가정의 실태를 파악하고 아동복지서비스에 대해 이해한다.
- 우리나라의 조손가정의 실태를 파악하고 아동복지서비스에 대해 이해한다.
- 우리나라의 북한이탈주민가정의 실태를 파악하고 아동복지서비스에 대해 이해한다.

학습 내용

지식	기술	태도
• 다문화가정의 현황과 어려움 이해 • 한부모가정의 현황과 어려움 이해 • 조손가정의 현황과 어려움 이해 • 북한이탈주민가정의 현황과 어려움 이해	• 어려움에 있는 다양한 가정의 실태를 파악하고 아동복지서비스 실천을 위한 접근 능력	• 어려움에 처한 가정의 아동을 위한 복지 서비스를 연계하여 실행하려는 태도

주요 용어

- 다문화가정
- 한부모가정
- 조손가정
- 북한이탈주민가정

CHAPTER 08

다양한 가정의 아동복지서비스

1. 다문화가정 아동복지

1) 다문화가정의 개념과 유형

이미 다문화 사회로의 진입을 시작한 우리나라의 현실은 다른 문화를 이해하고자 하는 노력을 더 이상 미룰 수 없는 시점이 되었다고 볼 수 있다. 2016년에 법무부가 발간한 '2016년 출입국·외국인정책 통계연보'에 따르면 인구대비 체류외국인 수가 200만 명을 넘으며 그 비율이 거의 4%(법무부, 2016)에 달하고 있으며, 5년 내에 300만 명을 돌파하여 인구의 6%가 외국인일 것이라는 예측을 내놓고 있다. 이러한 통계적 수치만으로도 다문화사회로 가고 있는 현재 우리사회의 모습을 드러내기에 충분할 것이며 더 중요한 것은 이러한 흐름이 지속적으로 증가하고 있다는 점이다.

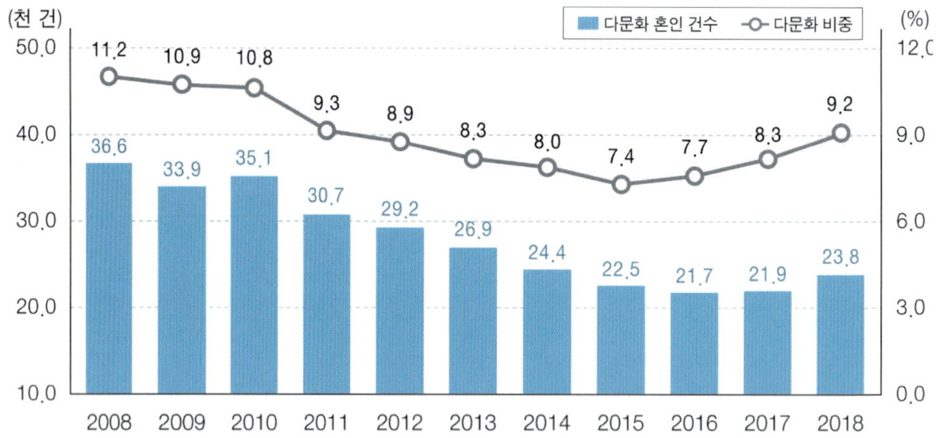

[그림 8-1] **다문화 혼인 추이**

우리나라가 다문화사회라는 현실적 상황을 직면하면서, '새로운 시민'이 된 이민자들과 그들로부터 비롯된 문화적 다양성에 대하여 사회가 어떠한 방식으로 대처해야 하는가에 대한 문제는 우리사회의 중요한 화두가 되고 있다(안지영, 2013).

다문화사회의 문제는 비단 거시적 측면의 사회문제만이 아니다. 우리 주변의 가정에서도 이제 다문화가정을 보는 것은 어렵지 않은 일이 되었기에 각각의 다문화가정이 한국이라는 울타리 안에서 함께 살아 나갈 수 있는 방법을 찾아야 하는 시점이 된 것이다.

다문화가족은 결혼이민자와 출생 한국인으로 구성된 가족, 귀화에 의한 한국인과 결혼으로 이루어진 가족 등이 포함된다고 할 수 있다. 국적은 한국이나 출생 한국인은 아닌 사람들이 만나 가족을 이루는 경우를 다문화가족이라고 할 수 있는 것이다. 즉, 다문화가족이란, 법적으로는 「다문화가족 지원법」에 의거하여 결혼이민자, 귀화자, 대한민국 국적 취득자로 이루어진 가족을 의미하는 것이다.

제2조(정의)
이 법에서 사용하는 용어의 뜻은 다음과 같다.[개정 2011.4.4., 2015.12.1.] [시행일 2016.6.2.]
1. "다문화가족"이란 다음 각 목의 어느 하나에 해당하는 가족을 말한다.
   가. 「재한외국인 처우 기본법」 제2조제3호의 결혼이민자와 「국적법」 제2조부터 제4조까지의 규정에 따라 대한민국 국적을 취득한 자로 이루어진 가족
   나. 「국적법」 제3조 및 제4조에 따라 대한민국 국적을 취득한 자와 같은 법 제2조부터 제4조까지의 규정에 따라 대한민국 국적을 취득한 자로 이루어진 가족
2. "결혼이민자등"이란 다문화가족의 구성원으로서 다음 각 목의 어느 하나에 해당하는 자를 말한다.
   가. 「재한외국인 처우 기본법」 제2조제3호의 결혼이민자
   나. 「국적법」 제4조에 따라 귀화허가를 받은 자
3. "아동 · 청소년"이란 24세 이하인 사람을 말한다.

[그림 8-2] **다문화가족에 대한 법적 정의**

1990년대 이전에는 한국 여성이 외국 남성과 결혼하는 것이 많은 경우의 수였으나, 이후의 상황은 그 반대로 이루어졌다. 결혼을 하지 못한 농촌지역 남성들이 아시아 지역 외국여성과 국제결혼을 하는 비율이 급속도로 증가하면서 한국인 남성과 외국인 여성과의 결혼으로 인한 다문화가정이 증가하게 되었다. 실제로 출신국별 국제결혼의 분포를 살펴보면, 중국, 베트남, 필리핀 등의 아시아 여성이 가장 높은 빈도를 보이고 있는데, 이러한 아시아계 결혼이주 여성들은 대체로 농촌지역에 거주하면서 사회경제적 지위가 약하고 가부장적인 남성과 결혼을 하여 가정을 이루는 경우가 많다. 이들의 국제결혼은 충분히 서로를 알아 가는 기간을 거치지 않은 채 결혼생활을 바로 시작하기 때문에 적절한 적응의 과정이 생략된 채 갈등을 맞이하는 경우가 많다. 이러한 결혼이주민의 다문화 가정은 결혼 후 가족 내의 문화적 갈등, 경제적 어려움, 의사소통의 문제 등을 겪을 뿐만 아니라 자녀가 출생한 이후에는 자녀양육 및 교육과 관련된 어려움으로 이어지고 있는 경우가 많다.

2) 우리나라 다문화가정의 현황과 어려움

교육인적자원부(2020)에서는 다문화가족에 대한 법적 정의에 비해 좀 더 광의의 의미를 사용하여 '다른 민족, 문화적 배경을 가진 사람들로 구성된 가정'이라고 통칭하여 사용한다. 광의의 의미이든 협의의 의미이든, 우리사회에 다문화가정이 증가하고 있음은 명백하며, 이로 인해 다문화가정의 자녀 수 역시 매년 증가하고 있다.

다문화가정에서 태어나는 출생아의 수는 지속적으로 늘어나고 있으며, 2018년에는 비율상 전체 출생아의 5.5.%를 넘어섰다.

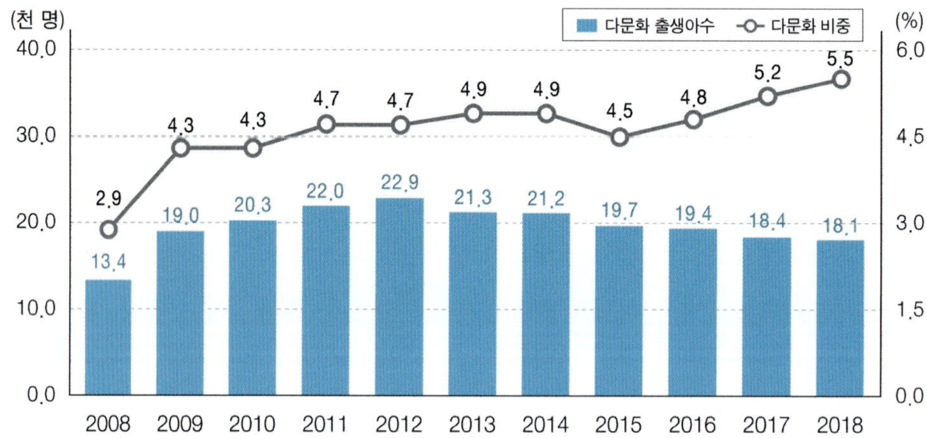

[그림 8-3] **다문화 출생아 추이**

이러한 추세는 향후 10년간 다문화가족 아동 수의 비율이 지속적으로 증가할 것이라는 사실을 보여 주고 있으며, 다문화가정 아동의 성장에 따라 학령기의 다문화가정 아동의 순차적 증가도 함께 이어질 것을 예측할 수 있다. 결혼이민자 가족의 장래 인구 추계는 다음 [그림 8-4]와 같다(설동훈, 2009).

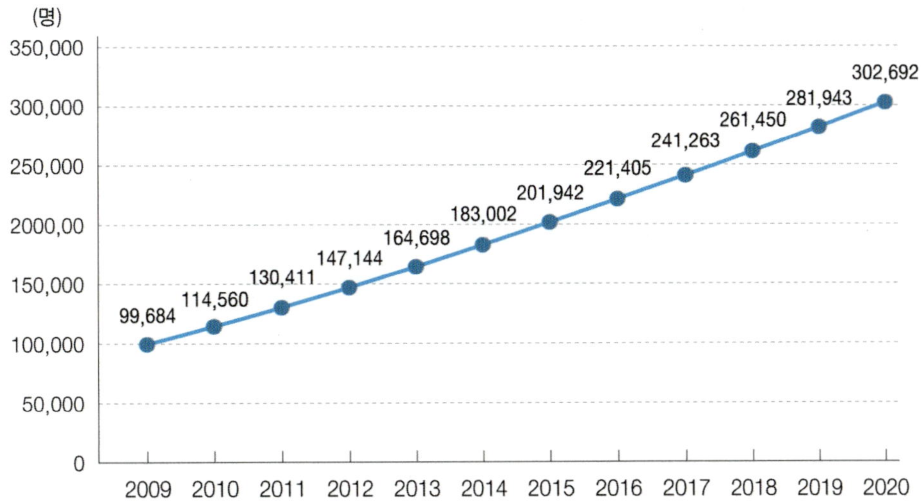

[그림 8-4] **결혼이민자 가족의 장래인구 추계(2009~2020)**

(1) 학교생활의 어려움

부모 중 한 명이 귀화인 또는 결혼이민자인 '다문화가정'에 속한 초·중·고교생이 해마다 급증하고 있다. 통계청과 여성가족부의 '2018년 청소년통계'에 따르면, 초·중·고 다문화가정 학생은 10만 9,387명으로 전년(9만 9,186명)보다 10% 이상 증가했다. 최근 5년간 매년 1만 명 이상 늘어나면서 10만 명을 돌파했다. 통계를 내기 시작한 2006년(9,389명)의 11.6배에 달할 정도로 빠른 증가세다.

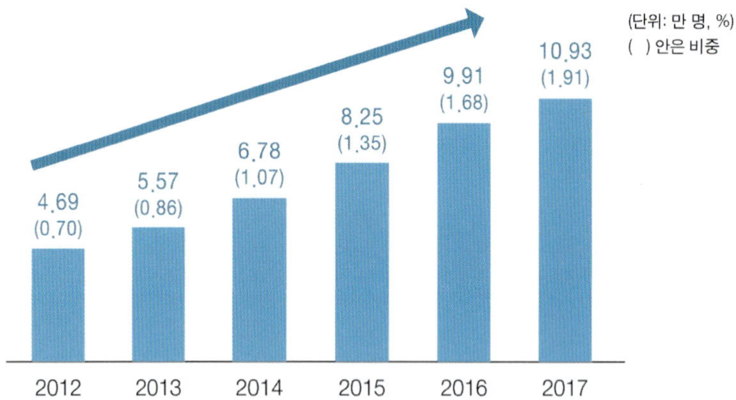

[그림 8-5] **초중고다문화가정학생 증가폭(한국경제, 2018)**

전체 초 · 중 · 고교생(572만 5,000명) 대비 다문화가정 학생 비율은 1.91%였다. 전년(1.68%)보다 0.23%포인트 늘어났다. 아직 비율 자체는 높지 않지만, 증가세가 예사롭지 않다. 2014년 1%를 처음 돌파한 지 3년 만에 2%에 근접했다. 이중 다문화가정 초등학생(8만 2,806명)이 가장 많은 수를 차지하였다. 전체 다문화가정 학생의 75.7%를 차지했다. 이에 따라 전체 초등학생(272만 6,000명) 대비 다문화가정 학생은 3.0%로 늘었다. 초등생 100명 중 3명은 다문화가정 출신이라는 의미다(한국경제, 2018.04.26.).

그러나 다문화가정 취학 아동 수가 최다임에도 학업중단율과 학업중단 학생 숫자 역시 꾸준히 늘고 있다. 문제는 일반 가정 자녀의 학업중단율은 매년 낮아지고 있지만 다문화가정 자녀의 학업중단율은 매년 높아지고 있다는 점이다(경기일보, 2020). 이처럼 학령기를 지나가는 다문화가정 아동은 점차 늘어나고 있으나 많은 다문화가정 아동들이 학교 적응에 어려움을 겪고 있다. 다문화가정 아동의 어머니가 외국인인 경우, 한국어에 익숙치 않은 어머니의 영향으로 학교생활을 시작하면서 언어가 미숙하여 친구를 사귀지 못하거나, 학업을 따라가지 못하는 경우가 많다.

다문화가정 자녀들의 학교 부적응, 학습부진, 학습 결손 현상을 방지하고 개선하기 위해서 교육 당국은 개인이나 가정의 문제라는 소극적 태도에서 벗어나 관심을 갖고

대책을 마련해야 한다. 교육 관련 기관들은 청소년기 정신건강의 문제를 조기에 발굴하며, 중증 상태로의 진행을 막고 예방하는 방향으로 관점을 바꿔야 할 필요성이 대두된다.

(2) 사회적 편견과 차별

다문화가정의 아동은 사회적 편관과 차별로 인해 대인관계에 어려움을 겪는다. 다른 외모와 말투, 미숙한 언어와 학습부진은 집단 따돌림의 원인이 될 수 있으며, 한국친구들과의 의사소통을 어렵게 해 친구를 사귀거나 교사와의 돈독한 관계를 맺는 데 어려움을 준다(김미영, 2018; 오성배, 강태중, 이기범, 2008). 실제로 2013년 전국다문화가족실태조사에서 밝힌 바에 따르면, 다문화가족 자녀의 학업중단 사유에서 가장 큰 비율을 차지하는 것이 '친구나 선생님과의 관계 때문에'가 가장 높았다.

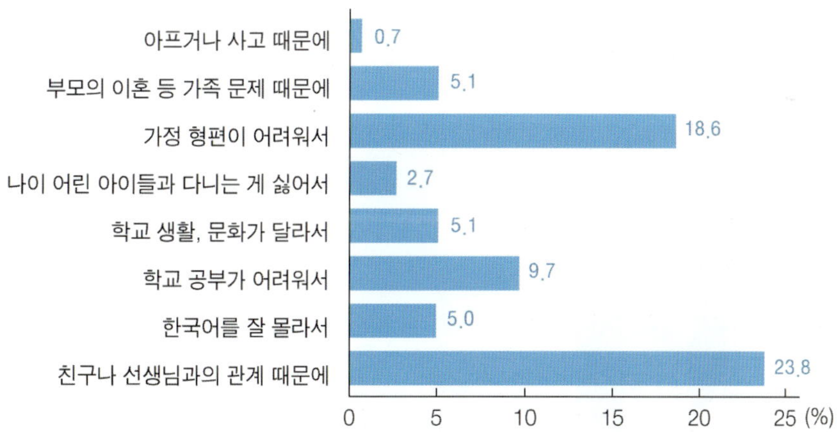

[그림 8-6] 다문화가족 자녀의 학업 중단 사유

(3) 의사소통의 문제

우리나라 다문화가정의 구성에서 외국인 아내를 둔 비율이 가장 높다. 통계청에서 발표한 다문화 혼인 유형별 비중을 살펴보면, 아내가 외국인인 경우가 2008년부터 10년 넘도록 가장 높은 비율을 보이고 있다. 이 같은 결과에서 볼 수 있듯이, 다문화가정 중 외국인 출신 어머니가 있는 비율이 상당한 것이다. 다문화가정의 아동은 태어나면서부터 어머니의 영향을 많이 받게 되는 데, 어머니의 부족한 한국어 능력과 한국문화에 대한 이해의 부재는 다문화가정 아동의 성장에 직접적인 영향을 미친다.

외국인 출신 어머니는 한국어 능력의 부족으로 자녀와의 대화에서 많은 어려움을 경험하게 된다. 특히 어린이집, 유치원, 학교 등에 입학을 하는 자녀가 있는 경우에 학교에서 오는 알림장과 같은 안내문을 잘 이해하지 못하기 때문에 매번 어려움을 겪게 된다(김미영, 2018). 이러한 어려움은 학업과 관련하여 학습부진의 결과를 초래할 가능성이 커지고, 다문화가정의 자녀들은 한국말이 서투른 어머니로 인해 언어발달의 지체를 겪게 된다(오성배, 강태중, 이기범, 2008).

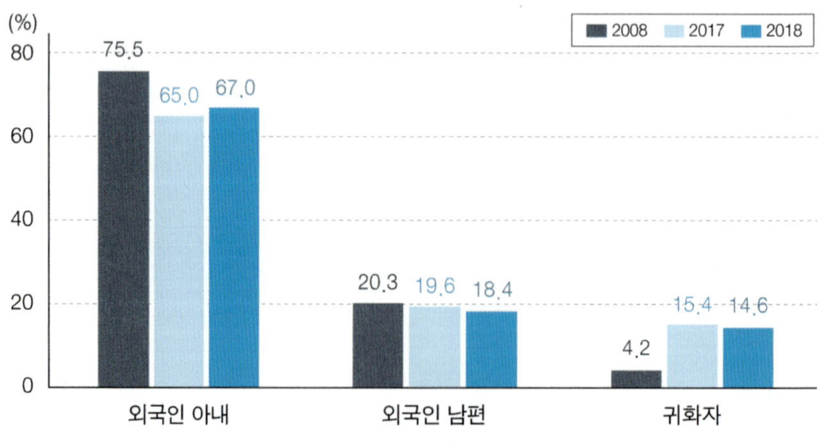

[그림 8-7] **다문화 혼인 유형별 비중**

3) 다문화가정을 위한 복지정책

전 지구적 인구이동으로 인해 한 국가 안에 다양한 문화적 계층을 이루게 되는 다문화적 사회구조는 국가적으로는 다문화가정에 대한 제도적 반영을 적극적으로 검토하게 하였으며, 사회적으로는 다문화에 대한 인식의 변화를 요구하게 하였다. 뿐만 아니라 교육적으로는 서로 상이한 두 문화의 결합으로 이루어지는 다문화가정의 자녀가 두 문화의 공존과 괴리 사이에서 잘 적응할 수 있도록 지원하는 것을 중요한 과제로 대두시켰다(안지영, 2013).

우리나라는 「다문화가족 지원법」을 제정하여 다문화가족을 지원하도록 하였다. 여기서 '다문화가족'이란 결혼이민자와 국적법의 규정에 따라 대한민국 국적을 취득한 자로 이루어진 가족을 말한다. 국가와 지방자치단체는 다문화가족 구성원이 안정적인 가족생활을 영위할 수 있도록 필요한 제도와 여건을 조성하고 이를 위한 시책을 수립·시행해야 한다. 여성가족부장관은 다문화가족 지원을 위해 5년마다 다문화가족정책에 관한 기본계획을 수립해야 한다. 국가와 지방자치단체는 결혼이민자 등이 대한민국에서 생활하는 데 필요한 기본적 정보를 제공하고, 사회적응교육과 직업교육·훈련 및 언어소통 능력 향상을 위한 한국어교육 등을 받을 수 있도록 필요한 지원을 할 수 있다.

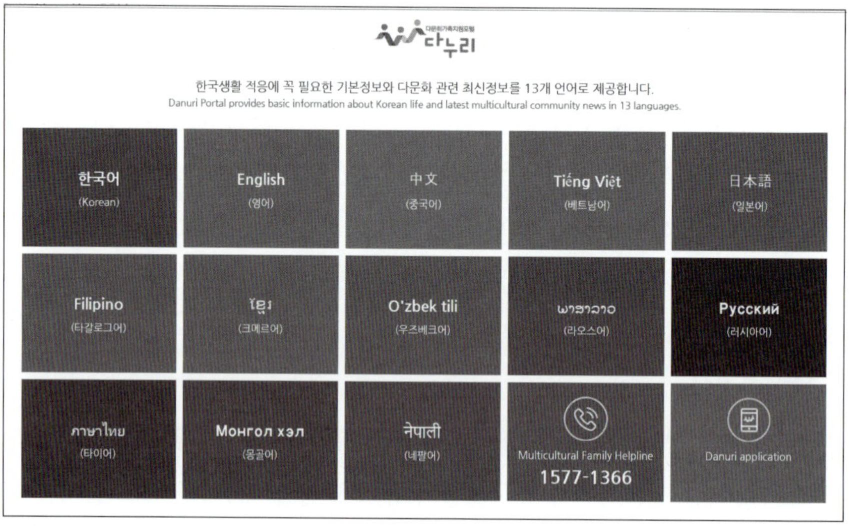

[그림 8-8] **다누리 다문화가족지원포털**

다문화가족지원센터는 다문화가족의 안정적인 정착과 가족생활을 지원하기 위한 종합 서비스를 제공한다. 한국어 교육을 통해 수준별 한국어를 습득할 수 있도록 도와주며, 통역·번역서비스를 통해서 베트남어, 중국어, 영어, 타갈로그어, 몽골어, 태국어, 러시아어, 인도네시아어, 캄보디아어, 일본어, 네팔어 등 센터별 1~4개 언어로 통역·번역서비스 지원한다. 또한, 상담 및 사례관리서비스를 통해서 지원내용 심리검사, 법률상담, 위기가족 긴급지원, 외부상담기관 연계 등 다문화가족 구성원 간 관계 증진을 위한 상담 및 사례관리 서비스를 제공하고 결혼이민자를 대상으로 사회적응교육 및 취업교육을 지원한다. 새로운 한국문화에 잘 정착할 수 있도록 하기 위하여 부부교육, 가족관계 향상 프로그램, 부모역할교육, 부부갈등해결 프로그램 등 교육프로그램을 운영하고, 다문화가족 자녀 언어발달을 지원한다. 다문화가정 자녀의 학업 및 이중언어 환경을 위하여 방문교육, 가정 내 이중언어 사용을 위한 인식개선 교육 및 부모-자녀 상호작용(놀이, 동화·동요 등의 활용방법) 코칭 서비스 등을 제공하고 있다.

2. 한부모가정 아동복지

1) 한부모가정의 개념과 유형

한부모가정이란 엄마 혹은 아빠 중 한 명의 부모와 가정을 이룬 가정을 의미하는데 주로 부부간의 이혼이나 배우자의 사망 등으로 인해 형성된다. 경우에 따라서는 배우자의 별거, 가출 등에 의해서도 이루어지는 경우가 있다. 한부모가정의 보다 구체적인 법적 의미는「한부모가족 지원법」에 구체적으로 명시하고 있다. 이는 다음과 같다. '모' 또는 '부'란 다음 어느 하나에 해당하는 자로서 아동인 자녀를 양육하는 자를 말한다. 1. 배우자와 사별 또는 이혼하거나 배우자로부터 유기된 자, 2. 정신이나 신체의 장애로 장기간 노동능력을 상실한 배우자를 가진 자, 3. 교정시설 · 치료감호시설에 입소한 배우자 또는 병역복무 중인 배우자를 가진 자, 4. 미혼자(사실혼 관계에 있는 자는 제외한다) 5. 1-4까지에 규정된 자에 준하는 자로서 여성가족부령으로 정하는 자를 말한다.

우리나라의 한부모가정의 많은 경우는 대체로 이혼에 의한 것이 많으며 이는 우리나라의 이혼율 증가와 관련이 있다고 볼 수 있다. 미성년자녀를 둔 이혼가정이 한부모가정의 많은 비율을 차지하고 있는데, 이는 학령 전기부터 학령기에 이르기까지 어린 자녀를 둔 부모의 이혼이 상당히 많기 때문이라고 한다. 따라서 한부모가족의 아동에 대한 사회복지는 우리사회에서 매우 중요하게 다루어져야 할 영역인 것이다.

2) 우리나라 한부모가정의 현황과 어려움

한부모가족의 수는 이혼률이 높아지면서 점차 증가하는 추세를 보여 왔다. 전체가구에서 한부모가구가 차지하는 비율은 2005년 8.6%에서 2016년 통계자료에 따르면 10%

에 육박하고 있다. 한부모가구의 형성원인 중 가장 높은 것은 이혼(32.8%)이며, 그 다음으로는 사별(29.7%), 그리고 미혼모 혹은 미혼부가 차지하고 있다. 특히 30~40대의 이혼율 증가는 직접적으로 미성년자녀를 포함한 한부모가족 발생률과 관련이 있다. 즉, 미성년자녀를 둔 젊은 부부의 이혼은 우리나라 한부모가정의 발생 빈도수를 높이는 직접적인 요인이라고 할 수 있는 것이다.

통계청이 내놓은 장래가구추계에 따르면 한부모 가구는 매년 증가추세다. 2013년 188만 가구에서 2018년에는 212만 7,000가구로 4년새 13.1%(24만 7,000가구)나 증가했다. 통계집계 이후 최대치다. 한부모 가구비율은 10.9%까지 치솟았다. 10가구 중 1가구가 한부모가족인 셈이다. 가구 구성은 '모자(母子)' 가구가 47.3%로 가장 많고 '부자'(父子) 가구가 19.8%, '모자+기타' 가구가 17.8%다.

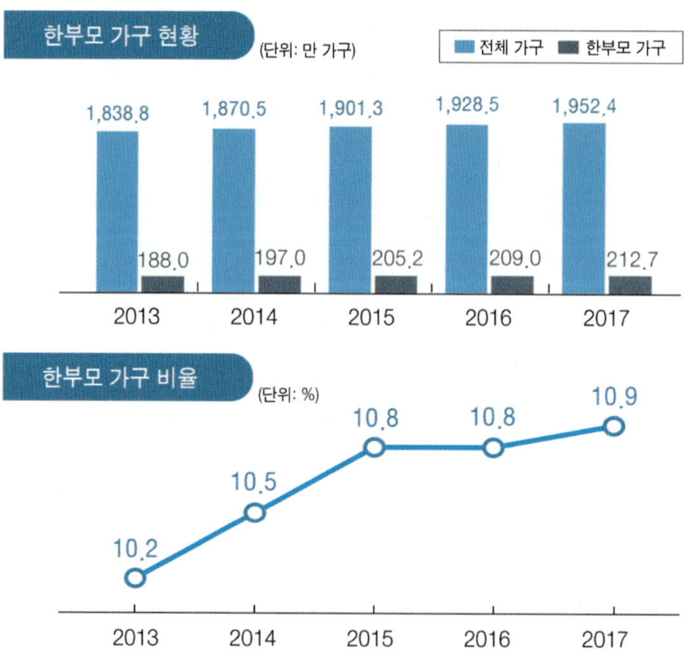

[그림 8-9] **한부모 가구 현황 및 한부모 가구 비율**

(1) 경제적 어려움

여성가족부에 따르면 2015년 기준으로 한부모가족의 월평균 소득은 189만 6천 원이다. 이는 같은 해 전체 평균 가구 처분가능소득 430만 원의 절반에도 미치지 못하는 금액이다. 한부모가구 빈곤율은 2018년 시장소득 기준 49.1%로 전년대비 다소 증가하고 있다. 한부모 가구의 평균 부채는 1천 438만 원이다. 부채가 있는 가구는 "주거비(37.0%)나 생활비(36.3%) 등 기본적인 생활비를 충당하기 위해 빚을 지고 있다"고 답했다. 실제로 가장 부담이 되는 지출 항목으로 '식료품비'를 꼽은 비율이 28.1%로 가장 많았다. 한부모 가장의 일자리 처우는 열악한 것으로 나타났다. 이들 중 상용근로자는 절반도 되지 않았다. 반면에 임시직 및 일용 근로자는 36.7%였고, 자영업이나 무급도 15.3%나 됐다.

특히 모자 세대 중심의 한부모는 여성이라는 이유로 노동시장에서 취업기회의 제한과 임금차별로 이어지는 경제적 결핍이 결국 자녀의 양육환경에 부정적인 영향을 초래할 수 있다(김미영, 2018). 이혼으로 인해 한부모가구가 된 경우에 이전에 경제활동을 하지 않았던 경우나, 미혼모가 되면서 한부모가구가 된 경우에는 그 상황이 더욱 심각하다고 할 수 있다.

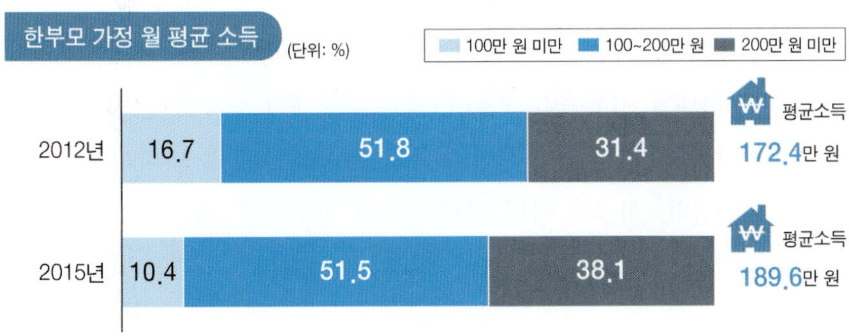

[그림 8-10] 한부모 가정 월 평균 소득

(2) 가족 내의 역할갈등

한부모가 된 후 가장 크게 겪는 어려움으로 '부모의 역할을 혼자서 감당하는 것'을 꼽았다. 이어 집안일 부담 증가, 미래에 대한 부담 증가 등이 뒤를 이었다. 한부모 가장 중 상당수가 집안일이나 돈 문제, 본인의 병가 등에 어려움을 겪을 때 도움을 구할 곳이 없다고 답했다. 한부모 가장 대부분은 직장 생활을 하기에 양육이나 가사일 등을 혼자 감당하기 어렵기 때문에 정책적 지원이 가장 필요한 곳도 바로 가족의 역할을 대신할 사람에 대한 것이라고 한다. 부모 역할을 대행해 주는 복지사 파견이나 대학생 멘토 제도, 방과 후에 학교 숙제를 지도해 주는 스쿨맘 제도 등이 그 예가 될 수 있다(디지털스토리, 2018.06.10.).

(3) 사회적 편견과 아동의 심리적 어려움

아무리 가족구성의 형태가 핵가족화되고, 다양한 형태의 가족구성으로 다변화되어 간다 하더라도 한부모 자녀가 겪는 사회적 편견은 여전히 존재하고 있다. 부모 모두가 존재하는 가정이 당연시되는 사회적 관습 안에서는, 부모 중 한쪽의 부재는 결손가정이라는 이미지를 부여하고 있기에 유아기부터의 교육기관 안에서나 지역사회 안에서 편견과 차별을 경험하는 일이 발생하기 쉽다. 한부모가족들에게 경제적인 어려움이나 외로움보다 더 힘든 것은 주변 사람들의 시선이다. 여성가족부에 따르면 한부모 가장 중 절반 이상은 동네나 이웃주민, 또는 가족과 친척에게 부당한 일이나 차별을 당한 경험이 있다고 밝혔다. 특히 이런 시선 때문에 한부모가족임을 밝히지 않았다고 답한 비율도 10%가 넘었다. 한부모 자녀 역시 학교나 이웃주민, 가족 등으로부터 부당한 일이나 차별을 경험했다고 답했다. 특히 학교에서 차별을 받았다고 답한 이는 18%에 달했다.

또한, 한부모가구의 경우에는 가족사의 부정적 측면을 직간접적으로 고스란히 경험하게 된다. 부모 간의 갈등이나 한부모의 개인사가 자녀에서도 전이되어 심리적으로 위축되고 부정적인 정서가 지배적일 수 있다.

3) 한부모가정을 위한 복지정책

「한부모가족지원법」은 1989년 「모자복지법」으로 제정되었다가 2002년 「모·부자복지법」으로 개정되었고, 2007년 「한부모가족지원법」으로 명칭이 변경되었다. '한부모가족'이란 모자가족 또는 부자가족을 말하며, '아동'이란 18세 미만의 자를 말한다. 보호대상자 또는 그 친족이나 그 밖의 이해관계인은 복지 급여를 관할 특별자치도지사·시장·군수·구청장에게 신청할 수 있으며, 국가나 지방자치단체는 생계비·아동교육지원비·아동양육비 등의 복지급여를 실시해야 한다. 이 법에 따라 지급된 복지급여와 이를 받을 권리는 다른 사람에게 양도하거나 담보로 제공할 수 없다.

한부모가족 복지시설은 한부모가족 지원을 위한 다각적인 노력을 통하여 한부모가족복지 증진을 도모하고자 한다. 도움이 필요한 한부모가족에게 시설보호와 자립 지원, 복지 향상을 목적으로 사회복지서비스를 제공하고 있는데, 모자가족, 부자가족, 미혼모자가족 등을 위한 복지시설을 제공하고 있다.

이혼과 사별, 비혼(非婚)으로 인한 한부모 가정이 10가구 중 1가구를 넘어섰다. 그러나 여전히 많은 한부모 가정이 경제적 어려움과 함께 냉담한 사회인식에 따른 고통을 호소한다. 특히 결혼을 하지 않은 채 아이를 낳은 미혼모들은 정부 지원에서 비켜 나 있어 더 어렵다. 사각지대를 해소할 수 있는 촘촘한 복지혜택 제공과 양육비 이행을 강제할 제도적 장치, 다양한 가족 구성을 포용하는 사회인식 개선이 시급하다(이데일리, 2018.09.04.).

3. 조손가정 아동복지

1) 조손가정의 개념과 유형

조손가족은 자녀의 이혼이나 가출, 약물중독, 질병, 사망 등으로 조부모가 자녀를 대신하여 손자녀의 양육의 일차적 책임자로서 손자녀와 동거하고 있는 가정을 의미한다. 이러한 조손가족의 경우 대개 조모와 손자녀인 경우가 많다.

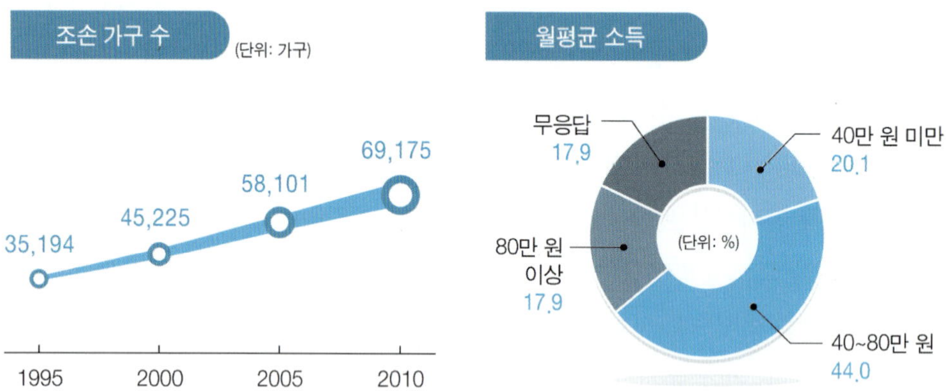

[그림 8-11] 조손가구 수 증가 추이 및 월평균 소득

1995년 3만 5천여 가구였던 조손가정은 2010년 6만 9천여 가구로 두 배 가까이 늘었다. 부모 없이 할머니가 어린 손주를 키우는 일은 분명 쉽지 않다. 그런 만큼 조손가정을 청소년 범죄와 연관 짓는 시각이 많다. 하지만 이를 당연하게 받아들이는 것은 가족의 현실을 제대로 반영하지 못한 결과이다. 부모 모두가 자녀를 떠난 경우 대안으로 수용할 수 있는 현실적인 가족의 형태가 바로 조손가정이기 때문이다(행복세상, 2015.04.04.).

인구총조사에 따르면 2018년 기준 조부모와 미혼 손자녀로 구성된 총 가구 수는

11만 3천 297가구로 지난 2010년에 비하여 또 대폭 늘어났다. 총 가구원 수는 29만 8천 38명에 달하고, 이 중 조부모와 18세 미만의 미성년 손자녀로 구성된 총 가구 수는 5만 2천 951가구, 총 가구원 수는 15만 1천 588명이다. 지역별 조손가족은 경기도가 6만 6천 832명으로 가장 많다. 이어 △서울 5만 3천 455명 △부산 2만 165명 △경남 1만 8천 569명 △경북 1만 7천 979명 △전남 1만 5천 996명 △전북 1만 4천 260명 △인천 1만 4천 157명 △충남 1만 4천 82명 △대구 1만 3천 579명 △강원 1만 1천 962명 등이다. 이 중 가장 많은 비율을 차지하고 있는 서울 수도권의 조손가구 추이는 다음과 같다.

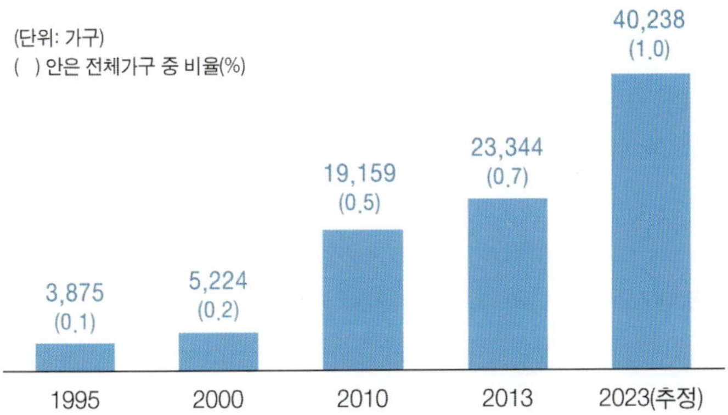

[그림 8-12] **서울 조손가구 추이**

2) 우리나라 조손가정의 현황과 어려움

(1) 양육자의 건강문제

손자녀를 양육하는 데 많은 육체적 노동이 필요하며, 손자녀의 수가 많을수록, 손자녀의 연령이 어릴수록 더욱 그러하다. 체력적 노쇠로 인해 발생하는 건강문제가 가장 심각하다고 할 수 있다. 우리나라 조손가정의 조부모 평균 연령은 만 72.6세 이다(김애란 외, 2017). 조부모의 건강상태를 살펴보면, 6개월 이상 만성질환을 앓고 있는 비율이 40%가 넘는 등 생계를 책임지고 있는 조부모의 건강문제는 조손가정에게 가장 심각한 문제이다.

(2) 부모역할의 실종

일반적으로 조부모는 부모와 달리 가정 내에서의 훈육과 교육을 담당하기보다는 무조건적인 사랑을 주는 존재로서의 정서적 지지역할을 한다. 그러나 조손가정의 경우에는 조부모가 주양육자로서의 역할을 맡게 되면서 손자녀 양육의 책임자가 되는 것이다. 사회의 흐름에 적합한 교육을 접할 수 있게 하는 것이 어려울 뿐만 아니라 세대차와 같은 가치관의 차이로 손자녀를 양육하는 데 많은 갈등이 야기된다.

(3) 경제적 문제

조손가정의 조부모는 경제적 활동을 활발하게 할 수 있는 여건을 갖추기 어렵다. 인생주기에 있어서 경제활동을 멈추는 시기이기도 하지만, 건강상의 이유로 활발한 활동을 지속하기 어렵기 때문에 손자녀를 양육하고 교육하는 데 필요한 재정이 심각한 문제가 된다.

3) 조손가정을 위한 복지정책

현재 조손가족은 「한부모가족지원법」상 특례규정에 따라 조부 또는 조모가 아동을 양육하는 경우 지원대상자가 될 수 있도록 한 것 이외에는 직접적인 지원대상으로 규율한 법적근거가 없다. 「국민기초생활보장법」에 따라서 빈곤선 이하의 저소득 국민에게 국가가 생계 · 주거 · 교육 · 의료 · 해산 · 장제 · 자활 등에 소요되는 기본적인 경비를 제공함으로써 최소한의 기초생활을 보장해 주고 있다.

그러나 노령의 조부모와 미성년의 손자녀로 이루어진 조손가족이 갖고 있는 독특성에 대한 맥락을 이해하고, 이러한 가족구조로 인해 발생하는 문제점들을 지원할 수 있는 정책과 방안이 모색되어야 할 것이다.

4. 북한이탈주민가정 아동복지

1) 북한이탈주민가정의 개념과 유형

통일부 산하 남북하나재단에서는 매년 북한이탈주민에 대한 통계자료를 제공하고 있는데, 가장 최근 자료인 2019년도의 북한이탈주민의 인구학적 특성은 남성보다 여성이 76.4%로 월등히 많으며, 연령대로는 40대가 30.1%로 가장 많고, 그다음은 30대이다. 그리고 북한이탈주민들은 비수도권보다는 수도권에 거주(64.1%)하는 경우가 많았다.

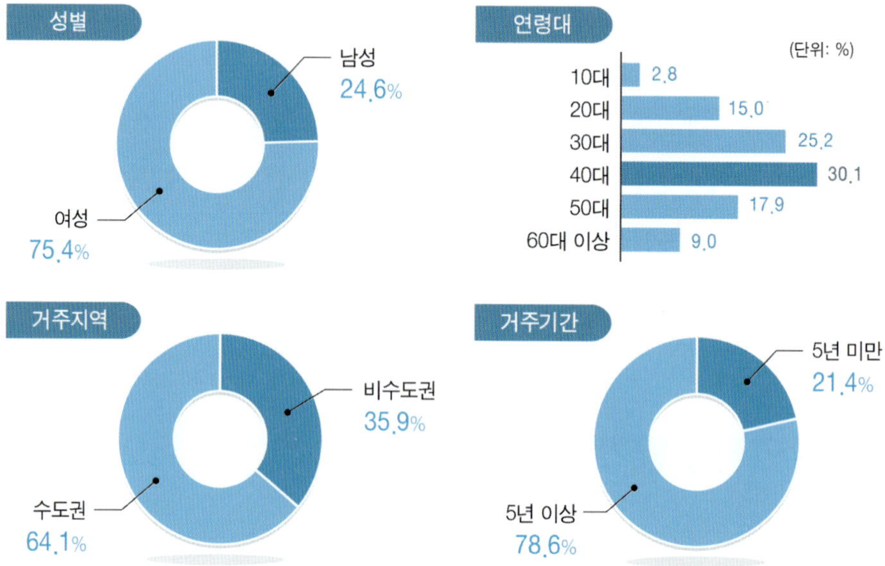

[그림 8-13] **북한이탈주민의 인구학적 특성(북한이탈주민지원재단, 2019)**

주된 탈북동기로는 '식량이 부족해서'가 23%로 가장 높고, 그다음으로는 북한체제가 싫어서(21.5%)로 나타났고, 가족에게 더 나은 환경을 주기 위해서, 혹은 이미 탈북한 가족과 함께 살고 싶어서가 각각 11.1% 10%로 나타났다.

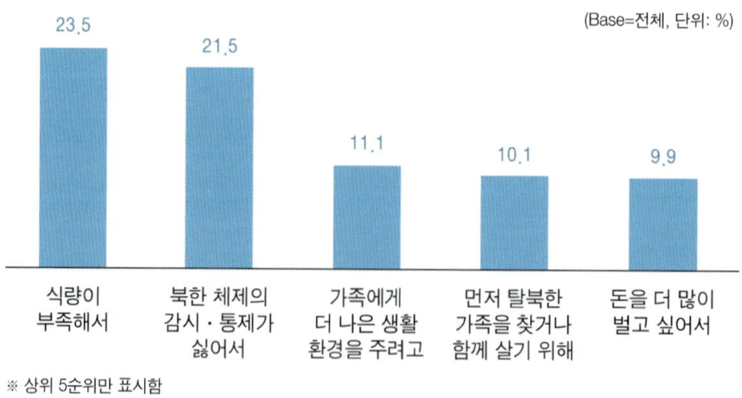

[그림 8-14] **탈북 동기 순위**

2) 우리나라 북한이탈주민가정의 현황과 어려움

(1) 이질적 문화와 사회적 적응

남과 북은 같은 민족이라는 동질성을 지니고 있으나 분단된 지 75년이 넘어오면서 여러 측면에서 이질적이다. 정치, 경제, 제도적 측면에서의 이질성은 당연하고, 언어, 문화, 가치관의 측면에서도 세대를 거듭 지나면서 더욱 이질화되었다. 식량이 부족하거나, 북한 체제에 대한 거부로 인하거나, 가족에게 더 나은 삶을 주기 위해서라는 동기로 북한을 이탈한 주민들은 대한민국이라는 새로운 사회에 잘 적응하는 것이 쉽지 않은 일이다. 학령기를 지나는 아동은 학교생활에 적응을 해야 하며, 성인인 북한이탈주민은 경제적 활동을 하며 사회인으로서 적응을 해야 하지만 서로 다른 이질성으로 인해 적응하는 것이 쉽지 않다. 특히 '탈북자'라는 편견은 온전히 대한민국인으로서 적응하여 살아가는 데 큰 어려움을 주고 있다.

(2) 학업과 진학

남북하나재단에서의 매년 북한이탈주민에 대한 통계자료에 따르면, 북한이탈주민이 스스로 생각하기에 남한에서 어떤 계층을 차지하는지에 대하여 대부분의 북한이탈주민은 자신들의 계층을 중간층 혹은 하층으로 인식하고 있었다. 그들이 스스로 자각하고 있는 사회경제적 수준이 낮은 것은 실제로 북한이탈주민의 사회적응이 낮기 때문이다.

북한이탈주민 자녀 중 아동과 청소년들의 경우 초중고 교육과정 중에 중도 탈락하는 비율이 국내 일반 학생의 탈락률에 비해 현저하게 높은 수준으로 나타나고 있다. 북한이탈 아동 청소년들의 교육여건은 이처럼 매우 열악한 수준에 있다. 북한이탈주민 자녀들의 2/3이상이 국내에서 학업을 지속하거나 학력을 개선하기 위해 상급학교에 진학하는 등의 학력개선 활동이 이루어지지 못하고 있다(김미영, 2018). 국내에 입국한 북한이탈주민들은 생계유지가 눈앞에 놓인 가장 절박한 일이므로 자녀의 교육에 대하여 크게 지원하기가 현실적으로 어려운 것이다.

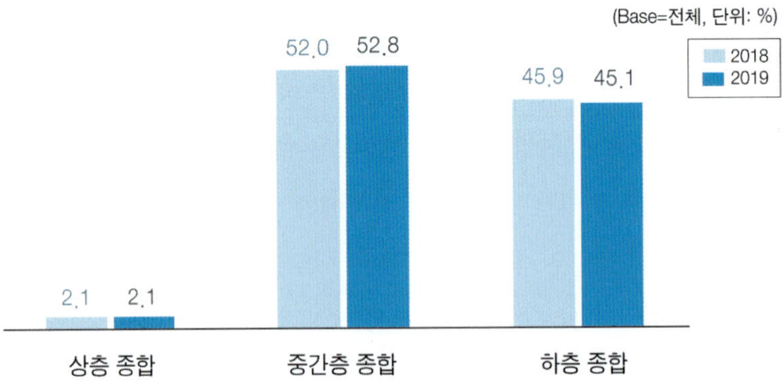

[그림 8-15] **남한에서의 사회 경제적 지위**

(3) 심리적 불안과 소외

북한이탈주민가족의 아동 청소년은 심리적 불안과 소외감을 느끼기 쉽다. 대한민국의 청소년과 크나큰 이질감을 느낄 뿐만 아니라 북한 출신이라는 꼬리표로 인해 적응하는 데 어려움을 갖는다. 실제로 한국형 소아우울 척도를 사용하여 아동의 우울 정도를 측정한 결과 북한이탈 아동의 우울 점수가 남한 아동보다 월등히 높다고 보고하였다(김미영, 2018). 북한에서 탈출하는 과정에서의 위험과 가족 간의 이별, 새로운 환경에의 적응 등이 북한이탈주민가족 자녀의 심리적 특성을 부정적으로 만드는 것으로 보인다. 이러한 측면을 위해 북한이탈주민가족의 자녀들은 한겨레 중학교와 고등학교로 진학하여 동질성을 가진 탈북학생들과 함께 새로운 사회에 과도기적으로 적응할 수 있도록 하고 있다.

3) 북한이탈주민가정을 위한 복지정책

「북한이탈주민의 보호 및 정착 지원에 관한 법률」은 군사분계선 이북 지역에서 벗어나 대한민국의 보호를 받으려는 군사분계선 이북 지역의 주민이 정치 · 경제 · 사회 · 문화 등 모든 생활 영역에서 신속히 적응 · 정착하는 데 필요한 보호 및 지원에 관한 사항을 규정할 목적으로 제정하였다.

제1조(목적)
이 법은 군사분계선 이북지역에서 벗어나 대한민국의 보호를 받으려는 군사분계선 이북지역의 주민이 정치, 경제, 사회, 문화 등 모든 생활 영역에서 신속히 적응 · 정착하는 데 필요한 보호 및 지원에 관한 사항을 규정함을 목적으로 한다.
[전문개정 2010.3.26.]

제2조(정의)
이 법에서 사용하는 용어의 뜻은 다음과 같다.
1. "북한이탈주민"이란 군사분계선 이북지역(이하 "북한"이라 한다)에 주소, 직계가족, 배우자, 직장 등을 두고 있는 사람으로서 북한을 벗어난 후 외국 국적을 취득하지 아니한 사람을 말한다.
2. "보호대상자"란 이 법에 따라 보호 및 지원을 받는 북한이탈주민을 말한다.
3. "정착지원시설"이란 보호대상자의 보호 및 정착지원을 위하여 제10조제1항에 따라 설치 · 운영하는 시설을 말한다.
4. "보호금품"이란 이 법에 따라 보호대상자에게 지급하거나 빌려주는 금전 또는 물품을 말한다.

[전문개정 2010.3.26.]

[그림 8-16] **북한이탈주민의 보호 및 정착 지원에 관한 법률**

자녀와 함께 탈북한 가족들이 함께 잘 살아갈 수 있도록 하기 위한 가족서비스와 함께, 자녀가 미래의 대한민국 사회인으로 잘 성장할 수 있도록 지원하는 것이 필요하다. 북한이탈주민가족의 아동복지의 문제는 향후, 한국사회에 어떻게 적응하고 살아가느냐의 문제와 직결되어 있기 때문이다. 탈북의 과정에서 경험한 부정적 경험을 극복하고 새로운 사회에서 정서적으로 안정할 수 있도록 하고, 학교생활에 적응할 수 있도록 하는 것이 가장 중요한 부분이다.

함께 생각해 보기

우리나라 사람이 외국을 여행하거나 외국에서 생활을 할 때 종종 인종차별적 경험을 당하기도 합니다. 우리나라에도 많은 외국인이 거주하고 있습니다. 당신의 다문화감수성은 어떤가요? 나 스스로는 타인에 대한 인종차별적 행동을 하지 않았는지 생각해 봅시다. 문화는 틀린 것이 아니라 다른 것이라는 문화상대주의적 태도를 갖는 것이 중요합니다.

09

CHAPTER

장애아동 복지서비스

학습목표

- 장애아동의 개념과 장애 유형을 이해한다.
- 장애아동의 특성과 장애아동의 현황을 살펴본다.
- 장애아동의 가족의 지원정책을 살펴보고 향후 장애아동복지 방안을 모색해 본다.

학습내용

지식	기술	태도
• 장애아동복지서비스 전달체계에 대한 지식 • 사회현상 및 정부정책에 대한 이해 • 자료 수집 및 분석에 대한 지식 • 의사소통 및 관리 지식	• 사회현상 및 장애아동복지서비스에 대한 분석 및 이해능력 • 연구 보고서 작성 능력 • 데이터 활용 및 분석 능력	• 분석적 태도 및 원인분석 개선적 사고 • 주인의식 및 책임감 • 조직 내 협업 태도 • 전문성 향상을 위한 적극적인 학습태도

주요용어

- 장애아동
- 장애유형
- 장애정도
- 심한 장애인
- 심하지 않은 장애인
- 발달재활 서비스
- 언어발달지원 사업
- 장애아가족 양육지원 사업

CHAPTER 09

장애아동 복지서비스

1. 장애아동의 개념

1) 장애아동의 정의

일반적으로 장애는 신체 기관이나 정신에 결함이 있는 상태를 말한다. 특히 장애아동은 영아기부터 유아기, 아동기의 시기에 발달적으로 장애가 있는 경우로서 크게 신체적 장애아와 정신적 장애아로 구분한다.

장애아동의 정의는 「장애인복지법」과 「장애인 등에 대한 특수교육법」에서 법률적으로 그 내용을 살펴볼 수 있다. 먼저, 「장애인복지법」에 의하면, "장애인"이란 신체적·정신적 장애로 오랫동안 일상생활이나 사회생활에서 상당한 제약을 받는 자로 정의하고 있다. 여기서 "신체적 장애"란 주요 외부 신체 기능의 장애 및 내부기관의 장애를 모두 포함하여 말하며, "정신적 장애"란 발달장애 또는 정신 질환으로 발생하는 장애로 구분하고 있다. 반면, 「장애인 등에 대한 특수교육법」은 장애인 및 특별한 교육적 요구가 있는 사람에게 통합된 교육환경을 제공하고 생애주기에 따라 장애 유형, 장애 정도의 특성을 고려하여 교육을 실행토록 하고 있다. 동법 제15조(특수교육 대상자의 선정)

에 의하면 교육장 또는 교육감은 특수교육이 필요하다고 진단 · 평가된 사람을 특수교육 대상자로 선정한다고 명시하고 있는데, 시각장애, 청각장애, 지적장애, 지체장애, 정서 · 행동장애, 자폐성 장애, 의사소통장애, 학습장애, 건강장애, 발달지체, 그 밖의 대통령령으로 정하는 장애 등이 대상이 된다.

장애아동 복지서비스로서 대상자를 지원하기 위해서는 특수교육의 대상으로서 다양한 범주도 함께 이해할 필요가 있다. 또한, 장애아동을 연령적으로 구분을 하는데, 「장애아동 복지지원법」 제2조(정의)에 따르면 '장애아동'이란 18세 미만의 사람 중 「장애인복지법」 제32조(장애인 등록)에 따라 등록한 장애인을 말하고 있다. 따라서 장애아동은 「장애인복지법」과 「장애인 등에 대한 특수교육법」, 「장애아동 복지지원법」 등의 법 · 제도적 법체계 안에서 그 정의와 의미를 이해해야 한다.

2) 장애아동의 분류

장애아동의 유형을 분류하는 방법은 다양하지만, 법률적인 관점에서 「장애인복지법」과 「장애인 등에 대한 특수교육법」을 통해 살펴볼 수 있다. 앞서 언급한 바와 같이, 「장애인복지법」에서는 장애아동을 크게 정신적 장애와 신체적 장애로 분류하고 있다. 장애의 정도, 장애의 부위, 발생원인 등에 따라 다음의 〈표 9-1〉과 같이 장애 유형별로 세부적인 특징을 구분하여 분류하고 있다.

〈표 9-1〉 **장애 유형 분류 및 세부내용**

분류	장애 유형	세부 내용
신체적 장애	지체장애인	• 한 팔, 한 다리 또는 몸통의 기능에 영속적인 장애 • 관절 이상, 한 다리, 발가락, 한 손, 두 개 이상의 손가락 장애 • 키가 심하게 작거나 척추에 변형, 기형 장애 • 지체 기능장애
	뇌병변장애인	• 뇌성마비, 외상성 뇌손상, 뇌졸중 등 뇌의 병변으로 발생한 신체적 장애
	시각장애인	• 시력장애
	청각장애인	• 한 귀 또는 두 귀의 청력손실 장애, 평형기능장애
	언어장애인	• 음성 기능이나 언어 기능 장애
	안면장애인	• 안면 부위 변형, 기형장애
	신장장애인	• 투석치료를 지속해야 하는 신장의 기능장애
	심장장애인	• 심장의 기능부전에 의한 호흡곤란 등 장애
	간장애인	• 만성적 기능부전과 합병증에 의한 간기능 장애
	호흡기 장애인	• 호흡기관의 만성적 기능부전으로 인한 호흡기능의 장애
	장루 · 요루장애인	• 배변기능이나 배뇨기능의 장애
	뇌전증장애	• 뇌전증에 의한 뇌신경세포의 장애
정신적 장애	지적장애인	• 정신 발육 지체, 지적 능력의 발달 장애 • 자신의 일 처리와 사회생활에 적응 곤란 장애
	자폐장애인	• 소아자폐, 언어 · 신체표현 · 자기조절 · 사회적응 기능장애
	정신장애인	• 정동장애, 조현병, 조현정동장애 • 재발성 우울장애에 따른 감정조절 · 행동 · 사고 기능 장애

출처: 장애인복지법 시행령 [별표 1](개정 2018.12.3.).

우리나라 국가 시스템에 장애아동을 등록하기 위해서는 「장애인복지법」에 따라서 지체장애, 시각장애, 청각장애, 언어장애 등의 '신체적 장애'와 지적 장애, 자폐성 장애 등을 포함하는 '정신적 장애'로 구분하고 동시에 장애 정도를 판단한다.

이렇게 장애아동은 장애 정도에 따라 등급을 나누어 관리되기도 하지만, 장애가 있는 영유아가 특수교육을 받아야 한다면, 장애의 등록 여부와 상관없이 「장애인 등에 대한 특수교육법」에 의해 교육을 받을 수 있다. 특정 장애로 진단이 어려운 장애 영유아의 경우, '발달지체'라는 유형으로 특수교육대상자로 분류하여 교육적인 지원을 받을 수 있다. 아래의 〈표 9-2〉는 「장애인 등에 대한 특수교육법」에 따른 장애 유형을 목록화 한 것이다.

〈표 9-2〉 **장애범주별 정의**

장애범주	정의
시각장애를 지닌 특수교육대상자	• 시각계의 손상이 심하여 시각기능을 전혀 이용하지 못하거나 보조공학기기의 지원을 받아야 시각적 과제를 수행할 수 있는 사람으로서 시각에 의한 학습이 곤란하여 특정 광학기구 · 학습매체 등을 통하여 학습하거나 촉각 또는 청각을 학습의 주요수단으로 사용하는 사람
청각장애를 지닌 특수교육대상자	• 청력 손실이 심하여 보청기를 착용해도 청각을 통한 의사소통이 불가능 또는 곤란한 상태이거나, 청력이 남아 있어도 보청기를 착용해야 청각을 통한 의사소통이 가능하여 청각에 의한 교육적 성취가 어려운 사람
지적장애를 지닌 특수교육대상자	• 지적 기능과 적응행동상의 어려움이 함께 존재하여 교육적 성취에 어려움이 있는 사람
지체장애를 지닌 특수교육대상자	• 기능 · 형태상 장애를 가지고 있거나 몸통을 지탱하거나 팔다리의 움직임 등에 어려움을 겪는 신체적 조건이나 상태로 인해 교육적 성취에 어려움이 있는 사람
정서 · 행동 장애를 지닌 특수교육대상자	• 장기간에 걸쳐 아래의 어느 하나에 해당하여, 특별한 교육적 조치가 필요한 사람 – 지적 · 감각적 · 건강상의 이유로 설명할 수 없는 학습상의 어려움을 지닌 사람 – 또래나 교사와의 대인관계 어려움으로 학습에 어려움을 겪는 사람 – 일반적인 상황에서 부적절한 행동이나 감정을 나타내어 학습에 어려움이 있는 사람 – 전반적인 불행감이나 우울증이 나타나 학습에 어려움이 있는 사람 – 학교나 개인 문제에 관련된 신체적인 통증이나 공포를 나타내어 학습에 어려움이 있는 사람
자폐성장애를 지닌 특수교육대상자	• 사회적 상호작용과 의사소통에 결함이 있고, 제한적이고 반복적인 관심과 활동을 보임으로써 교육적 성취 및 일상생활 적응에 도움이 필요한 사람
의사소통 장애를 지닌 특수교육대상자	• 아래의 어느 하나에 해당하여 특별한 교육적 조치가 필요한 사람 – 언어수용 및 표현능력이 인지능력 대비 현저하게 부족한 사람 – 조음능력이 현저히 부족하여 의사소통이 어려운 사람 – 말 유창성이 현저히 부족하여 의사소통이 어려운 사람 – 기능적 음성장애가 있어 의사소통이 어려운 사람

장애범주	정의
학습장애를 지닌 특수교육대상자	• 개인의 내적 요인으로 인하여 듣기, 말하기, 주의집중, 지각, 기억, 문제 해결 등의 학습기능이나 읽기, 쓰기, 수학 등 학업 성취 영역에서 현저하게 어려움이 있는 사람
건강장애를 지닌 특수교육대상자	• 만성질환으로 인하여 3개월 이상의 장기입원 또는 통원치료 등 계속적인 의료적 지원이 필요하여 학교생활 및 학업 수행에 어려움이 있는 사람
발달지체를 보이는 특수교육대상자	• 신체, 인지, 의사소통, 사회 · 정서, 적응행동 중 하나 이상의 발달이 또래에 비하여 현저하게 지체되어 특별한 교육적 조치가 필요한 영아 및 9세 미만의 아동

출처: 장애인 등에 대한 특수교육법 시행령 [별표](개정 2016.6.21.).

3) 장애 분류체계의 변화

지난 1988년부터 실행되어 온 장애등급제는 장애를 의학적 기준에 따라 1등급에서 6등급까지 나눠 차등적으로 복지혜택을 제공하였다. 하지만 2019년 7월부터 정부는 장애등급을 폐지하고 수요자 중심의 장애인지원체계로의 변화를 시도하였다. 정부는 수요자 중심의 장애인 지원체계를 마련하기 위해 1~6등급의 장애등급을 폐지하고 장애 정도에 따라 '정도가 심한 장애인'과 '심하지 않은 장애인'으로만 구분하였다. 이때, 기존 1~3등급은 장애의 정도가 심한 장애인으로, 4~6등급은 심하지 않은 장애인에 해당한다.

2019년 장애등급 폐지와 함께 개인의 욕구와 환경을 고려한 맞춤형 서비스를 제공할 수 있도록 '서비스 지원 종합조사'를 도입해서 꼭 필요한 대상자를 지원하고 장애인이 필요한 서비스를 빠짐없이 이용할 수 있도록 장애인 복지 전달체계를 강화하고 있다.

다음의 〈표 9-3〉은 정부의 '수요자 중심의 장애인 지원체계'를 구축하기 위하여 중점 영역과 기대효과, 향후 발전방향을 도식화하여 나타낸 것이다.

〈표 9-3〉 **수요자 중심의 장애인 서비스지원체계**

<table>
<tr><th colspan="4">수요자 중심 장애인 지원체계로 구축</th></tr>
<tr><th>영역</th><th>장애등급제 폐지</th><th>종합조사 도입</th><th>전담체계 강화</th></tr>
<tr><td>세부
내용</td><td>• 장애인등급 → 장애정도로 개편
• 장애등급 폐지
– 1~6급 폐지
– 단, '장애정도가 심한 장애인'과 '심하지 않은 장애인' 구분</td><td>• 장애인 서비스 지원 종합조사 도입
• 장애유형별 특성을 반영한 평가 매뉴얼 개선
• 경과조치를 통해 급격한 급여감소 방지</td><td>• 장애특성, 생애주기별 서비스 선별 안내시스템 구축
• 누락서비스 발굴 안내
• 서비스 이력관리제도 확대
• 찾아가는 상담, 전문기관과 동행상담 강화
• 장애인 특화사례관리 강화
– 장애인 전담 민관협의체 설치 운영</td></tr>
<tr><td>취지</td><td>의학적 기준에 의존화, 획일적 서비스 탈피</td><td>장애인의 개별적 욕구, 가구환경 등 보다 세밀화 고려</td><td>지원 필요 장애인 및 서비스 연계지원 강화</td></tr>
<tr><td>효과</td><td>• 장애등급 기준으로 지원되는 23개 서비스 지원대상 확대
* (예) 건강보험료, 노인장기용보험료(1 · 2급→중증 등)
• 조례에 근거한 지자체 장애인 서비스 확대
* (예) 인천시 동구 유료방송이용요금(1급→중증)
• 장애등급제 폐지 고려한 관련 복지제도 개선
* (예) 장애인보장구 확대, 중증장애인 부양의무자 기준 폐지</td><td>• 활동지원서비스 확대
– 평균지원 시간 확대, 이용자 확대
* (월평균) 120시간→127시간 +α(월최대) 441시간→480시간
• 본인부담금 인하
* (최고금액) 32만 원→16만 원</td><td>• 몰라서 지원받지 못하는 일이 없도록 안내
• 서비스 탈락 후, 소득 · 가구구성 등 상황 변동 시 행동 e음을 통해 자동확인하여 재신청 안내
• 전문 사례관리를 통해 공적 서비스뿐 아니라 민간지원도 발굴 및 연계</td></tr>
<tr><td rowspan="3">향후
방향</td><td colspan="3">"새로운 지원체계 위에 장애인 복지 단계적 확충"</td></tr>
<tr><td>〈복지 · 보건분야〉</td><td>〈주거 · 이동지원 분야〉</td><td>〈소득 · 고용 분야〉</td></tr>
<tr><td>• 발달장애인 활동지원
• 발달재활서비스
• 공공후견
• 장애인 건강 주치의
• 장애친화검진기관</td><td>• 특별교통수단
• 보조기기지원품목확대
• 스마트홈
• 주택개보수</td><td>• 기초생활보장급여 특례
• 자립정착금
• 맞춤형 취업지원
• 재정지원 일자리</td></tr>
</table>

출처: 보건복지부(2019).

아래의 〈표 9-4〉는 2019년 7월 이전의 장애 유형별 등급을 장애정도로 변경한 기준 표로서 장애 유형별 장애등급과 장애정도를 상호 대비한 것이다.

〈표 9-4〉 장애 유형별 종전 장애등급과 장애정도 기준 대비표

장애정도 / 장애 유형		심한 장애인			심하지 않은 장애인		
		종전1급	종전2급	종전3급	종전4급	종전5급	종전6급
1. 지체 장애	상지절단	○	○	○	○	○	○
	하지절단	○	○	○	○	○	○
	상지관절	○	○	○	○	○	○
	하지관절	○	○	○	○	○	○
	상지기능	○	○	○	○	○	○
	하지기능	○	○	○	○	○	
	척추장애		○	○	○	○	○
	변형장애					○	○
2. 뇌병변장애		○	○	○	○	○	○
3. 시각장애		○	○	○	○	○	○
4. 청각 장애	청력		○	○	○	○	○
	평형			○	○	○	
5. 언어장애				○	○		
6. 신장장애			○			○	
7. 심장장애		○	○	○		○	
8. 호흡기장애		○	○	○		○	
9. 간장애		○	○	○		○	
10. 안면장애			○	○	○	○	
11. 장루 · 요루장애			○	○	○	○	
12. 뇌전증장애			○	○	○	○	
13. 지적장애		○	○	○			
14. 자폐성장애		○	○	○			
15. 정신장애		○	○	○			

출처: 보건복지부(2020).

2. 장애아동 현황

장애아동 현황조사는 장애아동 복지서비스 정책을 마련하기 위해서 반드시 필요한 활동이다. 장애아동의 현황을 살펴보기 위해서는 정부가 시행하고 있는 장애인 관련 정책과 지원을 이해하는 것이 필요하다. 보건복지부에서는 「장애인 복지법」 제31조 및 「장애인 복지법 시행령」 제18조 내지 제19조 규정에 근거해 2007년 법개정 이후 매 3년마다 전국의 장애인 가구에 대한 방문 면접조사를 실시하고 있다.

1) 장애인구 현황

우리나라 전국 장애인 출현율은 3년 단위로 실시하는 가구표본조사와 행복e음을 통한 사회복지시설 거주 장애인 수를 바탕으로 지역사회에 거주하는 재가장애인과 시설에 거주하는 시설장애인을 합하여 산출한 것으로, 아래의 〈표 9-5〉와 같다. 조사결과에 따르면, 전체 장애인 수는 2017년 267만 명으로 장애인 출현율은 2014년 5.59%에서 2017년 5.39%로 다소 감소한 것으로 나타났다. 또한 고령사회 진입에 따라 65세 이상 노인인구는 계속 증가하고 있으며, 이로 인해 노인이 차지하는 장애인 비중이 46.6%를 해당한다.

〈표 9-5〉 3년 주기별 전국 장애인 인구현황 (단위: 명, %)

연도	전체(비중)	재가장애인(비중)	시설장애인
2017년	2,668,411(5.39)	2,580,340(5.21)	88,071
2014년	2,726,9109(5.59)	2,646,064(5.43)	80,846
2011년	2,683,477(5.61)	2,611,126(5.47)	72,351

출처: 보건복지부 · 한국보건사회연구원(2017).

한편으로 장애아동인구를 살펴보면, 2018년 말 기준으로 전체 아동인구 8,176,335명 대비 장애아동 인구는 72,618명으로 0.89%의 비중을 차지하고 있다. 아래의 〈표 9-6〉는 연도별로 장애아동 인구 수 추이를 나타내는 것으로 2009년을 기점으로 감소 추이를 보이다가 2017년 이후부터 2018년까지 소폭 증가하는 것을 볼 수 있다. 반면, 전체 아동 인구 대비 장애아동 인구 비율 추이는 2009년부터 2013년까지 0.79%로 유지되다가 2014년부터 꾸준히 증가하고 있다. 이는 전체 아동 인구의 감소폭이 장애아동 인구에 비해 상대적으로 크기 때문으로 분석된다.

〈표 9-6〉 **연도별 장애아동 현황** (단위: 명, %)

연도	전체아동인구	장애아동인구	비율
2018년	8,176,335	72,618	0.89
2017년	8,480,447	72,260	0.85
2016년	8,736,051	72,139	0.83
2015년	8,961,805	72,583	0.81
2014년	9,186,841	73,195	0.80
2013년	9,431,699	74,617	0.79
2012년	9,691,876	76,191	0.79
2011년	9,921,012	78,186	0.79
2010년	10,156,455	80,075	0.79

출처: 한국장애인개발원(2019).

2) 장애 유형별 현황

연도별 장애 유형별 현황을 살펴보면, 다음의 〈표 9-7〉과 같이 지체장애인의 비중이 46% 이상을 차지하며 가장 높게 나타나고 있다. 특히 청각, 언어장애는 매년 가장 높은 증가세를 보이는 데, 전체 인구의 고령화에 따른 영향이 원인 중의 하나로 분석된다.

「장애인복지법」의 분류에 따라서 신체적 장애와 정신적 장애(지적, 자폐성, 정신)의 구성비를 비교하면, 전체 장애 인구 중에서 신체장애는 약 80%, 정신적 장애는 약 20% 수준으로 나타나고 있으며, 연도별 추이는 유사하다.

〈표 9-7〉 **연도별 장애 유형별 구성비** (단위: 명, %)

구분	2017년		2018년		2019년	
	인원수	구성비율	인원수	구성비율	인원수	구성비율
지체	1,254,130	49.3	1,238,532	47.9	1,223,135	46.7
시각	252,632	9.9	252,957	9.8	253,055	9.7
청각 · 언어	322,324	12.7	363,326	14.1	398,579	15.2
지적	200,903	7.9	206,917	8.0	212,936	8.1
뇌병변	252,819	9.9	253,083	9.8	252,188	9.6
자폐성	24,698	1.0	26,703	1.0	28,678	1.1
정신	101,175	4.0	102,140	4.0	102,980	3.9
신장	83,562	3.3	87,892	3.4	92,408	3.5
심장	5,399	0.2	5,304	0.2	5,266	0.2
호흡기	11,807	0.5	11,761	0.5	11,522	0.4
간	11,843	0.5	12,524	0.5	13,154	0.5
안면	2,692	0.1	2,689	0.1	2,673	0.1
장루 · 요루	14,718	0.6	15,027	0.6	15,290	0.6
뇌전증	6,935	0.3	7,021	0.3	7,054	0.3
합계	2,545,637	100.0	2,585,876	100.0	2,618,918	100.0

출처: 국가통계포털(2019).

3) 연령별 장애아동 현황

2019년 조사된 장애정도별, 연령별 현황을 살펴보면 심한 장애와 장애정도가 심하지 않은 장애로 나누어 볼 수 있다. 전국 등록장애인 수는 2,618,918명으로 조사되었으며, 이 중에서 0~18세 이하 장애아동의 수는 81,810명으로 전체 장애인구의 3.1%를 차지하고 있다.

〈표 9-8〉 전국 장애인 연령별, 장애정도별 현황 (단위: 명, %)

구분		18세 미만 장애인구			전체 장애인구
		합계(비중)	0~7세	8~18세	
심한 장애인구(a)		70,438(7.1)	15,981	54,457	985,403
	남자	46,931(8.0)	10,616	36,315	585,734
	여자	23,507(5.9)	5,365	18,142	399,669
심하지 않은 장애인구(b)		11,372(0.7)	3,928	7,444	1,633,515
	남자	6,880(0.7)	2,515	4,365	927,472
	여자	4,492(0.6)	1,413	3,079	706,043
합계(a+b)		81,810(3.1)	19,909	61,901	2,618,918
	남자	53,811(3.6)	13,131	40,680	1,513,206
	여자	27,999(2.5)	6,778	21,221	1,105,712

출처: 국가통계포털(2019).

4) 장애유형별 장애아동 현황

장애유형은 지체장애, 뇌병변 장애, 시각장애, 청각장애, 언어장애, 지적장애, 정신장애, 자폐성장애, 신장장애, 심장장애, 호흡기장애, 간장애, 안면장애, 장루요루장애, 뇌전증장애로 15가지 유형이 있다. 다음의 〈표 9-9〉는 전체 장애인구 중에서 장애유형에 따른 장애아동(0세부터 18세)의 현황을 나타낸 것으로 자폐, 언어, 지적 장애의 비중이 약 90%를 차지하고 있다.

〈표 9-9〉 **전국 장애유형별 장애아동 현황**

(단위: 명, %)

구분	18세 미만 장애인구			전체 장애인구		
	합계(비중)	남자	여자	합계	남자	여자
지체	3,511(0.3)	2,037	1,474	1,223,135	708,246	514,889
시각	2,588(1.0)	1,495	1,093	253,055	150,261	102,794
청각	4,279(1.1)	2,303	1,976	377,094	199,074	178,020
언어	3,901(18.2)	2,718	1,183	21,485	15,363	6,122
지적	39,707(18.6)	25,506	14,201	212,936	128,332	84,604
뇌병변	11,140(4.4)	6,338	4,802	252,188	144,617	107,571
자폐	15,284(53.3)	12,656	2,628	28,678	24,234	4,444
정신	37(0.0)	19	18	102,980	52,658	50,322
신장	219(0.2)	127	92	92,408	54,343	38,065
심장	323(6.1)	200	123	5,266	3,368	1,898
호흡기	52(0.5)	34	18	11,522	8,542	2,980
간	435(3.3)	189	246	13,154	9,309	3,845
안면	49(1.8)	22	27	2,673	1,559	1,114
장루 · 요루	83(0.5)	47	36	15,290	9,445	5,845
뇌전증	202(2.9)	120	82	7,054	3,855	3,199
합계	81,810(3.1)	53,811	27,999	2,618,918	1,513,206	1,105,712

출처: 국가통계포털(2019).

3. 장애아동의 복지서비스 현황

1) 장애인 복지서비스

우리나라 장애인 복지서비스는 서비스의 목적과 대상을 선정하여 지원하고 있다. 장애인 복시서비스는 장애인 연금 · 수당, 보육 및 교육, 의료 및 재활지원, 서비스, 일자리 융자지원, 공공요금, 세재혜택, 지역사회 복지사업 및 기타로 구성되어 운영 중인데, 전체현황은 아래 〈표 9-10〉와 같다.

〈표 9-10〉 **장애인 복지서비스 현황표**

사업명	지원대상 및 내용
장애인 연금 · 수당	• 만 18세 이상 장애인연금법상 중증장애인 – 2020년도 선정기준액: 단독가구 122만 원, 부부가구 195.2만 원 • 장애수당 및 장애아동수당장애수당: 국민기초생활보장법에 의한 수급자 및 차상위 계층 • 장애아동수당: 국민기초생활보장법에 의한 수급자 및 차상위 계층 • 장애아동 양육수당: 어린이집 · 유치원(특수학교 포함), 종일제아이돌봄서비스 등을 이용하지 않는 취학 전 가정양육 영유아 • 장애아동 입양양육 지원: 입양특례법상 허가를 받은 입양기관에 의해, 같은 법의 요건과 절차를 갖춰 장애아동을 국내 입양한 가정
보육 및 교육	• 장애아 보육료 지원: 만 0세~만 12세 장애아동 – 장애인복지카드(등록증) 소지자 – 장애소견이 있는 의사진단서 제출자(만 5세 이하만 해당) – 특수교육대상자 진단 · 평가 결과 통지서 제출자(만 3세~만 8세까지만 해당) * 장애아 보육료 지원기준: 가구소득수준과 무관 • 여성장애인 교육지원 • 장애대학생 교육활동 지원 • 장애인 정보화교육

사업명	지원대상 및 내용
의료 및 재활지원	• 장애인 의료비 지원 • 건강보험 지역가입자의 보험료 경감 • 장애인 등록진단비 및 장애검사비 지원 • 발달재활서비스: 연령기준: 만 18세 미만 장애아동 – 장애유형: 뇌병변, 지적, 자폐성, 언어, 청각, 시각 장애아동(중복장애 인정) • 언어발달지원: 연령기준: 만 12세 미만 비장애아동 – 한쪽 부모 및 조손가정의 한쪽 조부모가 시각 · 청각 · 언어 · 지적 · 뇌병변 · 자폐성 등록 장애인 • 장애인 보조기기교부 • 장애인 보조기기 건강보험급여(의료급여)적용 • 장애인 의료재활 시설 운영 • 여성장애인 출산비용 지원 • 장애입양아동 의료비 지원 • 장애친화 건강검진 특수교육대상자 치료지원 서비스 • 장애인 산소치료 요양비 검사면제 • 기초수급자 출산비용 지원 • 지역장애인보건의료센터
서비스	• 장애인 활동지원 • 장애아 가족양육 지원: 만 18세 미만 장애정도가 심한 장애아동을 양육하는 가정 소득기준: 기준중위소득 120% 이하 – 휴식지원 프로그램은 소득 기준 상관없이 만 18세 미만 모든 장애아가족에게 지원(돌봄서비스 받는 가정 우선 지원) • 발달장애인 주간활동 서비스 • 발달장애인 공공후견 지원 • 발달장애인 공공후견인 심판청구 비용지원 및 활동비용지원 • 발달장애인 부모상담지원 및 가족휴식지원 • 장애인거주시설운영 • 실비 장애인 거주시설 입소 이용료 지원 • 장애인 자동차 표지 발급 • 공동주택 특별 분양 알선 • 농어촌 장애인 주택개조 지원 • 무료 법률 구조제도 실시 • 장애인 운전교육사업 안내 • 장애인 응급안전 알림서비스

사업명	지원대상 및 내용
일자리 융자지원	• 장애인 고용서비스 및 일자리지원 • 장애인 생산품 판매시설운영 지원 • 장애인기업 종합지원센터 운영 • 장애인 창업점포 지원사업 및 장애인 창업육성 • 중증장애인 직업재활 지원 • 장애인 직업재활 시설 운영 • 장애인 자립자금 대여 • 중증장애인 경력경쟁 채용시험 실시 • 국가 공무원 및 외교관 후보자 선발 시험 편의제공 • 국가직 5,7급 공채 영어 검정 시험 대체 • 장기복무제대군인 자녀 지정 취업 • 중증장애인 직업재활 지원(훈련수당) • 장애인 표준사업장 설립지원 • 장애인고용 시설 장비 융자 · 지원 및 장애인 취업성공패키지 • 장애인 직업능력개발운영(훈련수당) 및 장애인 고용장려금 지원 • 보조공학기기 지원
공공요금	• 차량 구입 시 도시 철도채권 구입 면제 • 고궁, 능원, 국 · 공립 박물관 및 미술관 및 국 · 공립공원, 국 · 공립공연장공공체육시설 요금 감면 • 공영주차장 주차요금 감면 • 철도 · 도시철도요금 감면 • 유선통신 요금 감면 • 이동통신 요금 감면 • 시 · 청각 장애인 TV수신료 면제 • 시 · 청각 장애인용 TV(방송수신기) 보급 • 장애인방송 시청 지원 • 항공요금 할인 • 연안여객선 여객운임 할인 • 고속도로통행료 할인 • 전기요금 할인 • 도시가스 요금 할인 • 장애인 자동차 검사수수료 할인

사업명	지원대상 및 내용
세재혜택	• 승용자동차에 대한 개별소비세 면제 • 장애인용 차량에 대한 지방세 감면 • 차량 구입 시 지역개발 공채 구입 면제 • 소득세 및 장애인 의료비 공제 • 장애인 특수교육비 소득공제 • 장애인 보험료 및 상속세 상속 공제 – 증여세 과세가액 불산입 • 장애인 보장구 부가가치세 영세율적용 • 장애인용 수입물품 관세 감면 • 특허출원료 또는 기술 평가청구료 등의 감면
지역사회 복지사업 및 기타	• 지역사회 중심 재활사업 • 주간보호시설 및 장애인복지관 운영 • 장애인 재가복지 봉사센터 운영 • 장애인 체육시설 운영 • 특별교통수단 운행 • 장애인특별 운송사업 운영 • 여성장애인 가사도우미 파견 • 가사 · 간병 방문 지원사업 • 장애인 생활이동 지원센터 • 수어통역 센터 운영 • 장애인 재활지원센터 운영 • 지적장애인 자립지원 센터 운영 • 편의시설 설치시민 촉진단 운영 • 시각장애인 편의시설 지원센터 운영 • 지체장애인 편의시설 지원센터 운영 • 청각장애인 인공 달팽이관 수술비 지원

출처: 보건복지부(2020).

장애인 복지서비스는 우리나라 전체 장애인에 대한 서비스이다. 이 중 장애아동 관련 서비스는 크게 아동지원서비스와 장애아동의 부모 또는 가족을 지원하는 서비스로 나누어 볼 수 있다. 구체적인 서비스 내용은 장애아동수당, 보육 및 교육관련지원, 장애 검사관련 의료비지원, 장애아동 가족양육지원 등을 꼽을 수 있다.

아동기에 반드시 필요한 교육을 위한 장애아동수당과 양육수당은 장애아동의 교육에 직접적인 수요를 공급하는 서비스이다. 또한, 장애를 가진 아동의 가족을 위한 서비스, 지원 및 비장애 아동이지만 장애가 있는 한쪽 부모의 가정에서 자라고 있는 아동이나 조손가정의 아동에 대한 언어지원 서비스는 장애가 있는 가족과 그 가정을 지원하기 위한 서비스이다. 장애아동에 대한 사회복지 서비스는 장애를 가진 아동뿐 아니라, 아동이 속한 가정의 가족구성원들이 장애아동을 양육하면서 발생하게 될 다양한 문제들에 대한 예방 및 지원이 필요한 요구를 반영한 서비스들을 제공해야 함을 알 수 있다.

특히 2019년 변화된 장애인 복지정책에 따라 수요자 중심의 장애인복지 서비스를 추구하면서 장애로 인해 가족을 돌보고 지원하는 정책을 통해 각 가정의 장애아동을 향한 복지서비스는 향후 보다 구체적이고 연계성 있는 서비스가 지원될 것이다. 예를 들어, 2020년 9월 보건복지부는 '어린이 재활의료기관 지정 · 운영 시범사업'을 실시하기로 하였다. 이 사업은 건강보험 보장성 강화 대책('17.8월)과 제5차 장애인 정책 종합계획('18.5월)에 따라서 지역사회 장애아동이 거주지역에서 전문 재활 치료를 받을 수 있도록 권역별 어린이 재활의료기관을 지정 · 운영하기 위해 추진되는 사업이다. 장애인 복지서비스의 자세한 지원내용과 구체적인 절차 등 세부사항은 보건복지부에서 발간되는 장애인 복지사업 안내를 참조할 수 있다.

2) 장애아동 가족지원

우리나라의 장애인 복지 및 제도는 아동에서부터 성인에 이르는 장애인 전체를 대상으로 하는 복지서비스를 갖추고 있다. 하지만 발달적으로 특별한 요구가 필요한 장애아동에 대한 서비스와 지원은 더욱 확대되어야 한다. 왜냐하면, 장애를 가진 아동은 영아에서부터 유아, 아동기까지 다양한 연령을 대상으로 하며 장애아동의 범주에 포함된 아동뿐만 아니라 그 가족에 대한 지원도 필요하기 때문이다. 이는 발달적으로 장애아동은 아동 스스로 자신을 보호하거나 교육 및 재활을 할 수 없기 때문에 보호자로서 가족을 장애아동의 복지서비스 대상으로 포함한다. 다음의 [그림 9-1]은 장애아동과 가족을 대상으로 하는 지원서비스에 대한 실시 절차를 나타낸 것이다.

장애아동 및 가족지원 서비스 실시 절차	대상 · 주체
① 제공기관 선택 및 접수	이용자 → 제공기관
② 서비스 제공계획 수립	제공기관
③ 서비스 이용 계약 체결	이용자 ↔ 제공기관
④ 바우처 잔량 확인 후 서비스 실시	제공기관
⑤ 모니터링	제공기관
⑥ 서비스 종료 또는 계속	이용자 ↔ 제공기관

출처: 보건복지부(2020).

[그림 9-1] 장애아동 가족지원서비스 실시 절차

지원대상이 되는 장애아동과 가족을 선정하기 위해서는, 첫째, 장애아동의 장애유형 및 정도, 가족의 희망 등을 파악하여 이용자 및 가족과 함께 구체적인 서비스제공 계획을 수립한다. 즉, 현재 여건 및 대상자 욕구 등을 감안하여 가능한 범위 내에서 우선순위를 결정하고, 6세 미만 서비스 대상자의 경우에는 "발달재활서비스 의뢰서"에 명시된 영역을 제공받아 서비스를 운영하는 것을 원칙으로 한다. 둘째, 목표 및 우선순위에 따라 제공된 발달재활서비스 내용, 횟수, 일정 등을 결정한다. 이와 같이 결정된 장애아동과 그 가족을 대상으로 발달재활서비스, 언어발달 지원 서비스, 장애아가족 양육지원 서비스를 제공한다.

(1) 발달재활서비스 사업

발달재활서비스 사업은 성장기의 장애아동의 인지, 의사소통, 적응행동, 감각 · 운동 등의 정신적 · 감각적 기능향상과 행동발달을 위한 적절한 발달서비스 지원 및 정보제공을 하는 것을 목표로 한다. 또한, 높은 발달서비스 비용으로 인한 장애아동 양육가족의 경제적인 부담을 경감시키는 데 그 의의가 있다.

이 사업은 연 단위로 서비스를 신청하며, 그 대상은 만 18세 미만의 장애아동이다. 서비스신청 대상 장애 유형은 시각 · 청각 · 언어 · 지적 · 자폐성 · 뇌병변 장애아동이며 이때 중복장애아동도 해당이 된다. 서비스의 내용은 언어 · 청능 · 미술심리재활 · 음악재활 · 행동 · 놀이심리 · 재활심리 · 감각발달재활 · 운동발달재활 · 심리운동 등 발달재활서비스가 제공된다. 이때 서비스를 제공받는 방식은 '기관 방문형'을 원칙으로 하지만, 가정방문형은 서비스 대상자의 거주지에 제공기관이 없거나, 도서 벽지 지역 등을 고려하여 이동불편 또는 보호자가 없어 기관방문일 경우 예외적인 기준에 한해 서비스를 지원받을 수 있다. 서비스의 단가정보는 공개 주체별로 관련내용을 공개하는 데 중앙장애아동 · 발달장애인 지원센터, 사회보장원, 시, 도 홈페이지, 시 · 군 · 구 홈페이지 등에서 확인이 가능하다.

(2) 언어발달지원 사업

언어발달지원 사업은 감각적 장애 부모의 자녀에게 필요한 언어발달지원서비스를 제공하여 아동의 건강한 성장지원 및 장애가족의 자체 역량 강화를 주된 목적으로 한다. 언어발달지원 사업서비스의 대상자는 만 12세 미만 비장애아동으로 한쪽 부모 및 조손가정의 한쪽 조부모가 시각 · 청각 · 언어 · 지적 · 자폐성 · 뇌병변 등록 장애인의 경우이다. 이때 비장애 아동 중 부모 및 조손가정의 조부모의 소득기준을 고려하게 되는 데, 기준중위 소득 120% 이하의 대상을 기준으로 소득별 차등지원을 받게 된다. 또한 언어발달지원 사업서비스는 다른 법령(또는 예산)에 따라 유사한 서비스를 받고 있는 자, 아동인지능력향상서비스를 받고 있는 자, 발달재활 서비스 등 기타 이에 준하는 유사서비스를 받는 경우 그 대상에서 제외된다.

서비스의 내용은 언어발달진단에 대한 서비스와 언어재활, 청능재활 등 언어재활서비스 및 독서지도, 수어지도 등이 있다. 하지만 논술지도 · 학습지도 등 교과목 수업,

학습지를 사용한 지도는 불가하다. 언어발달서비스도 기관방문을 원칙으로 하며 예외적인 경우에 한하여 가정 방문형 서비스를 받을 수 있다.

(3) 장애아가족 양육지원 사업

장애아가족 양육지원 사업은 장애아 가정의 돌봄부담 경감 및 그 가족에 대한 지원시책을 필요로 한다. 양육자의 상시적인 돌봄부담으로 비장애 형제자매 등 다른 가족원에게 필요한 가족 기능이 제대로 수행되지 못하는 데 따른 가족 간 갈등 문제가 발생할 수 있다. 또한 기존 장애인 정책이 장애 당사자의 자립, 생활안정, 사회활동지원을 중심으로 하고 있어서 장애아 가족을 위한 지원을 강화하는 것이 이 사업의 주요한 배경이다.

장애아가족 양육지원 사업 서비스의 목적은 장애아동 가족의 양육부담을 경감하고, 보호자의 정상적인 사회활동을 돕기 위해 돌봄 및 일시적 휴식지원 서비스를 제공하는 데 있다. 이는 「장애아동복지지원법」 제 24조(돌봄 및 일시적 휴식지원 서비스지원) 제1항 "국가와 지방자치단체는 장애아동 가족의 일상적인 양육부담을 경감하고 보호자의 정상적인 사회생활을 돕기 위하여 돌봄 및 일시적 휴식지원 서비스를 제공할 수 있다."는 것에 근거한다.

서비스의 내용은 크게 두가지로 나뉜다. 첫째, 돌봄서비스로 만 18세 미만의 「장애인복지법」상 등록 장애정도가 심한 장애아와 생계 · 주거를 같이하는 기준소득 120% 이하 가정을 대상으로 한다. 장애아동의 양육자의 질병, 사회활동의 일시적 돌봄서비스 필요시 일정기간 교육받은 돌보미를 파견하여 장애아동 보호 및 휴식을 지원하는 것이다. 둘째, 휴식지원프로그램으로 소득에 상관없이 만 18세 미만의 모든 장애아 가족으로 돌봄서비스를 받지 않는 가정도 참여 가능하며, 돌봄서비스를 받는 가정을 우선적으로 지원한다. 세부적 서비스 내용은 가족관계 회복 및 돌봄노동 분담을 위해 장애아 가족 문화 · 교육프로그램, 휴식 박람회, 가족캠프 등 휴식을 지원한다. 더불어 돌보미를 통한 장애아가족 상담서비스, 생활지도 등 제공 및 자조모임 결성지원 등을 통해 양육의 어려움 경감, 정보공유 등을 할 수 있게 된다. 가족휴식지원 및 가족역량강화

프로그램의 확대는 가족상담 및 치료 프로그램, 가족교육 프로그램, 부모교육, 비장애 형제자매교육, 가족관계개선 등에 그 기능이 있다.

3) 장애인 정책 발전방향

정부가 발표한 '제2차 사회보장기본계획('19~'23)'과 '제5차 장애인정책종합계획('18~'22)'은 수요자 중심의 장애인 지원체계를 운영플랫폼으로 하여, 정책 당사자인 장애인의 의견이 충분히 반영될 수 있도록 정책 방향을 제시하고 있다.

출처: 보건복지부(2020).

[그림 9-2] **장애인 정책 발전방향**

함께 생각해 보기

일반인, 정상인, 비장애인, 장애우, 장애자 등의 용어를 어떻게 사용하고 있나요?

1989년에 「심신장애자복지법」이 「장애인복지법」으로 전면 개정되면서부터는 공식적인 명칭이 '장애인'으로 변경되었습니다. 또한 차별적 법령용어정비에 따라서 장애인에 대비되어 장애를 가지고 있지 않은 사람을 통칭하는 말로 '비장애인'이라는 말이 사용됩니다(법체처, 2016). 이는 '정상인'이라는 표현이 '장애인은 비정상'이라는 차별적 의미를 지니고 있다고 보았기 때문입니다. 연장선상에서 '저능자'는 '지적능력이 부족한 사람' 등으로 법적 용어가 변경되었습니다. 우리의 일상생활에서 잘못된 언어사용이나 행동은 어떤 것이 있는지 들어볼까요?

10

CHAPTER

학대아동 보호서비스

학습목표

- 아동학대의 개념과 유형을 설명할 수 있다.
- 아동학대의 발생원인 및 후유증을 이해한다.
- 아동학대의 현황을 이해한다.
- 아동학대 보호서비스 개입절차를 이해한다.
- 아동학대 보호서비스 개선방향을 모색해 볼 수 있다.

학습내용

지식	기술	태도
• 아동학대의 개념과 유형 • 아동학대의 발생원인 및 후유증 • 아동학대의 현황 • 아동학대 보호서비스 개입절차 • 아동학대 보호서비스 개선방향	• 아동학대의 유형과 발생 원인에 따라 아동을 위한 보호서비스를 지원하는 능력	• 학대아동을 이해하고 보호하는 태도 • 아동학대 현황을 파악하고 학대아동 보호서비스의 개선방안을 모색하고자 노력하는 태도

주요용어

- 아동학대의 개념
- 아동학대의 유형
- 아동학대의 발생원인
- 아동학대 후유증
- 아동학대의 현황
- 아동학대 보호서비스 개입절차
- 아동학대 보호서비스 개선방향

CHAPTER 10

학대아동 보호서비스

1. 아동학대의 개념과 유형

1) 아동학대의 개념

아동학대는 Kempe 등(1962)이 '피학대아 증후군(Battered-Child Syndrome)'이라는 용어를 발표하면서 아동학대를 성인의 의도에 의한 아동의 심각한 신체적 손상에 초점을 둔 협의적 개념으로 정의한 이후 논의되기 시작하였다(김이영 외, 2017). 이 정의는 신체적 상해로 인한 학대 유무를 판별하는 데 유용한 증거가 될 수는 있지만, 표면적으로 드러나지 않으며 가정 내 문제로만 여겨졌던 정서적 학대 및 방임을 설명하는 데는 한계가 있다. 최근에는 아동학대의 개념이 확대 발전되어 가정 내에서 부모나 주양육자가 그 역할을 못할 경우 국가와 사회의 개입을 통해 정서적 학대 및 방임까지 포함되어 광의의 개념으로 다루어지고 있다.

우리나라의 경우 「아동복지법」 제3조 제7항에 따르면, '아동학대란 보호자를 포함한 성인이 아동의 건강 또는 복지를 해치거나 정상적 발달을 저해할 수 있는 신체적 · 정신적 · 성적 폭력이나 가혹행위를 하는 것과 아동의 보호자가 아동을 유기하거나 방임하는 것을 말한다'고 규정하고 있다. 즉, 아동학대는 적극적인 신체적 가해 행위뿐만 아니라 소극적인 의미의 정서적 학대나 방임 행위까지 포괄적인 범위로 규정하고 있음을 보여 준다.

학대의 유형은 크게 신체학대, 정서학대, 성학대, 방임으로 나누며, 나타나는 징후는 다음과 같다.

2) 아동학대의 유형 및 징후

(1) 신체학대

신체학대(Physical Abuse)란 보호자를 포함한 성인이 아동의 건강 또는 복지를 해치거나 정상적 발달을 저해할 수 있는 신체적 폭력이나 가혹행위를 하는 것(「아동복지법」 제3조 제 7호)을 말한다. 구타나, 폭력에 의한 멍, 화상, 찢김, 골절, 장기파열, 기능의 손상 등 신체적 상해가 나타나며 생후 36개월 이하의 영아에 가해진 체벌은 이유 여하를 막론하고 학대로 간주한다. 신체적 체벌은 훈육차원에서라도 용납되어서는 안 되며 경미한 상처라도 지속적으로 발견된다면 신체학대를 의심하고 예방하는 것이 중요하다. 〈표 10-1〉은 신체적 학대로 인해 나타나는 신체적 · 행동적 징후를 나타낸 것이다.

〈표 10-1〉 **신체적 학대로 인해 나타나는 신체적 · 행동적 징후**

내용	보호자를 포함한 성인이 아동에게 우발적인 사고가 아닌 상황에서 신체적 손상을 입히거나 또는 신체손상을 입도록 허용한 모든 행위를 말한다.
구체적인 신체학대 행위 예	• 직접적으로 신체에 가해지는 행위(손, 발 등으로 때림, 꼬집고 물어뜯는 행위, 조르고 비트는 행위, 할퀴는 행위 등) • 도구를 사용하여 신체를 가해하는 행위(도구로 때림, 흉기 및 뾰족한 도구로 찌름 등) • 완력을 사용하여 신체를 위협하는 행위(강하게 흔듦, 신체부위 묶음, 벽에 밀어붙임, 떠밀고 잡음, 아동 던짐, 거꾸로 매담, 물에 빠트림 등) • 신체에 유해한 물질로 신체에 가해지는 행위(화학물질 혹은 약물 등으로 신체에 상해를 입히는 행위, 화상을 입힘 등)

신체적 징후	• 설명하기 어려운 신체적 상흔 • 발생 및 회복에 시간차가 있는 상처 • 비슷한 크기의 반복적으로 긁힌 상처 • 사용된 도구의 모양이 그대로 나타나는 상처 • 담배 불 자국, 뜨거운 물에 잠겨 생긴 화상자국, 회음부에 있는 화상자국, 알고 있는 물체모양(다리미 등)의 화상자국, 회복속도가 다양한 화상자국 • 입, 입술, 치은, 눈, 외음부 상처 • 긁히거나 물린 자국에 의한 상처 • 손목이나 발목에 긁힌 상처, 영유아에게 발견된 붉게 긁힌 상처 • 성인에 의해 물린 상처 • 겨드랑이, 팔뚝 안쪽, 허벅지 안쪽 등 다치기 어려운 부위의 상처 • 대뇌 출혈, 망막출혈, 양쪽 안구 손상, 머리카락이 뜯겨 나간 두피 혈종 등을 동반한 복잡한 두부 손상 • 고막 천공이나 귓불이 찢겨진 상처와 같은 귀 손상 • 골격계 손상, 시간차가 있는 골절, 치유 단계가 다른 여러 부위의 골절, 복합 및 나선형 골절, 척추 손상(특히, 여러 군데의 골절), 영 · 유아의 긴 뼈에서 나타나는 간단 골절, 회전상 골절, 걷지 못하는 아이에게서 나타나는 대퇴골절, 골막하 출혈의 방사선 사진, 골단 분리, 골막 변형, 골막 석회화 • 간혈종, 간열상, 십이지장 천공, 궤양 등과 같은 복부손상 • 폐 좌상, 기흉, 흉막삼출과 같은 흉부손상
행동적 징후	• 어른과의 접촉회피 • 다른 아동이 울 때 공포를 나타냄 • 공격적이거나 위축된 극단적 행동 • 부모에 대한 두려움 • 집에 가는 것을 두려워함 • 위험에 대한 지속적인 경계

출처: 아동권리보장원(2020).

(2) 정서학대

정서학대(Emotional Abuse)란 보호자를 포함한 성인이 아동의 건강 또는 복지를 해치거나 정상적 발달을 저해할 수 있는 정신적 폭력이나 가혹행위를 하는 것(「아동복지법」 제3조 제7호)이다. 아동의 인격, 감정이나 기분을 심하게 무시하거나 모욕하는 행위, 좁은 공간에 장시간 혼자 가둬 두는 행위, 원망적, 거부적, 적대적, 경멸적 언어폭력 등의 행위들이 포함된다. 정서학대는 신체학대와 달리 외관상으로 잘 드러나지 않고 증세가 심각하게 나타나지 않아 그냥 지나치는 경우가 많지만 이후 아동의 성장 발달에 치명적인 손상을 가져올 수 있기에 유의하여야 한다. 〈표 10-2〉는 정서적 학대로 인해 나타나는 신체적·행동적 징후를 나타낸 것이다.

〈표 10-2〉 **정서적 학대로 인해 나타나는 신체적·행동적 징후**

구분	내용
내용	보호자를 포함한 성인이 아동에게 행하는 언어적 모욕, 정서적 위협, 감금이나 억제, 기타 가학적인 행위를 말하며 언어적, 정신적, 심리적 학대라고도 한다.
구체적인 정서학대 행위 예	• 원망적/거부적/적대적 또는 경멸적인 언어폭력 등 • 잠을 재우지 않는 것 • 벌거벗겨 내쫓는 행위 • 형제나 친구 등과 비교, 차별, 편애하는 행위 • 가족 내에서 왕따 시키는 행위 • 아동이 가정폭력을 목격하도록 하는 행위 • 아동을 시설 등에 버리겠다고 위협하거나 짐을 싸서 쫓아내는 행위 • 미성년자 출입금지 업소에 아동을 데리고 다니는 행위 • 아동의 정서 발달 및 연령상 감당하기 어려운 것을 강요하는 행위(감금, 약취 및 유인, 아동 노동 착취) • 다른 아동을 학대하도록 강요하는 행위
신체적 징후	• 발달지연 및 성장장애 • 신체발달저하
행동적 징후	• 특정물건을 계속 빨고 있거나 물어뜯음 • 행동장애(반사회적, 파괴적 행동장애) • 신경성 기질 장애(놀이장애) • 정신신경성 반응(히스테리, 강박, 공포) • 언어장애 • 극단행동, 과잉행동, 자살시도 • 실수에 대한 과잉 반응 • 부모와의 접촉에 대한 두려움

출처: 아동권리보장원(2020).

(3) 성학대

성학대(Sexual Abuse)란 보호자를 포함한 성인이 아동의 건강 또는 복지를 해치거나 정상적 발달을 저해할 수 있는 성적 폭력이나 가혹행위를 하는 것(「아동복지법」 제3조 제7호)을 말한다. 성적 유희, 성기 및 자위행위 장면의 노출, 관음증, 성기 삽입, 성적 접촉, 강간, 매춘, 매매, 포르노 매체에 배우로 출연, 포르노물 판매 등의 행위를 포함한다. 아동의 성학대는 은밀하게 이루어지고 아동들은 성학대에 대한 인식이 없어 피해가 지속되고 오랫동안 감지되지 않을 수도 있으며, 대부분 가해자는 피해자가 아는 사람이거나 친족인 경우도 빈번하기에 문제의 심각성이 크다. 〈표 10-3〉은 성학대로 인해 나타나는 신체적 · 행동적 징후를 나타낸 것이다.

〈표 10-3〉 **성학대로 인해 나타나는 신체적 · 행동적 징후**

내용	보호자를 포함한 성인이 자신의 성적 충족을 목적으로 18세 미만의 아동에게 행하는 모든 성적 행위를 말한다.
구체적인 성학대 행위 예	• 자신의 성적만족을 위해 아동을 관찰하거나 아동에게 성적인 노출을 하는 행위(옷을 벗기거나 벗겨서 관찰하는 등의 관음적 행위, 성관계 장면을 노출, 나체 및 성기 노출, 자위행위 노출 및 강요, 음란물을 노출하는 행위 등) • 아동을 성적으로 추행하는 행위(구강추행, 성기추행, 항문추행, 기타 신체부위를 성적으로 추행하는 행위 등) • 아동에게 유사성행위를 하는 행위(드라이성교 등) • 성교를 하는 행위(성기삽입, 구강성교, 항문성교) • 성매매를 시키거나 성매매를 매개하는 행위
신체적 징후	• 신체적 지표(학령 전 아동의 성병감염, 임신) • 생식기의 증거(아동의 질에 있는 정액, 찢기거나 손실된 처녀막, 질에 생긴 상처나 긁힌 자국, 질의 홍진(紅疹), 배뇨곤란, 요도염, 생식기의 대상포진) • 항문증후(항문 괄약근의 손상, 항문주변의 멍이나 찰과상, 항문 내장이 짧아지거나 뒤집힘, 항문 입구에 생긴 열창, 항문이 좁아짐, 회음부의 동통과 가려움, 변비, 대변에 혈액이 나옴) • 구강증후(입천장의 손상, 인두(咽頭)임질(pharyngeal gonorrhea))

행동적 징후	• 성적 행동지표(나이에 맞지 않는 성적행동, 해박하고 조숙한 성지식, 명백하게 성적인 묘사를 한 그림들, 타인과의 성적인 상호관계, 동물이나 장난감을 대상으로 하는 성적인 상호관계) • 비(非)성적인 행동지표(위축, 환상, 유아적 행동(퇴행행동), 자기 파괴적 또는 위험을 무릅쓴 모험적인 행동, 충동성, 산만함 및 주의집중장애, 혼자 남아 있기를 거부 또는 외톨이, 특정 유형의 사람들 또는 성에 대한 두려움, 방화/동물에게 잔혹함(주로 남아의 특징), 비행, 가출, 약물 및 알콜 남용, 자기 파괴적 행동(자살시도), 범죄행위, 우울, 불안, 사회관계의 단절, 수면장애, 유뇨증/유분증, 섭식장애(폭식증/거식증), 야뇨증, 외상 후 스트레스 장애, 저조한 학업수행)

출처: 아동권리보장원(2020).

(4) 방임

방임(Neglect)이란 아동의 보호자가 아동을 유기하거나 방임하는 것(「아동복지법」 제3조 제7호)으로, 고의적 반복적으로 아동 양육 및 보호를 소홀히 함으로 아동의 건강과 복지를 해치거나 정상적인 발달을 저해할 수 있는 모든 행위를 말한다. 아동에게 의식주를 제공하지 않거나, 장시간 위험한 상태에 방치하는 물리적 방임 및 유기, 아동의 무단결석을 허용하는 등 교육적 방임, 예방접종을 제때에 하지 않거나 필요한 치료를 소홀히 하는 등 의료적 방임으로 구분한다. 방임은 빈곤, 부모의 스트레스와 관련이 깊고, 아동에 대한 무관심이나 인식부족으로 인해 발생되기도 한다. 아동이 위험한 환경에 처하거나 충분한 영양을 공급받지 못해 발육부진 등의 치명적인 결과(장애)를 가져오거나 생명과 직접적으로 연결되기 때문에 방임을 예방하기 위한 다각도의 노력이 필요하다(정옥분 외, 2016). 〈표 10-4〉는 방임으로 인해 나타나는 신체적 · 행동적 징후를 나타낸 것이다.

〈표 10-4〉 **방임으로 인해 나타나는 신체적 · 행동적 징후**

내용	보호자가 아동에게 위험한 환경에 처하게 하거나 아동에게 필요한 의식주, 의무교육, 의료적 조치 등을 제공하지 않는 행위를 말하며, 유기란 보호자가 아동을 보호하지 않고 버리는 행위를 말한다.
방임의 유형 예	• 물리적 방임(기본적인 의식주를 제공하지 않는 행위, 불결한 환경이나 위험한 상태에 아동을 방치하는 행위, 아동의 출생신고를 하지 않는 행위, 보호자가 아동들을 가정 내 두고 가출한 경우, 보호자가 친족에게 연락하지 않고 무작정 아동을 친족 집 근처에 두고 사라진 경우, 아동을 병원에 입원시키고 사라진 경우 등) • 교육적 방임(보호자가 아동을 특별한 사유 없이 학교(의무교육)에 보내지 않거나 아동의 무단결석을 방치하는 행위) ※ 의무교육은 6년의 초등교육 및 3년의 중학교를 의미함(교육기본법 제8조 제1항) ※ 초등학교 및 중학교의 장은 해당 학교에 취학할 예정인 아동이나 취학 중인 학생이 ① 입학 · 재취학 · 전학 또는 편입학 기일 이후 2일 이내에 입학 · 재취학 · 전학 또는 편입학하지 아니한 경우, ② 정당한 사유 없이 계속하여 2일 이상 결석하는 경우, ③ 학생의 고용자에 의하여 의무교육을 받는 것이 방해당하는 때 지체없이 그 보호자 또는 고용자에게 해당 아동이나 학생의 취학 또는 출석을 독촉하거나 의무교육을 받는 것을 방해하지 아니하도록 경고하여야 함(초 · 중등교육법 시행령 제25조) • 의료적 방임(아동에게 필요한 의료적 처치 및 개입을 하지 않는 행위) • 유기(아동을 보호하지 않고 버리는 행위, 시설근처에 버리고 가는 행위)
신체적 징후	• 발달지연 및 성장장애 • 비위생적인 신체상태 • 예방접종과 의학적 치료 불이행으로 인한 건강상태 불량 • 아동에게 악취가 지속적으로 나는 경우
행동적 징후	• 계절에 맞지 않는 부적절한 옷차림 • 음식을 구걸하거나 훔침 • 비행 또는 도벽 • 학교에 일찍 등교하고 집에 늦게 귀가함 • 지속적인 피로 또는 불안정감 호소 • 수업 중 조는 태도 • 잦은 결석

출처: 아동권리보장원(2020).

2. 아동학대의 발생원인 및 후유증

1) 아동학대의 발생원인

아동학대의 발생원인은 매우 다양하고 복잡하다. 아동학대는 자녀의 기질, 자녀에 대한 기대, 부모의 스트레스, 가족관계의 문제, 사회적 고립 등 복합적이고 다양한 요인에 의해 유발된다. 일반적으로 개인요인, 가족요인, 사회요인으로 분류할 수 있다.

(1) 개인요인

개인요인으로는 정신장애, 학대 경험, 약물중독, 자녀에 대한 비현실적 기대, 충동 및 부모역할에 대한 지식 부족과 같은 것이 아동학대가 나타나는 원인이 된다.

학대행위자나 부모가 정신장애나 정신병적 성격을 가지고 있거나, 자신들이 어릴 때 부모로부터 학대를 받았거나 학대가 빈번한 가정에서 성장한 경우, 또는 알코올 · 약물 중독에 빠진 학대행위자들이 자신을 잘 통제하지 못하고 아동에게 학대를 가하게 된다. 대부분의 부모들은 아동을 잘 보호한다. 그러나 아동발달에 대한 지식이 부족하거나 좋은 양육을 받지 못한 부모들이 자신의 욕구가 충족되지 못하거나, 장애아 같은 아동자체의 개인적인 특성에 의해 양육에 부담을 느끼게 되고 스트레스를 가중시켜서 아동학대를 발생시키는 요인이 되기도 한다.

(2) 가족요인

가족요인으로는 아동학대가 나타나는 원인으로 빈곤, 실업, 사회적 지지 체계 부족, 원만하지 못한 부부관계, 가정폭력 및 부모 · 자녀 간 애정 부족 등이 있다.

경제적으로 빈곤하거나 지역사회와의 교류가 없고 사회적으로 고립된 가정의 경우에 아동학대 발생 가능성이 높은 것으로 알려져 있다. 또한, 배우자와의 관계가 좋지 않을 때, 가족 구조의 문제가 있는 결손 가정의 경우, 부모와 자녀 사이에 애착이 없는 경우, 사회적 지원이나 아동 양육의 부담을 지원 받을 수 있는 친척이나 친구, 이웃이 주위에 아무도 없는 경우 스트레스로 인해 아동을 학대하거나 방임하게 되는 경우가 더 많이 나타난다고 한다.

(3) 사회요인

사회요인으로 아동학대가 나타나는 원인으로는 자녀를 부모의 소유물로 여기는 것과 체벌의 수용, 피해아동에 대한 법적인 보호 부재 및 미비 등을 들 수 있다.

우리나라는 유교문화의 영향을 받아 아동을 엄격히 훈육하기 위해 체벌을 사용하는 것을 당연한 것으로 여겨 왔다. 전통적으로 아동을 부모의 소유물로 생각하고, 아동의 권리의식에 대한 이해가 부족하여 아동을 권리주체로 인식하지 않았다. 이러한 인식 속에서 체벌과 훈육을 혼동하며 상황에 따라 폭력을 묵인하거나 신체적인 체벌에 대해 허용적인 가치체계를 형성해 왔다. 이렇듯 우리나라는 아동학대에 대한 민감성이 매우 낮아 다른 나라에 비해 아동학대에 대한 관련법 제정이나 학대아동보호서비스 지원이 늦어진 원인이 되었다.

2) 아동학대의 후유증

아동학대는 아동에게 심각한 스트레스를 주며, 아동의 건강 · 발달 · 복리에 심각한 영향을 미친다. 어떠한 후유증이 얼마나 심각하게 계속되는지는 학대 및 방임 발생 당시 아동의 연령, 발달 상황, 가정환경, 학대의 유형 및 빈도, 기간, 정도, 피해아동과 학대행위자와의 관계, 학대 이후의 생활, 아동의 기질, 성향, 아동의 대처능력이나 적응 능력, 가족이나 지역사회의 지지, 전문가들의 개입 방식 등과 같은 복합적인 요인들의 상호작용에 의해 좌우된다.

아동학대의 신체적 후유증으로는 신체적 손상, 성장 실패, 생리기능의 변화 등으로 나타나며, 심리적 후유증으로는 지능 및 인지 기능의 손상, 중추신경계 손상, 감정조절 기능의 저하 및 이상, 자기 개념의 손상, 애착 형성의 붕괴, 지나친 공격성 및 사회적 위축, 자학적이고 자기 파괴적인 행동, 학교생활 부적응 그리고 여러 가지 정신 병리 현상 등의 결과를 초래하게 된다(서울특별시 동부아동보호전문기관, 2020).

학대를 받은 아동은 단순한 타박상, 골절 등에 그치지 않고 이후에 자신이 받았던 학대 유형에 따라 여러 가지 심각한 후유증을 나타낸다. 〈표 10-5〉는 아동학대 유형별 후유증을 요약한 것이다.

〈표 10-5〉 **아동학대 유형별 후유증**

학대유형	후유증
신체학대	• 신체적 상치, 신경계의 손상, 장애, 심한 경우 사망에까지 이름 • 정서적 문제, 행동상의 문제, 학습문제 • 성인기까지 후유증 지속, 대인관계 능력 손상 – 타인을 신뢰하지 못하고 버려질 것에 대해 불안해하며, 타인과의 관계에서 긴장이나 공격성을 보임 – 성인기 자아개념에 부정적인 영향을 미침 – 성인기의 분노와 공격성, 수면장애, 약물중독, 자살충동에 영향을 미침 – 자신의 자녀를 학대할 가능성을 높임
정서학대	• 아동의 정신건강, 행동발달, 자아존중감에 부정적인 영향을 미침 • 특히 유아기의 정서학대는 심각한 후유증을 겪게 함 • 정서학대를 받은 경험과 낮은 자아존중감과의 관계가 검증됨 • 의존성, 우울증, 낮은 학업 성취, 도벽, 거짓말, 타인에 대한 공격성 등과 같은 문제행동과의 관계가 입증되고 있음 • 가정폭력, 성인기 정신건강 문제, 약물중독이 가정에서 빈번하게 나타남
성학대	• 신체적 상해, 자해, 성충동 조절의 문제, 우울증, 자아존중감 상실 등 아동학대의 여러 유형들 중 가장 심각한 정신적 후유증 유발 – 아동기 성학대의 경험은 성인기 낮은 자아존중감 및 우울증 초래 – 외상후 스트레스 장애(PTSD) – 성인기에 성학대 피해자 혹은 학대행위자가 되는 성향이 짙음 – 우울, 불안 등과 같은 정신건강 문제

학대유형	후유증
	– 반사회적 행동 및 품행장애 – 거부, 배신, 공포, 트라우마를 경험함으로서 불안정한 애착 형성 • 아동의 나이, 지속기간, 학대수준, 고의성, 위협이나 강압의 정도 등에 따라 성학대 후유증의 심각성이 좌우됨 – 성학대가 노출된 이후 비가해보호자가 아동을 믿고 지지해 주면 성학대 후유증을 극복할 수 있는 능력이 생기게 됨 • 성학대 지속기간 및 만성화 정도에 따른 후유증 양상 – 만성적으로 지속된 경우: 무기력, 회피적, 해리 증상이 주로 나타남 – 일회성으로 끝난 경우: 과도한 놀람반응과 불안 등의 증상이 나타남 • 피해아동 연령에 따른 후유증 양상 – 5세 이하의 아동: 분리불안, 수면장애, 비현실적 두려움, 제한된 감정표현, 자위행위, 배변훈련 불가능 등 – 학령기 아동: 사건과 관련된 이야기나 놀이를 많이 하거나, 신체적 안전에 대한 지나친 염려, 공격적 행동, 지나치게 예민하고 타인에 대한 의심 증가, 집중력이나 기억력의 어려움 호소, 우울감, 기분의 변화, 등교 거부 등 – 사춘기 청소년: 어른과 증상이 유사해지면서 사회적 고립, 우울증, 신체화 증상, 반항적 행동, 비행, 약물 남용 등
방임	• 아동의 인지적, 신체적, 사회적, 심리적 발달에 광범위하게 영향을 줄 수 있음 – 수동적이며 사회적으로 위축된 모습을 보이는 경향이 있음 • 아동의 인지발달에 치명적 손상을 주며, 사회적 기능, 대인관계, 학업성취 등에서 심각한 손상 초래, 극단적인 경우에는 사망에 이르게 함 – 영유아기: 주양육자와 안정적인 애착관계를 형성하지 못하면 이후 발달상의 문제를 초래함, 방임되지 않은 유아보다 방임된 유아가 대처능력의 손상, 좌절, 분노가 심함 – 저학년기: 학습준비도가 떨어짐 – 고학년기: 심각한 학습장애를 보임 – 청소년기: 비행의 비율이 높음

출처: 서울특별시 동부아동보호전문기관 홈페이지.

3. 아동학대의 현황

우리나라의 아동학대 피해는 매년 증가하고 있는 추세이다. '2018년 아동학대 주요 통계'(보건복지부, 중앙아동보호전문기관, 2019)를 토대로 아동학대 현황을 살펴보면 다음과 같다.

1) 연도별 신고접수 건수

아동학대 신고 중 아동학대 의심사례가 차지하는 비중은 지속적으로 증가하였으며, 2014년부터 80% 이상을 차지하며 높은 수치를 보이고 있다. 2018년 아동보호전문기관에서 집계된 전체 신고접수 건수는 총 36,416건으로 전년대비 6.6% 증가하였고, 이 중 아동학대의심사례는 33,532건으로 전체 아동학대 신고건수 중 92.1%로 나타났다. 이외 동일신고는 420건(1.2%), 일반상담은 2,464건(6.8%)이었다. 연도별 신고접수 건수에 대한 조사 결과는 [그림 10-1]과 같다.

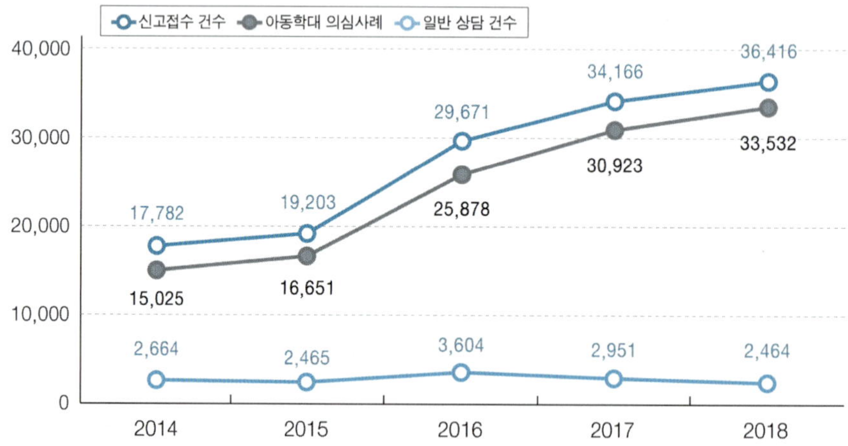

출처: 보건복지부 · 중앙아동보호전문기관(2019).

[그림 10-1] 연도별 신고접수 건수

2) 사례판단 결과

2018년 아동보호전문기관을 통해 이루어진 사례판단의 경우, 총 아동학대의심사례인 33,532건 중 아동학대 사례는 24,604건(73.4%), 조기지원 사례 2,392건(7.1%), 일반사례 6,368건(19.0%)으로 나타났다. 아동학대 신고에 대한 사례판단 결과는 [그림 10-2]와 같다.

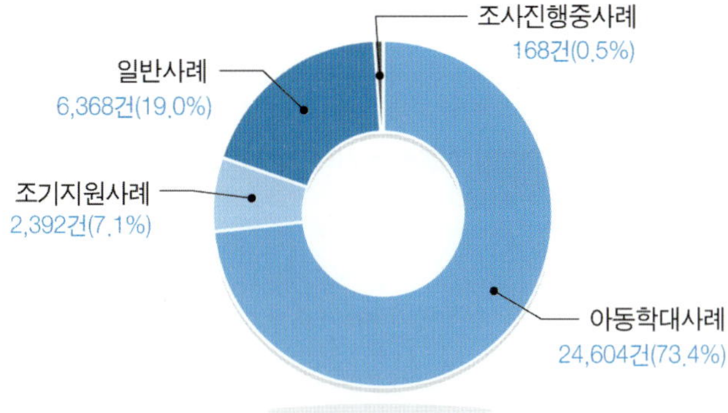

출처: 보건복지부 · 중앙아동보호전문기관(2019).

[그림 10-2] **사례판단 결과**

3) 연도별 아동학대사례 및 아동보호전문기관 수(5개년)

연도별 아동학대사례 건수 및 아동보호전문기관 수는 꾸준히 증가하였다. 아동학대사례 건수는 2016년은 전년대비 약 50%이상 증가하였고 2018년의 경우 전년대비 아동학대사례 증가율이 10.0%이었다. 기관 수의 경우 2014년 51개소에서 2018년 62개소로 증가하였다. 연도별 아동학대사례 및 아동보호전문기관 수는 [그림 10-3]과 같다.

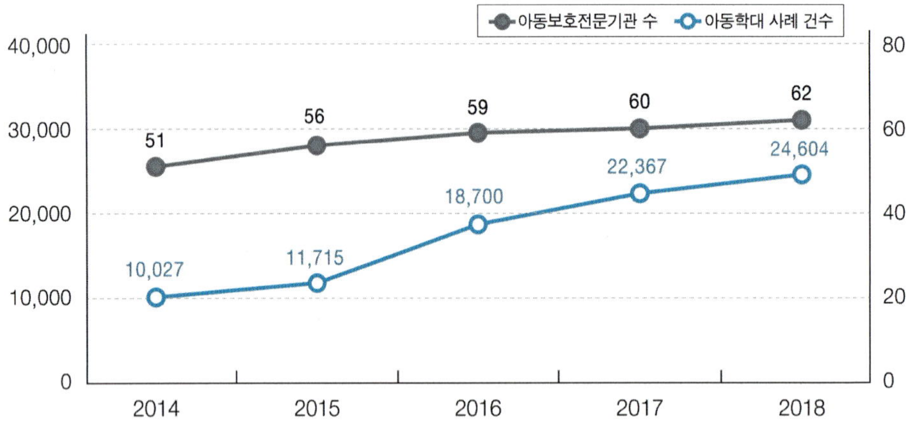

출처: 보건복지부 · 중앙아동보호전문기관(2019).

[그림 10-3] **연도별 아동학대 사례 및 아동보호전문기관 수**

4) 아동학대 발생장소

아동학대 발생장소의 경우, 전체 아동학대 사례 중 가정 내에서 발생한 사례가 19,748건(80.3%)으로 가장 높게 나타났고, 이 중 아동의 가정 내에서 발생한 사례는 19,365건(78.7%)이었다.

어린이집, 유치원, 학교와 같이 아동을 돌보고 교육하는 기관에서 발생한 아동학대는 각각 811건(3.3%), 187건(0.8%), 2,086건(8.5%)으로 파악되었다. 아동학대 발생장소 조사결과는 〈표 10-6〉과 같다.

〈표 10-6〉 **아동학대 발생장소**

(단위: 건, %)

발생장소		건수(비율)	
가정 내	아동 가정 내	19,365	(78.7)
	학대행위자 가정 내	383	(1.6)
소계		19,748	(80.3)
집 근처 또는 길가		352	(1.4)
친척집		143	(0.6)
이웃집		30	(0.1)
어린이집		811	(3.3)
유치원		187	(0.8)
학교		2,086	(8.5)
학원		154	(0.6)
병원		58	(0.2)
복지시설		417	(1.7)
기타		493	(2.0)
계		24,604	(100.0)

출처: 보건복지부 · 중앙아동보호전문기관(2019).

5) 아동학대 사례 유형(중복학대 별도 분류)

중복학대를 별도로 분류하여 아동학대의 유형을 살펴보면, 중복학대가 11,792건(47.9%)으로 가장 높았다. 정서학대 5,862건(23.8%), 신체학대 3,436건(14.0%), 방임 2,604(10.6%), 성학대 910건(3.7%) 순으로 높게 나타났다. 중복학대 중 신체학대 · 정서학대가 9,376건(38.1%)으로 가장 높았고, 정서학대 · 방임이 779건(3.2%), 신체학대 · 정서학대 · 방임이 683건(2.8%), 모든 학대 유형이 함께 발생한 신체학대 · 정서학대 · 성학대 · 방임은 11건(0.0%)이었다. 중복학대 별도 분류 아동학대 사례 유형에 대한 조사결과는 〈표 10-7〉과 같다.

〈표 10-7〉 **아동학대 사례 유형(중복학대 별도 분류)**

(단위: 건, %)

유형		건수(비율)	
신체학대		3,436	(14.0)
정서학대		5,862	(23.8)
성학대		910	(3.7)
방임		2,604	(10.6)
중복학대	신체학대 · 정서학대	9,376	(38.1)
	신체학대 · 성학대	63	(0.3)
	신체학대 · 방임	254	(1.0)
	신체학대 · 정서학대 · 성학대	199	(0.8)
	신체학대 · 정서학대 · 방임	683	(2.8)
	신체학대 · 성학대 · 방임	1	(0.0)
	신체학대 · 정서학대 · 성학대 · 방임	11	(0.0)
	정서학대 · 성학대	422	(1.7)
	정서학대 · 방임	779	(3.2)
	정서학대 · 성학대 · 방임	3	(0.0)
	성학대 · 방임	1	(0.0)
	소계	11,792	(47.9)
	계	24,604	(100.0)

출처: 보건복지부 · 중앙아동보호전문기관(2019).

6) 피해아동 성별 및 연령

2018년 아동보호전문기관으로 신고접수 된 사례 중 아동학대로 판단된 24,604건 중 여아가 12,737건(51.8%), 남아가 11,867건(48.2%)으로 여아가 약 3.6% 많은 것으로 나타났다. 피해아동 연령의 경우, 중학생에 해당하는 만 13~15세의 아동이 전체의 24.7%로 가장 많은 비중을 차지하였고, 그다음으로는 만 10~12세가 22.2%, 만 7~9세가

17.5%로 나타났다. 피해아동 성별 및 연령을 구체적으로 살펴보면 〈표 10-8〉과 같다.

〈표 10-8〉 **피해아동 성별 및 연령** (단위: 건, 명, %)

구분		건수(비율)		명수(비율)	
성별	남아	11,867	(48.2)	9,707	(48.5)
	여아	12,737	(51.8)	10,311	(51.5)
연령	1세 미만	503	(2.0)	366	(1.8)
	1세~3세	2,287	(9.3)	2,070	(10.3)
	4세~6세	2,870	(11.7)	2,230	(11.1)
	7세~9세	4,309	(17.5)	3,479	(17.4)
	10세~12세	5,450	(22.2)	4,466	(22.3)
	13세~15세	6,072	(24.7)	5,090	(25.4)
	16세~17세	3,113	(12.6)	2,683	(13.4)
계		24,604	(100.0)	20,018	(100.0)

※ 아동학대사례 24,604건에 동일한 아동이 한 번 이상 신고되어 아동학대로 판단된 경우이거나 혹은 동일한 아동이 한 명 이상의 학대행위자에게 학대를 받은 경우가 포함되어 있으므로 피해아동 특성값의 변수와 명수는 일치하지 않을 수 있음.

출처: 보건복지부 · 중앙아동보호전문기관(2019).

7) 학대행위자와 피해아동과의 관계

2018년에 아동학대로 판단된 24,604건을 바탕으로 학대행위자와 피해아동과의 관계를 살펴본 결과, 부모 18,919건(76.9%), 대리양육자 3,906건(15.9%), 친인척 1,114건(4.5%), 기타 665건(2.7%) 등의 순으로 나타났다. 부모에 의해 발생한 사례 중 친부에 의해 발생한 사례가 10,747건(43.7%), 친모는 7,337건(29.8%), 계부 480건(2.0%), 계모 297건(1.2%) 순으로 높게 나타났다. 학대행위자와 피해아동과의 관계를 살펴보면 〈표 10-9〉와 같다.

〈표 10-9〉 **학대행위자와 피해아동과의 관계** (단위: 건, %)

관계		건수(비율)	
부모	친부	10,747	(43.7)
	친모	7,337	(29.8)
	계부	480	(2.0)
	계모	297	(1.2)
	양부	36	(0.1)
	양모	22	(0.1)
	소계	18,919	(76.9)
친인척		1,114	(4.5)
대리양육자		3,906	(15.9)
타인		360	(1.5)
기타		305	(1.2)
계		24,604	(100.0)

출처: 보건복지부 · 중앙아동보호전문기관(2019).

8) 피해아동 상황

피해아동의 상황은 원가정보호, 분리조치, 가정복귀, 사망, 기타로 나누어 살펴볼 수 있다. 2018년 아동학대사례로 접수된 24,604건의 사례를 바탕으로 피해아동의 초기조치 및 최종조치결과를 포함한 피해아동 상황은 원가정보호가 지속된 경우가 20,164건(82.0%)으로 가장 많았고, 분리조치된 경우 3,287건(13.4%), 가정복귀된 경우는 1,020건(4.1%)으로 나타났다.

피해아동 상황은 〈표 10-10〉과 같다.

〈표 10-10〉 **피해아동 상황** (단위: 건, %)

피해아동 상황	건수(비율)	
원가정보호 지속	20,164	(82.0)
가정복귀	1,020	(4.1)
분리조치	3,287	(13.4)
기타	101	(0.4)
사망	32	(0.1)
계	24,604	(100.0)

출처: 보건복지부 · 중앙아동보호전문기관(2019).

9) 서비스 제공

피해아동의 학대 후유증을 극복하고 학대행위자의 재학대를 방지하며 피해아동 가족의 가족기능을 강화하는 데 다양한 서비스 제공이 필요하다. 2018년 한 해 동안 피해아동에게 제공한 서비스 횟수는 총 461,891회이다. 구체적으로는 상담서비스가 295,312회(63.9%)로 가장 높았고, 심리치료지원서비스 52,661회(11.4%), 가족기능강화서비스 33,932회(7.3%) 순으로 나타났다. 학대행위자에게 제공된 서비스는 총 206,419회로 집계되었으며, 상담서비스 143,896회(69.7%), 심리치료지원서비스 18,859회(9.1%), 행위자수탁프로그램 15,538회(7.5%) 순으로 높게 나타났다. 피해아동의 비가해 부모 또는 가족 대상 서비스는 총 137,127회였으며, 상담서비스 105,996회(77.3%), 가족기능강화서비스 12,188회(8.9%), 심리치료 지원서비스 10,594회(7.7%) 순으로 높게 나타났다. 피해아동, 학대행위자, 부모 및 가족에 대한 서비스제공에 대한 조사결과는 〈표 10-11〉과 같다.

〈표 10-11〉 **피해아동, 학대행위자, 부모 및 가족에 대한 서비스제공(중복 포함)** (단위: 회, %)

구분	피해아동		학대행위자		부모 및 가족	
상담	295,312	(63.9)	143,896	(69.7)	105,996	(77.3)
의료지원	6,937	(1.5)	1,864	(0.9)	757	(0.6)
심리치료지원	52,661	(11.4)	18,859	(9.1)	10,594	(7.7)
가족기능강화	33,932	(7.3)	8,519	(4.1)	12,188	(8.9)
학습 및 보호지원	18,353	(4.0)	1,930	(0.9)	1,043	(0.8)
사건처리지원	31,977	(6.9)	10,961	(5.3)	1,982	(1.4)
행위자수탁프로그램	429	(0.1)	15,538	(7.5)	359	(0.3)
피해아동수탁프로그램	5	(0.0)	6	(0.0)	4	(0.0)
기타	22,285	(4.8)	4,846	(2.3)	4,204	(3.1)
계	461,891	(100.0)	206,419	(100.0)	137,127	(100.0)

출처: 보건복지부 · 중앙아동보호전문기관(2019).

4. 아동학대 보호서비스 개입절차

아동학대 신고 시 「아동복지법」 제22조 긴급전화 설치, 「아동복지법」 제46조 아동보호전문기관의 업무, 「아동학대범죄의 처벌 등에 관한 특례법」 제11조 현장출동 등의 법적근거에 따라 아동학대의심사례 여부에 대한 신속한 현장조사로 아동보호에 대한 대응체계를 구축하여 운영해야 한다. 아동학대 신고와 처리과정은 [그림 10-4]와 같다.

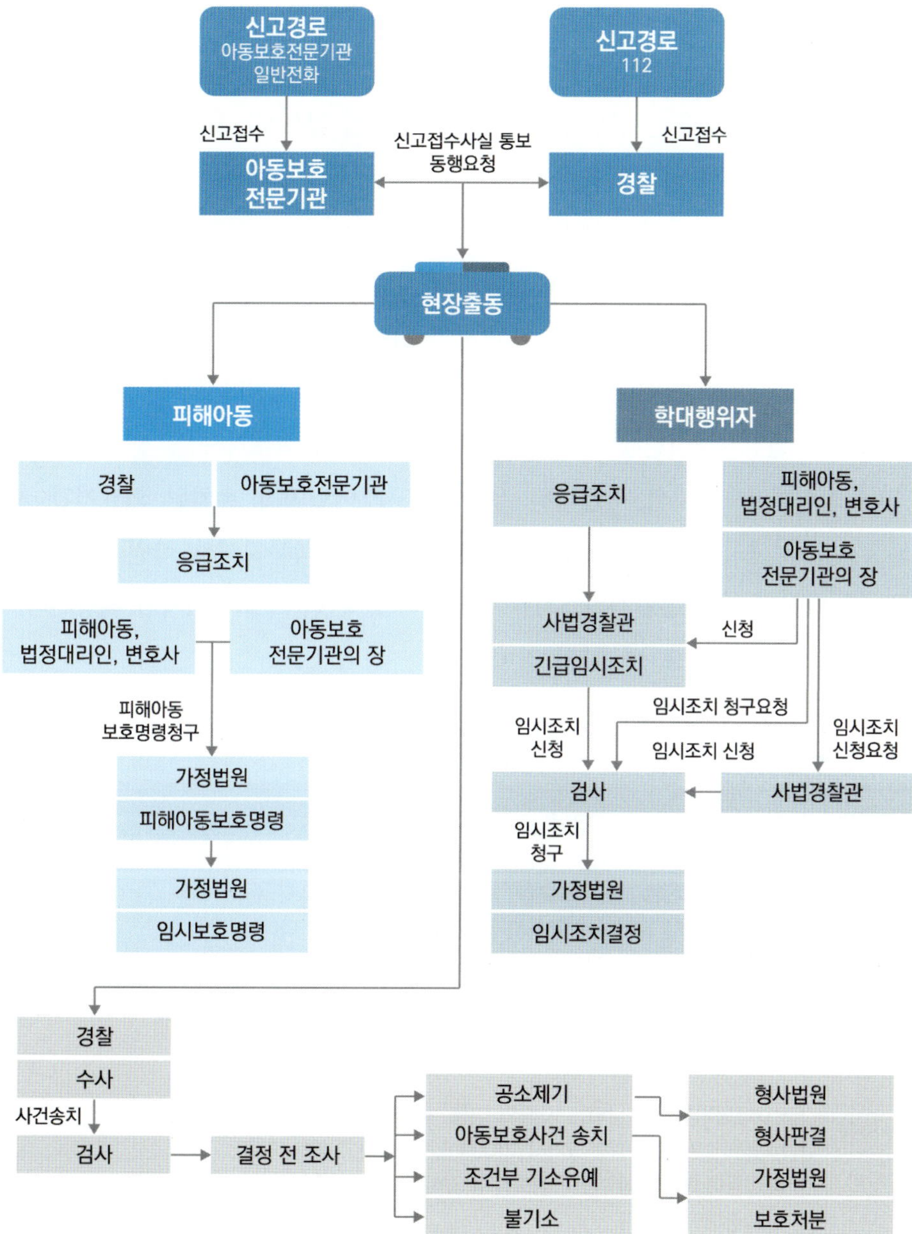

출처: 아동권리보장원(2020).

[그림 10-4] **아동학대사례 업무진행도**

1) 신고접수

아동학대범죄를 알게 된 경우나 아동학대로 의심될 경우에는 「아동학대범죄의 처벌 등에 관한 특례법」 제 10조의 규정에 따라 누구든지 아동보호전문기관 또는 수사기관에 신고할 수 있다. 아동학대 예방과 신고는 국번없이 112로 통합되어 24시간 운영되고 있으며, 신고자의 신분은 「아동학대범죄의 처벌 등에 관한 특례법」, 「공익신고자보호법」, 「특정범죄신고자등보호법」에 의거하여 법적으로 보호된다.

신고의무자는 가정위탁지원센터, 아동복지시설, 아동복지전담공무원, 가정폭력피해자보호시설, 건강가정지원센터, 다문화가족지원센터, 사회복지시설, 성매매피해상담소, 성폭력피해자보호시설, 구급대원, 응급 구조사, 어린이집, 유치원, 의료기관, 장애인복지시설, 정신의료기관, 청소년 시설, 학교, 한부모가족복지시설, 학원, 아이돌보미, 취약계층 아동에 대한 통합서비스지원 수행인력 등 관련 시설 종사자가 해당된다. 아동학대 신고 방법은 〈표 10-12〉와 같다.

〈표 10-12〉 **아동학대 신고 방법**

구분	내용
언제	• 아동의 울음소리, 비명, 신음소리가 계속되는 경우 • 아동의 상처에 대한 보호자의 설명이 모순되는 경우 • 계절에 맞지 않거나 깨끗하지 않은 옷을 계속 입고 다니는 경우 • 뚜렷한 이유 없이 지각이나 결석이 잦은 경우 • 나이에 맞지 않는 성적 행동을 보이는 경우
무엇을	• 신고자의 이름, 연락처 • 아동의 이름, 성별, 나이, 주소 • 학대행위자로 의심되는 사람의 이름, 성별, 나이, 주소 • 아동이 위험에 처해 있거나 학대를 받고 있다고 믿는 이유 ※ 아동이나 학대행위자의 정보를 파악하지 못해도 신고는 가능하며, 가능한 많은 정보를 제공하도록 한다.

구분	내용
어떻게	• 전화: 국번없이 112 • 방문: 관할 지역아동보호전문기관 • 신고자의 신분은 「아동학대범죄의 처벌 등에 관한 특례법」 제10조, 제62조에 의해 보장된다.

출처: 아동권리보장원(2020).

2) 현장조사 및 협의판단

신고접수 된 사례는 아동학대의심사례인지 일반상담인지를 구분하여 현장조사 실시 여부를 결정하며, 아동학대의심사례는 반드시 현장조사를 실시하는 것이 원칙이다. 현장조사를 통해 학대 판단 및 사례의 위급성 정도, 현재 피해아동의 안전 및 학대의 지속성 여부 등을 파악하기 위한 충분한 자료 및 정보를 수집하고 분석한다. 동시에 피해아동에 대한 신변보호 및 안전조치를 취하고 프로그램 및 서비스 제공 계획을 세운다.

3) 서비스 제공

아동보호전문기관은 피해아동과 학대행위자 및 그 가정을 위해 가장 효과적이고 적절한 서비스를 제공한다. 아동학대는 다차원적이며 개인 내적, 개인 간, 그리고 환경적인 요인들 간의 상호작용에서 기인되므로 서비스 제공 시 이에 대한 충분한 인식이 필요하며, 서비스 제공과정에 피해아동과 학대행위자 및 가족의 욕구가 무엇인지 알아보고, 가능한 가족 전체의 참여를 유도한다. 서비스 유형으로는 응급조치 등 피해아동에 대한 일시적 보호가 필요한 경우 제공하는 '일시보호서비스', 검진 및 검사, 입원치료, 통원치료 등의 '의료서비스', 가정지원 서비스, 사회복지서비스기관 연결, 공적지원

연결 등의 '가족기능강화서비스', 개별 상담, 집단 상담, 기관 상담, 주변인 상담, 행위자 수탁프로그램 등의 '상담서비스', 심리 검사와 심리 치료(놀이치료, 모래놀이치료, 개별상담치료 등)의 '심리치료서비스', 고소/고발/사건처리, 응급/임시조치 관련, 피해아동보호명령 관련 '사건처리지원서비스' 등이 있다.

4) 사례종결 및 사후관리

아동보호전문기관 상담원과 피해아동 및 가족의 관계를 정리하여 사례개입을 마무리하고 최종적인 서비스 종결에 이르러 아동 및 가족이 설정한 목표를 달성하였고, 아동의 안전이 보장되어 학대 위험의 요소가 감소 또는 제거되고 아동 스스로 자기보호능력 및 위기해결능력이 생겼다고 판단되면 사례종결이 이루어진다.

사례종결 이후 사후관리 계획을 수립하여 종결된 사례에 대해 재학대의 예방과 가족의 안정유지를 위하여 3개월 이상 사후관리를 실시하여야 한다. 상담원은 매월 1회 이상 직접 방문, 전화상담 등의 방법으로 피해아동, 학대행위자, 가족 등을 통해 재학대 여부를 확인해야 하며, 도움이 필요할 경우 언제든지 적절한 서비스를 제공받을 수 있도록 지원해야 한다.

5. 아동학대 보호서비스 개선방향

아동학대를 예방하기 위한 보호서비스 개선방향은 다음과 같다.

1) 부모교육사업의 확대

전체 아동학대 건수 중 부모에 의한 아동학대 사례가 80% 이상 차지한다. 가정 내 아동학대의 원인으로는 부모의 정신적, 사회심리적인 요인에 의해 학대로 이어지기 때문에 근본적인 해결을 위해서는 부모에 대한 교육이 절실히 필요하다. 우리나라는 과거부터 아동학대에 대해 민감하지 못한 사회적인 분위기를 가지고 있다. 가정 내 아동학대를 방지하기 위해서는 아동학대에 대한 국민의 인식과 태도를 개선시키는 것이 필요하며 체계적이고 실제적인 예방교육이 실시되어야 한다. 자녀를 양육하는 부모 및 예비 부모들에게 학부형 학교모임, 예비 입양 부모 교육, 민방위대원 교육 과정 등 다양한 기회를 통해 아동 권리 및 아동학대에 대한 이해, 아동학대예방사업 안내, 아동학대 신고방법, 부모의 역할과 올바른 양육방법 등의 교육을 강화하고 다양한 부모교육 프로그램 개발 추진이 필요하다.

2) 아동학대 관련 법과 제도 개선

최근 정부는 「아동복지법」 및 「아동학대처벌법」을 개정하는 등 아동학대 방지 보완 대책을 지속적으로 마련하고 아동의 보호와 안전을 위해 노력하고 있으나, 아동학대 피해는 꾸준히 증가하고 있으며 아동학대 관련법과 정책에 대한 실효성이 제기되고 있다.

2000년 1월 「아동복지법」을 개정하면서 아동학대를 사회적 문제로 개념을 정의한 이후 20년의 시간이 지났고, 2016년 5월 「아동학대범죄의 처벌 등에 관한 특례법」이 제정되어 시행된 지 5년이 지났다. 동법의 실효성과 입법방식과 관련해서는 비판적 주장들이 끊임없이 제기되어 왔기에 이 시점에서 아동학대보호체계의 확립을 위해 우리나라 아동학대에 대한 법적 · 제도적 정비가 반드시 필요하다(이인곤, 2020).

3) 아동학대 예방과 홍보 강화

아동학대의 경우 치료보다 예방이 더 효과적이다. 아동학대 예방사업을 효과적으로 추진하기 위한 방법으로 자원봉사, 캠페인, 아동지킴이 운영 등 다양한 홍보활동을 통해 아동학대 예방이나 학대받은 아동을 지원할 수 있다.

자원봉사자는 아동학대 여부 모니터링, 피해아동의 학습지도, 치료동행, 학대피해아동의 자존감 향상 및 정서적 안정 도모를 위한 멘토링 활동, 캠페인을 통한 아동학대예방 홍보 등 다양한 활동을 통해 학대받은 아이들의 상처를 보듬어 줄 수 있다. 캠페인을 통한 홍보 효과로는 서명운동, 사진전 및 아동학대를 알릴 수 있는 각종 행사 개최 등 거리 캠페인을 통해 일반 대중들에게 아동학대에 대한 인식을 증진시키는 효과를 극대화할 수 있다. 또한 아동지킴이 운영은 아동학대 발생에 대한 신속한 발견 및 신고를 통해 학대로부터 아동을 보호하고 아동권익보호 및 증진에 노력한다. 앞으로 학대행위자 및 피해아동에 대한 지원을 더 강화시키기 위해 아동학대 예방사업의 추진방안으로 효과적인 홍보사업 수행을 위한 인프라 구축이 필요할 것으로 보인다.

함께 생각해 보기

아동학대는 대부분 가정 내에서 발생됩니다. 아동학대 예방을 위한 실제적이고 효과적인 부모교육 방법은 무엇일까요?

CHAPTER 11

아동복지시설 서비스

학습목표

- 아동복지시설 서비스의 개념 및 목적을 이해한다.
- 아동의 상황에 따른 아동복지시설 서비스의 유형을 알 수 있다.
- 아동복지시설 종사자의 자격요건을 알 수 있다.
- 아동복지시설 서비스 현황을 이해한다.
- 아동복지시설 서비스의 문제점을 인식하고 개선방안을 생각해 본다.

학습내용

지식	기술	태도
• 아동복지시설 서비스의 개념 • 아동복지시설 서비스의 목적 • 아동복지시설 서비스의 유형 • 아동복지시설 입소 대상 • 아동복지시설 종사자의 자격요건 • 아동복지시설 서비스의 문제점 및 개선방향	• 보호가 필요한 아동 발생 시 개별 아동에게 필요한 서비스 유형 선택 능력	• 보호 대상 아동의 상황을 이해하고 필요에 따라 적절히 보호 및 지원하는 태도 • 아동복지시설 서비스의 문제점을 인식하고 대처하는 태도

주요용어

- 아동복지시설 서비스의 개념, 목적, 유형
- 보호대상 아동, 보호시설, 이용시설, 지원시설
- 종사자, 자격기준, 배치기준

CHAPTER 11

아동복지시설 서비스

1. 아동복지시설 서비스의 이해

1) 아동복지시설 서비스의 개념

아동은 자신이 출생한 가정에서 양육되고 성장해야 하지만 가정 양육이 어려운 경우 시설의 보호를 받으며 성장하게 된다. 아동복지시설 서비스란 아동의 부모가 자녀를 양육할 의사나 충분한 능력이 없고, 가정 내에서 아동의 욕구 충족이 불가능한 경우에 혈연관계가 없는 타인이 부모 역할을 대리하여 가정 밖의 일정한 시설에서 일시적 혹은 장기적으로 집단으로 보호하는 사업을 의미한다(Kadushin & Martin, 1988). 아동복지시설에서는 보호 대상 아동이 건전한 사회인으로 자랄 수 있도록 가정복귀, 입양, 가정위탁이 어려운 경우 일시적으로 보호 및 양육한다(보건복지부, 2020).

아동복지시설 서비스는 아동의 주거 제공 및 보호뿐 아니라 교육과 사회화를 위한 치료 프로그램을 제공하며, 과거의 부정적인 경험으로 인한 정서적 · 신체적 문제를 치유하고, 아동의 욕구에 맞는 개별화 서비스를 제공한다(한미현 외, 2015).

모든 아동은 가급적 원가정에서 부모를 포함한 가족의 보호 아래 성장 · 발달하는 것이 바람직하나 그렇지 못한 상황에 처한 경우 사회는 적절한 보호와 지원을 통해 아동의 발달적 결핍을 막도록 노력해야 한다. 따라서 「아동복지법」 제15조(①-4)에 의하면 시·도지사, 또는 시장·군수·구청장은 그 관할구역에서 보호 대상 아동을 발견하거나 보호자의 의뢰를 받은 때에는 아동의 최상의 이익을 위하여 대통령령으로 정하는 바에 따라 보호 아동을 그 보호조치에 적합한 아동복지시설에 입소시켜야 한다. 보호가 필요한 아동 발생 시 업무 흐름도에서 볼 수 있듯이 아동복지시설 입소는 원가정 복귀, 입양, 가정위탁, 공동생활가정 등 가정 보호가 어렵거나 적합하지 않다고 판단될 때 가장 마지막으로 실시하도록 하고 있다([그림 11-1] 참조).

프레데릭슨(Frederckion, 1972; 성영혜, 김연진, 2002 재인용)에 의하면 아동복지시설 서비스가 필요한 경우는 다음과 같다.

- 부모의 질병이나 가족의 파탄 혹은 이혼 등의 이유로 부모로부터 격리되어야 하는 상황이지만, 부모 외의 타인과 유대를 이루지 못할 여러 이유로 위탁보호를 할 수 없는 아동
- 신체의 심한 장애가 있어 부모가 양육하기 어려운 아동
- 문화실조나 정서장애 등의 치료과정에서 집단적인 생활경험이 필요한 아동
- 성장과정에서 장애를 일으킨 아동으로서 특수학교 교육도 불가능하여 전문시설에서의 체계적인 보호와 수용이 필요한 아동
- 사회 전체에 나쁜 영향을 끼칠 비행아동이나 범죄아동
- 전에 생활하던 위탁가정으로부터 크게 실망하거나 깊은 상처를 입어 가족 생활이 적합하지 않은 아동
- 본래의 가족이나 위탁가정으로부터 이탈된 아동

그러나 우리나라와 같이 혈연을 중시하는 문화에서는 보호를 필요로 하는 아동에게 위탁가정이나 입양과 같은 선택이 어려워 위와 같이 특별한 사유로 인한 경우보다는

보호가 필요한 아동의 어쩔 수 없는 대안이 되고 있다.

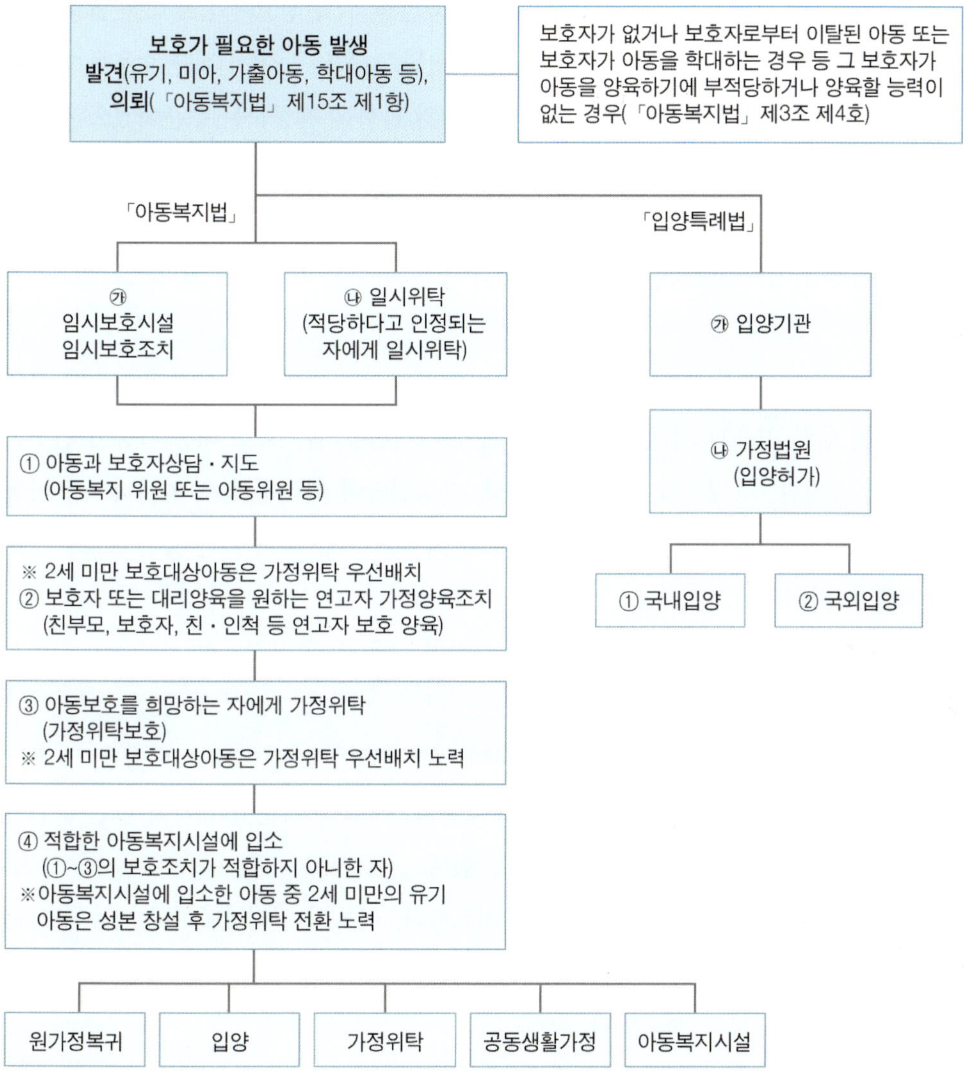

출처: 보건복지부(2020).

[그림 11-1] **보호아동 발생 시 업무처리 흐름도**

2) 아동복지시설 서비스의 목적

우리나라 아동복지시설 서비스의 시작은 한국전쟁 후 전쟁고아와 보호를 필요로 하는 아동의 발생으로 인해 해외 입양과 함께 고아원, 보육원 등에서 집단 수용을 하면서부터다. 초기의 아동복지시설 서비스는 최소한의 돌봄을 제공하는 수준이었으나 경제발전과 함께 복지와 삶의 질, 인권에 대한 사회의 관심과 요구가 증대되면서 아동복지시설 서비스에 대한 인식의 개선과 질적 향상이 이루어져 왔다(김현자 외, 2017). 우리나라의 경우 가정보호보다는 시설입소가 더 많은 비중을 차지하고 있다(〈표 11-5〉 참고).

보건복지부(2020)에 따르면, 우리나라의 아동복지시설 서비스의 목적은 보호가 필요한 아동에 대한 양육과 자립 지원이다. 아동복지시설에서는 보호 대상 아동이 건전한 사회인으로 자랄 수 있도록 가정복귀, 입양, 가정위탁이 어려운 경우 일시적으로 아동을 보호 및 양육하고, 아동복지시설을 퇴소한 사람을 취업 준비 기간 동안 보호함으로써 자립을 지원한다.

아동복지시설 서비스의 목적에 대해 정리하면 다음과 같다(장인협 외, 2002, 김현자 외, 2017).

- 아동의 건강한 성장과 발달을 지원하여 인간 존엄성을 실현한다. 아동은 그 자체로 존귀하게 대우받고 양육되어야 하며 어떤 사회적 기준이나 가치 판단에 관계없이 생명 그 자체에 대해 존중해야 한다.
- 과거 부정적 경험으로 인한 문제를 치료한다. 아동의 인격발달이나 기능에 장애를 가져오게 한 사회적·정서적 문제를 치료하고 기본적 욕구 충족을 통해 행복한 삶을 추구하고 보장한다.
- 가족 기능을 사회적으로 확대한다. 아동복지시설 서비스는 일반적인 가족 구조를 벗어나지만 본래 가족 고유의 기능을 수행하여 아동의 건강한 성장과 발달을 지원함으로써 다양한 사회관계와 체제 안에서 구성원으로서 존중받고 사회적 역할

을 실현하여 바람직한 성장을 가능하도록 한다.

즉, 아동복지시설 서비스는 만 18세 미만 아동의 주거보호 외에 교육과 사회화를 제공하고, 정서적 · 신체적 문제를 치료하며 아동의 욕구에 따라 개별화된 서비스를 제공하여 인간의 존엄성을 실현하고 사회 구성원으로서 존중받는 바람직한 성장을 지원함에 그 목적이 있다.

미국 아동복지연맹(Child Welfare League of America)에서는 아동복지시설 서비스의 원리를 다음과 같이 제시하였다(CWLA, 2004).

- 아동복지시설 서비스는 반드시 아동의 가정 진단 후에 제공한다. 아동복지시설 서비스의 결정에 앞서 가정을 유지하기 위한 충분한 노력이 있어야 하며, 아동복지시설 서비스의 결정은 전문가에 의해 이루어져야 한다.
- 아동복지시설 서비스는 안전하고 양육적 · 보호적이며 치료적인 환경에서 제공되어야 한다. 아동복지시설에서 아동의 개별적인 요구, 즉 교육적 · 발달적 · 의료적 · 정서적 요구가 충족될 수 있어야 한다.
- 아동을 아동복지시설에 위탁할 수밖에 없었던 친부모의 문제를 해결하고 친부모의 강점을 강화시키는 방향으로 지원한다.
- 가족의 재결합을 위해 아동과 부모관계를 회복시키는 데 지원한다.
- 아동과 원가족의 재결합이 불가능한 경우 대안으로 장기간 아동복지시설 보호보다는 입양 등 새로운 가족을 찾도록 노력한다.
- 연장 아동의 경우 앞으로 자립생활을 할 수 있도록 경제적 · 정서적 · 사회적 지원을 통해 아동복지시설 퇴소를 준비하도록 한다.

2. 아동복지시설 서비스의 유형과 구성요소

1) 아동복지시설 서비스의 유형

아동복지시설의 유형은 보호시설과 이용시설, 지원시설로 구분하고, 우리나라의 「아동복지법」 제52조(2016. 3. 22.개정)에서 규정하는 아동복지시설의 종류는 다음과 같다. 보호시설은 가정을 필요로 하는 아동에게 시설 서비스를 제공하고, 이용시설은 가정이 있는 아동들에게도 복지 서비스를 제공하며, 지원시설은 보호가 필요한 아동을 선정하고 시설과 연계, 지원하고 필요한 정책 수립 등의 방법으로 지원한다.

〈표 11-1〉 **아동복지시설의 종류**

구분	종류	목적
보호시설	아동양육시설	보호대상아동을 입소시켜 보호, 양육 및 취업훈련, 자립지원 서비스 등을 제공하는 것을 목적으로 하는 시설
	아동일시보호시설	보호대상아동을 일시보호하고 아동에 대한 향후의 양육대책 수립 및 보호조치를 행하는 것을 목적으로 하는 시설
	아동보호치료시설	아동에게 보호 및 치료 서비스를 제공하는 다음 각 목의 시설 가. 불량행위를 하거나 불량행위를 할 우려가 있는 아동으로서 보호자가 없거나 친권자나 후견인이 입소를 신청한 아동 또는 가정법원, 지방법원소년부지원에서 보호위탁된 19세 미만인 사람을 입소시켜 치료와 선도를 통하여 건전한 사회인으로 육성하는 것을 목적으로 하는 시설 나. 정서적 · 행동적 장애로 인하여 어려움을 겪고 있는 아동 또는 학대로 인하여 부모로부터 일시 격리되어 치료받을 필요가 있는 아동을 보호 · 치료하는 시설
	공동생활가정	보호대상아동에게 가정과 같은 주거여건과 보호, 양육, 자립지원 서비스를 제공하는 것을 목적으로 하는 시설
	자립지원시설	아동복지시설에서 퇴소한 사람에게 취업준비기간 또는 취업 후 일정기간 동안 보호함으로써 자립을 지원하는 것을 목적으로 하는 시설

구분	종류	목적
이용시설	아동상담소	아동과 그 가족의 문제에 관한 상담, 치료, 예방 및 연구 등을 목적으로 하는 시설
	아동전용시설	어린이공원, 어린이놀이터, 아동회관, 체육 · 연극 · 영화 · 과학실험전시시설, 아동휴게숙박시설, 야영장 등 아동에게 건전한 놀이 · 오락, 그 밖의 각종 편의를 제공하여 심신의 건강유지와 복지증진에 필요한 서비스를 제공하는 것을 목적으로 하는 시설
	지역아동센터	지역사회 아동의 보호 · 교육, 건전한 놀이와 오락의 제공, 보호자와 지역사회의 연계 등 아동의 건전육성을 위하여 종합적인 아동복지서비스를 제공하는 시설
지원시설	아동보호전문기관	학대받은 아동의 발견, 보호, 치료에 대한 신속 처리 및 아동학대예방을 담당하는 기관
	가정위탁지원센터	보호대상 아동에 대한 가정위탁 사업을 활성화하기 위하여 설치하는 기관
	아동권리보장원	아동정책에 대한 종합적인 수행과 아동복지 관련 사업의 효과적인 추진을 위하여 필요한 정책의 수립을 지원하고 사업평가 등의 업무를 수행하는 기관

출처: 「아동복지법」 제52조.

2) 아동복지시설 서비스의 구성요소

(1) 입소 대상자

보호 대상 아동에 대한 입소 조치는 입양, 가정위탁, 공동생활가정, 아동복지시설의 순으로 조치함이 원칙이다(보건복지부, 2020). 보호 대상 아동의 보호체계는 [그림 11-2]와 같다.

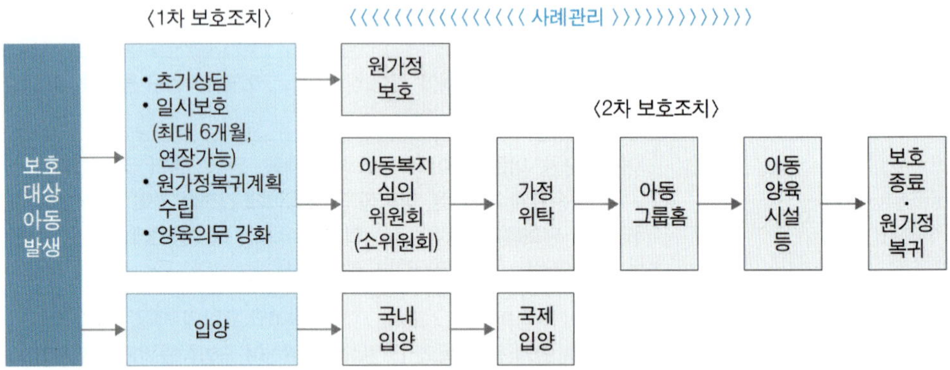

출처: 보건복지부(2020).

[그림 11-2] **보호 대상 아동 보호체계**

보호대상 아동의 입양, 가정위탁, 공동생활가정이 불가할 시 아동복지시설의 종류에 따른 입소 대상자는 다음과 같다(보건복지부, 2020).

① 아동양육시설 및 일시보호시설

- 보호자가 없거나 보호자로부터 이탈된 아동
- 보호자로부터 학대받은 아동
- 보호자의 학대로 아동전문보호기관에 신고되어 해당기관이 시 · 도지사 또는 시 · 군 · 구청장에게 보호조치를 의뢰한 아동(특히, 아동에게 문제행동이 있어 상담 · 치료해야 하는 경우 아동보호전문기관에서 아동의 시설입소를 의뢰하면 시 · 도 또는 시 · 군 · 구에서는 반드시 입소될 수 있도록 해야 함)
- 보호자의 질병, 가출 등으로 가정 내에서 보호하기 어려운 아동
- 시 · 도지사 또는 시장 · 군수 · 구청장이 특별히 보호가 필요하다고 인정하는 아동

② 보호치료시설: 아동에게 보호 및 치료 서비스를 제공하는 시설

- 불량행위를 하거나 불량행위를 할 우려가 있는 아동으로서 보호자가 없거나 친권자나 후견인이 입소를 신청한 아동
- 가정법원, 지방법원소년부지원에서 보호위탁된 19세 미만인 아동의 입소(「소년법」 제32조 제1항 6호 처분)
- 정서적 · 행동적 장애로 인하여 어려움을 겪고 있는 아동 또는 학대로 인하여 부모로부터 일시 격리되어 치료가 필요한 아동

③ 자립지원시설

- 자립준비청년 중 취업(우선), 취업준비 중, 기초생활보장 수급자로 24세 이하인 자
- 이용아동 대상 생계비 지원대상 파악 및 지원
  - 시 · 군 · 구청장 및 시설장은 이용아동 실태를 파악하여 국민기초생활 보장 수급 지원이 가능한 대상자에게는 수급지원이 되도록 적극 안내
  - 지역 내 퇴소아동에 대한 홍보를 강화하여 이용 확대 유도
- 시 · 군 · 구청장은 자립준비청년의 자립 시까지의 주거공간 제공을 위해 공공임대주택 지원 노력

(2) 시설종사자

아동복지시설에서 아동을 보호 · 양육하는 종사자는 부모와 같은 역할을 대신하므로 종사자의 자질과 종사자의 수는 시설 양육의 질을 결정하는 중요한 요인이다(이소희 외, 2004).

「아동복지법시행령」 별표 15에 따른 아동복지시설 종사자의 자격기준 및 배치기준을 정리하면 다음과 같다.

〈표 11-2〉 **아동복지시설 종사자의 자격 및 배치기준**

직종별	자격기준	배치기준
시설장	사회복지사 2급 이상 자격 취득 후 아동과 관련된 사회복지사업에 3년 이상 또는 사회복지사업에 5년 이상 종사한 경력이 있는 사람	시설당 1명
사무국장	사회복지사 2급 이상 자격 취득 후 아동과 관련된 사회복지사업에 1년 이상 또는 사회복지사업에 3년 이상 종사한 경력이 있는 사람	아동 30명 이상 시설당 1명 (자립지원시설은 10명당 1명)
상담지도원	사회복지사 2급 이상	• 양육, 일시보호, 상담소는 필요인원 • 자립지원시설은 아동 10명 미만–1명, 아동 10명~30명 미만–2명, 30명 이상–3명
임상심리상담원	사회복지사 2급 이상	• 양육, 일시보호, 상담소는 30명 이상 1명 • 보호치료시설은 시설당 1명
보육사	사회복지사 3급 이상	• 0~2세 아동 2명당 1명 • 3~6세 아동 5명당 1명 • 7세 이상 아동 7명당 1명 * 자립지원시설, 아동상담소, 아동전용시설, 지역아동센터 해당없음
생활복지사	사회복지사 2급 이상	• 양육시설, 일시보호시설, 보호치료시설은 30명 이상 1명 * 양육시설, 일시보호시설은 30명 초과 시 1명 추가

출처: 보건복지부(2020).

3. 아동복지시설 서비스 현황

보호를 필요로 하는 아동이 발생하는 원인에는 가족의 결손이나 해체와 같은 가족의 문제와 아동 자신의 장애나 문제행동으로 인한 경우를 들 수 있다. 발생 원인별로 살펴보면 아동학대가 가장 많고, 미아로 인한 발생 수는 가장 적게 나타난다. 연도별 보호대상 아동 수는 2009년 10,500명에서 2019년 4,612명으로 감소하였고, 보호조치 아동 수도 2009년 9,028명에서 2019년 4,047명으로 감소하였다. 이는 출산율 저하로 인한 아동 수의 감소와도 관련이 있으므로 단순히 보호대상 아동 수가 감소한 것으로만 볼 수는 없다.

〈표 11-3〉 **보호조치 발생원인별 아동 수**

구분	보호조치 아동의 발생원인									계	귀가 및 연고자 인도	보호 대상 아동 발생 수
	유기	미혼 부모·혼외자	미아	비행·가출·부랑아	아동 학대	부모 빈곤·실직	부모 사망	부모 질병	부모 이혼 등			
2009	222	3,070	35	707	1,051	710	763	230	2,240	9,028	1,472	10,500
2010	191	2,804	210	772	1,037	586	772	203	2,015	8,590	1,370	9,960
2011	218	2,515	81	741	1,125	418	536	154	1,695	7,483	953	8,436
2012	235	1,989	50	708	1,122	448	533	166	1,675	6,926	1,077	8,003
2013	285	1,534	21	512	1,117	338	545	133	1,535	6,020	814	6,834
2014	282	1,226	13	508	1,105	308	450	65	1,037	4,994	1,020	6,014
2015	321	930	26	360	1,094	279	301	122	1,070	4,503	472	4,975
2016	264	855	11	314	1,532	290	286	126	905	4,583	638	5,221
2017	261	847	12	227	1,442	223	279	87	747	4,125	725	4,850
2018	320	623	18	231	1,415	198	284	92	737	3,918	620	4,538
2019	237	464	8	473	1,484	265	297	83	736	4,047	565	4,612

출처: 보건복지부(2020).

보호 대상 아동의 장애여부를 비교해 보면 비장애 아동이 대부분이고 장애 아동 수는 3~4%의 비율을 차지하고 있다. 보호 대상 아동의 장애여부 관련 통계는 2016년부터 조사가 시작되어 이전 자료는 없다.

〈표 11-4〉 **연도별 보호조치 대상 아동의 장애여부**

연도 \ 장애여부	비장애	장애	계
2016	4,451	132	4,583
2017	3,998	127	4,125
2018	3,789	129	3,918
2019	3,905	142	4,047

출처: 보건복지부(2020).

아동을 보호함에 있어 아동복지시설 입소보다 아동에게 보다 적합한 가정 보호를 우선으로 하고 있으나 우리나라의 경우 아직 시설입소가 가정보호보다 많은 수를 차지하고 있다. 또한 입양의 수는 2009년 1,314명에서 2019년 104명으로 감소하였다.

〈표 11-5〉 **연도별 보호조치 대상 아동의 보호조치 현황**

연도 \ 조치현황	시설입소					가정보호					총 발생 수
	양육 시설 등	일시 보호 시설	장애 아동 시설	공동 생활 가정	소계	소년 소녀 가정	입양	가정 위탁	입양 전 위탁	소계	
2009	2,406	1,640	35	686	4,767	213	1,314	2,734	–	4,261	9,028
2010	2,445	1,751	23	623	4,842	231	1,393	2,124	–	3,748	8,590
2011	2,246	862	32	612	3,752	128	1,253	2,350	–	3,731	7,483
2012	2,272	676	26	775	3,748	117	772	1,749	516	3,178	6,926
2013	1,731	801	39	686	3,257	20	478	1,300	388	2,763	6,020
2014	1,818	566	10	506	2,900	13	393	1,206	376	2,094	4,994
2015	1,412	799	13	458	2,682	0	239	1,022	425	1,821	4,503
2016	1,736	548	11	592	2,887	6	243	1,022	425	1,696	5,221
2017	1,467	310	19	625	2,421	2	285	994	423	1,704	4,125
2018	1,300	494	7	648	2,449	1	174	937	357	1,469	3,918
2019	1,707	401	6	625	2,739	5	104	1,003	196	1,308	4,047

출처: 보건복지부(2020).

아동복지시설 서비스 현황은 2005년 전체 282개소였던 시설이 2009년 280개소, 2017년 280개소로 보호 대상 아동수에 따라 약간의 변동이 있었으나 2009년 보호 대상 아동수가 9,028명이고 2017년에는 4,125명으로 감소했음에도 시설 수가 증가한 것은 시설 이용 아동 비율의 감소로 볼 수 있으며 이는 서비스의 질 향상과 관련이 있다.

〈표 11-6〉 **아동복지시설 서비스 현황**

연도	양육시설	직업훈련 시설	보호치료 시설	자립지원 시설	일시보호 시설	종합시설	계
2005	242	4	8	13	13	2	282
2006	243	3	8	13	13	2	282
2007	243	3	8	13	13	2	282
2008	242	2	10	12	14	5	285
2009	239	2	11	12	13	3	280
2010	238	2	11	12	13	3	280
2011	242	1	10	12	12	3	280
2012	243	–	11	12	12	3	280
2013	243	–	11	13	11	3	281
2014	242	–	10	12	11	3	278
2015	243	–	11	12	12	3	281
2016	243	–	11	12	12	3	281
2017	242	–	11	12	12	3	280

※ 보호시설을 갖춘 아동상담소에 대하여 종합시설로 분류함.

출처: 보건복지부(2020).

4. 아동복지시설 서비스의 문제점 및 복지 실천 방향

보호가 필요한 아동에게 아동복지시설 입소는 가장 나중에 고려하는 방법이긴 하나 입양과 가정위탁과 같은 가정보호 서비스보다 이용 아동 수가 더 많다(〈표 11-5〉). 따라서 아동복지시설 서비스의 질 관리는 꾸준히 이루어져야 하며, 아동복지시설 서비스의 문제점 및 복지 실천 방향은 다음과 같다(김성경 외, 2015, 한성심 외, 2009, 한미현 외, 2016, 이상욱 외, 2016, 김이영 외, 2017, 김현자 외, 2017, 한국아동복지협회, 2005).

① 대규모 시설은 아동의 성장과정에 필요한 다양한 욕구충족 및 지원을 어렵게 한다. 시설 규모가 작을수록 아동의 적응 및 발달에 긍정적인 영향을 미친다. 따라서 소규모 시설보호 및 그룹홈(공동생활가정)으로의 전환이 필요하다.

② 시설 종사자의 충원 및 처우개선과 전문성이 강화되어야 한다. 시설 종사자의 과중한 업무나 스트레스는 아동에게 제공되는 서비스의 질에 영향을 준다. 높은 이직률, 낮은 임금, 열악한 근무조건은 아동의 삶의 질을 떨어뜨리는 결과를 초래한다. 또한 시설 종사자들의 아동권리교육 및 모니터링을 실시해야 한다.

③ 시설보호 유형 중 아동양육시설 이용이 가장 많음에도 불구하고 시설 자체의 프로그램 개발 능력이나 제공 여건이 되지 못하는 시설이 상당수다. 따라서 시설아동을 위한 표준화된 서비스 및 프로그램 개발이 필요하다. 또한 치료가 필요한 아동에게 전문적인 치료서비스를 제공할 수 있는 시설로 전환되는 것이 필요하다.

④ 시설보호 서비스가 종결되는 아동에 대한 자립 지원서비스 및 지원금 등의 부족으로 자립에 어려움을 겪는다. 따라서 시설 아동의 자립준비 및 퇴소 후 사회적응 프로그램 제공을 통해 자립지원을 강화해야 한다.

⑤ 시설보호 아동의 자신의 권리에 대한 인식이 부족하다. 시설 아동을 위한 문화·

예술 · 체육활동 프로그램 활성화로 다양한 경험을 제공해 줄 필요가 있다.

⑥ 원가정에서 친부모와 함께 자랄 기본적인 권리마저 갖고 있지 못하다. 따라서 가족복귀를 위한 친부모와의 관계유지 프로그램 및 가정중심의 아동보호서비스가 강화되고 원가족 복귀를 위한 자원이 마련되어야 한다.

⑦ 아동복지시설 서비스에 대한 사회적 인식 제고와 정책적 지원이 필요하고 아동복지시설의 배치가 지역별로 균형 있게 이루어질 수 있도록 재조정되어야 한다.

함께 생각해 보기

가정위탁, 공동생활가정, 아동양육시설 등에서 보호받는 아동의 보호종료(자립준비청년) 기간이 만18세에서 24세로 연장되고, 자립수당 지원 기간도 3년에서 5년으로 확대되었습니다. 자립준비청년의 자립지원 기간 연장의 의미에 대해 함께 생각해봅니다.

참고사이트: 대한민국정책브리핑, 자립준비청년 지원 보완대책
https://www.korea.kr/news/visualNewsView.do?newsId=148909040

12

CHAPTER

부모와 가정이 필요한 아동을 위한 서비스

학습목표

- 가정위탁과 입양서비스의 개념 및 목적을 이해한다.
- 가정위탁과 입양서비스 절차를 이해하고 필요 아동에게 적절한 보호체계를 적용할 수 있다.
- 가정위탁과 입양서비스의 자격요건을 알 수 있다.
- 가정위탁과 입양서비스의 현황을 이해한다.
- 가정위탁과 입양서비스의 문제점을 인식하고 개선방안을 생각해 본다.

학습내용

지식	기술	태도
• 가정위탁과 입양서비스의 개념 • 가정위탁과 입양서비스의 목적 • 가정위탁과 입양서비스의 유형 • 가정위탁과 입양서비스 대상 • 가정위탁 및 양부모 자격요건 • 가정위탁과 입양서비스의 문제점 및 개선방향	• 보호가 필요한 아동 발생 시 가정위탁과 입양서비스의 절차 이해 및 적용 능력	• 보호대상 아동의 상황을 이해하고 필요에 따라 적절히 보호 및 지원하는 태도 • 위탁가정과 대상아동을 이해하는 태도 • 입양가정과 대상아동을 이해하는 태도 • 가정위탁과 입양서비스의 문제점을 인식하고 대처하는 태도

주요용어

- 가정위탁과 입양서비스의 개념, 목적, 유형
- 대리양육 가정위탁, 친 · 인척 가정위탁, 일반 가정위탁
- 친족입양, 비친족입양, 기관입양, 민간입양, 비밀입양, 공개입양, 국내입양, 해외입양
- 위탁부모, 입양부모

CHAPTER 12

부모와 가정이 필요한 아동을 위한 서비스

1. 가정위탁보호 서비스

1) 가정위탁보호 서비스의 개념

가정위탁보호 서비스란 자기 가정에서 돌볼 수 없는 아동에 대하여 일정 기간 동안 대리 가정에서 보호하는 형태로, '아동의 친부모나 친척, 친척관계가 아닌 양육자가 아동을 아동의 가정 이외의 장소에서 24시간 돌보는 대리적 양육'이다(장인협 외, 2001). 우리나라 「아동복지법」 제3조에 의하면 "가정위탁보호"란 보호대상 아동의 보호를 위하여 보건복지부령으로 정하는 기준(성범죄, 가정폭력, 아동학대, 정신질환 등의 전력이 없는 등)에 적합한 가정에 보호대상 아동을 일정기간 위탁하는 것을 말한다.

가정위탁보호 사업은 부모의 경제적 이유, 학대, 방임, 질병, 수감 등 가정 내·외의 여러 요인으로 인하여 아동이 친가정 내에서 더 이상 양육될 수 없을 때 일정 기간 동안 위탁가정을 제공하여 가정 안에서 건전하게 생활할 수 있도록 도와주고, 친가정이 가족기능을 회복할 수 있도록 지원하는 것을 목적으로 한다.

우리나라에서 가정위탁 사업은 1990년에 실시하여 2000년 이후 소년소녀가정의 가정위탁 전환을 시작하였다(보건복지부, 2020). 2003년 가정위탁지원센터의 전국 확대와 더불어 2004년 중앙가정위탁지원센터가 설치되었고, 2016년 가정위탁지원센터가 아동복지시설에 포함되었고 2020년에는 아동권리보장원으로 업무가 이관되었다.

아동은 가정 안에서 성장하며 행동방식과 생활양식 및 가치관을 형성한다. 가정은 아동의 성격 형성에 중요한 역할을 하고, 아동이 어릴수록 주변 환경의 영향을 많이 받는다. 그러나 아동이 가정에서 양육 받을 수 없는 상황이 되었을 때 가정을 대신해서 아동을 양육해 줄 환경이 필요하며 우리나라의 대리 양육은 주로 시설이 중심이 되어 그 역할을 수행해 왔다. 그러나 시설보호는 아동의 개별적 요구를 충족시키기 어려워 아동의 적응에 부정적인 영향을 미친다는 연구 결과를 반영하여, 시설보호보다는 가족보호가 권고되고 있는 것이다(김경민, 정익중, 2009).

가정위탁보호의 철학 및 실천원리는 다음과 같다(보건복지부, 중앙가정위탁지원센터, 2010).

가정위탁보호의 철학은

첫째, 아동은 건전한 가정에서 전인적인 성장을 해야 할 권리가 있으며 부모와 국가가 이를 보장해야 한다.

둘째, 아동의 생존권을 보장해야 한다. 즉, 아동이 신체적, 정신적으로 안전하게 성장할 수 있도록 보장해야 한다.

셋째, 가족이 재결합할 수 있는 사회적 지원체계를 구축함으로서 가족의 기능을 회복시켜야 한다.

이를 위한 실천원칙은

첫째, 아동중심의 원칙으로, 아동의 건전한 인격형성을 최우선으로 고려해야 한다. 아동이 심리적, 신체적, 사회적으로 건강하게 자랄 수 있도록 지원함으로써 아동의 전인적 발달을 지원한다.

둘째, 가족보존의 원칙으로, 원가정의 기능을 회복시켜 아동이 원가정으로 복귀하는 것을 돕고, 원가정 유지가 어려운 경우에는 대리가정을 발굴하여 위탁가정을 유지한다.

셋째, 친인척 가정 우선 배치의 원칙으로, 아동에게 문화적 · 정서적 충격을 최소화하고자 아동의 의사를 고려하여 특별한 결격사유가 없는 한 친인척 가정에 우선적으로 배치한다.

넷째, 연계성의 원칙으로, 아동의 건강한 성장과 원가정의 가족기능 회복을 위해 지역 내 협력기관과 네트워크 체계를 구축하여 적절한 서비스를 제공한다.

다섯째, 적절성의 원칙으로, 아동 및 위탁가정의 특성을 고려하여 아동을 적합한 위탁가정에 배치하고 아동에게 요구되는 적절한 서비스를 제공한다.

여섯째, 전문성의 원칙으로, 위탁보호 과정에서 발생하는 다양한 원인과 문제에 효율적으로 대처하기 위해 각 분야의 전문가에 의한 서비스를 제공하고 지속적인 교육을 통해 전문성을 향상시킨다.

아동이 여러 상황으로 인해 원가정에서 양육될 수 없다면 아동복지시설 보호보다는 가정위탁보호 서비스를 우선으로 하고 있다(보호 아동 발생 시 업무처리도 [그림 11-1] 참조). 특히 만 2세 미만 보호 대상 아동의 경우는 가정위탁 우선 배치를 원칙으로 한다.

이러한 가정위탁보호 서비스를 활성화하기 위하여 시 · 도 및 시 · 군 · 구에 가정위탁지원센터를 두고(「아동복지법」 제48조) 다음의 업무를 수행한다(「아동복지법」 제49조).

① 가정위탁사업의 홍보 및 가정위탁을 하고자 하는 가정의 발굴

② 가정위탁을 하고자 하는 가정에 대한 조사 및 가정위탁 대상 아동에 대한 상담

③ 가정위탁을 하고자 하는 사람과 위탁가정 부모에 대한 교육

④ 위탁가정의 사례 관리

⑤ 친부모 가정으로의 복귀 지원

⑥ 가정위탁 아동의 자립 계획 및 사례 관리

⑦ 관할 구역 내 가정위탁 관련 정보 제공

⑧ 그 밖에 대통령령으로 정하는 가정위탁과 관련된 업무

가정위탁지원센터의 운영 원칙은 다음과 같다(「아동복지법 시행령」 [별표 12] 〈개정 2018. 3. 6.〉).

① 가정위탁지원센터는 지역사회에서 발생하는 위탁아동 및 원가족(原家族)의 문제에 전문적으로 개입할 때에는 가정 보존과 가족 기능의 회복, 아동의 이익에 우선을 두어야 하며, 조속한 시일 내에 아동이 친가정으로 복귀할 수 있도록 최선을 다해야 한다.

② 가정위탁 시 아동에 대한 계획 및 아동 배치 후 아동에게 적절하고 필요한 조치를 하였는지에 대한 지속적인 사례 관리와 평가가 이루어져야 한다.

③ 친부모와 아동이 재결합할 수 있도록 개별 아동계획을 세워야 한다.

④ 친부모와 아동의 재결합을 돕기 위하여 친부모와 정기적인 접촉을 하도록 노력하여야 하며 이에 대한 기록을 남겨 두어야 한다.

⑤ 시 · 도(시 · 군 · 구), 가정위탁지원센터, 위탁아동, 가정위탁보호 의뢰가정 및 위탁가정은 서로 협력하여야 한다.

위에서 볼 수 있듯이 가정위탁지원 서비스의 궁극적인 목표는 아동의 원가정 복귀이며, 김미영(2018)은 가정위탁보호 서비스의 기본 전제를 다음과 같이 제시하고 있다.

첫째, 아동이 자신의 원가정에서 자랄 수 없다면 시설보다는 위탁가정을 제공하여 안전하고 보호받고 자랄 수 있어야 한다.

둘째, 위탁보호는 영구보호가 아닌 일시보호이며, 그 기간은 아동의 상황에 따라 단기간에서 자립 시기까지 달라질 수 있다.

셋째, 위탁부모는 아동 양육에 관련된 책임을 일시적으로 위임받은 것이므로 위탁기간이 종료되면 모든 권한과 책임은 소멸된다.

넷째, 가정위탁사업은 개인적으로 이루어지는 일이 아니며, 가정위탁지원센터의 계획하에 지원이 이루어진다.

가정위탁보호 서비스는 보호가 필요한 아동에게 타가정에서 보호하여 아동의 기본권을 보장해 주고 아동복지시설 입소를 지양한다는 점에서 그 의의는 매우 크다. 또한 아동 보호의 질적인 측면을 높이고 아동이 친가족과 결합하여 궁극적으로는 정상적인 가정생활을 할 수 있도록 하는 지원 서비스이다.

2) 가정위탁보호 서비스의 유형과 구성요소

(1) 가정위탁보호 서비스의 유형

보건복지부(2020)는 아동의 혈연관계, 친족관계 여부에 따라 가정위탁보호 서비스의 유형을 세 가지 유형으로 분류하고 있다.

① **대리양육 가정위탁:** 친조부모, 외조부모에 의한 양육

② **친 · 인척 가정위탁:** 친조부모, 외조부모를 제외한 친 · 척에 의한 양육(민법에 의한 8촌 이내의 혈족 등에 의한 양육)

③ **일반 가정위탁:** 일반인에 의한 가정위탁

(2) 가정위탁보호 서비스의 구성요소

보건복지부의 가정위탁 선정절차는 다음과 같다.

아동 위탁 보호 신청	아동 및 위탁가정 환경조사	위탁결정 · 통보	사례관리
• 위탁보호 의뢰자 등은 관할아동 거주 시·군·구 또는 읍·면·동에 위탁 보호 신청	• 읍·면·동에서는 아동과 위탁보호 희망자를 조사·상담하여 아동보호신청서, 아동보호신청자가정 조사서 등을 작성, 시·군·구에 제출	• 시·군·구에서는 가정현황조사 결과를 토대로 위탁보호 결정통보	• 아동카드에 기재·관리 - 위탁보호자 - 가정위탁지원센터 - 시·군·구(시·도)

출처: 보건복지부(2020).

[그림 12-1] **가정위탁 선정절차**

[그림 12-1]의 가정위탁 선정 절차에서 볼 수 있듯이 가정위탁보호 서비스를 구성하는 요소는 다음과 같다.

① 위탁아동

「아동복지법」 제3조에 의하면 위탁아동이란 18세 미만의 아동(18세인 경우에도 고등학교 재학 중인 아동은 포함)으로 보호자가 없거나 보호자로부터 이탈된 아동, 아동을 학대하는 경우 등 그 보호자가 아동을 양육하기에 적당하지 아니하거나 능력이 없는 경우의 아동을 말한다. 단, 보호대상아동 발생 시 2세 미만 아동은 가정위탁으로 우선 배치한다. 즉, 부모의 실업 · 가출 · 이혼 · 사망 등으로 인한 결손 가정의 아동, 부모의 신체적 · 정신적 질병으로 인한 장기요양 및 입원 · 장기복역 등으로 보호가 필요한 가정의 아동, 아동학대 및 방임으로 인하여 친가정에서의 분리보호가 필요한 아동, 기타 사유로 가정위탁보호가 필요한 18세 미만의 아동으로 구분된다.

② 위탁부모(위탁가정)

일정 기간 동안 원가정의 친부모를 대신 해 위탁아동을 보호하고 양육하며, 이후 원가정으로 복귀할 수 있도록 한다. 위탁부모(위탁가정) 선정의 기준으로는 아이를 키워 본 경험이 있는 61세 미만인 사람, 아동 양육에 필요한 최소한의 주거공간을 보유한 사람, 위탁부모 중 한 사람이 반드시 풀타임 직장을 갖고 있어 재정적으로 안정된 가정, 가족회의에서 반드시 전원찬성을 얻어야 하고, 가족에게 범죄 · 가정폭력 · 아동학대 · 알코올 · 약물중독 등의 기록이 없고, 위탁가정으로 적합하다는 2인 이상의 이웃, 공립아동상담소, 또는 가정위탁사업을 하는 단체의 추천이 있어야 한다(김이영 외, 2017).

③ 친부모 혹은 원가정

가. **친부모:** 위탁아동의 친부모로서 여러 가지 이유로 아동의 정상적이고 바람직한 양육이 불가능할 때 자신의 자녀를 위탁보호 요청한다.

나. **원가정:** 가족 기능이 정상화되고 위탁 기간이 끝난 후에는 다시 원가정에서 자녀를 보호하고 양육해야 한다.

④ 가정위탁지원센터

가. **중앙가정위탁지원센터:** 지역가정위탁지원센터를 지원하고, 가정위탁보호 서비스와 관련한 정책 수립과 교육 등을 담당한다.

나. **지역가정위탁지원센터:** 위탁가정을 발굴하고 위탁부모 상담 · 교육 및 위탁아동에 대한 상담과 지원, 사례관리 등을 담당한다.

3) 가정위탁보호 서비스 현황

(1) 가정위탁보호 서비스 연혁

우리나라에서 가정위탁보호 서비스는 1990년에 시범사업을 실시하여 2000년 이후 소년소녀가정의 가정위탁 전환을 시작하였다(보건복지부, 2020). 2000년에 강원도에서 가정위탁지원센터를 시범 운영하였고, 2003년 가정위탁지원센터가 전국적으로 확대되었다. 2004년에는 중앙가정위탁지원센터가 설치되었고, 2016년 「아동복지법」 개정으로 가정위탁지원센터를 아동복지시설에 포함하였으며, 2020년에는 아동권리보장원으로 업무가 이관되었다.

〈표 12-1〉 **가정위탁보호 서비스 연혁**

구분	내용
1990	가정위탁사업 시범 실시
2000	가정위탁 양육보조금 지원
2000 ~ 2002	가정위탁지원센터 시범운영(강원도)
2003	가정위탁지원센터 전국 확대(16개 시 · 도, 총 17개소)
2004. 7.	중앙가정위탁지원센터 설치
2005. 7.	「아동복지법」 개정(가정위탁보호의 법적 근거 규정)
2006. 1.	가정위탁 아동 상해보험료 지원
2010. 1.	입양 및 가정위탁 아동 심리치료비 지원
2012. 8.	「아동복지법」 개정(시 · 군 · 구 가정위탁지원센터 설치 근거 규정, 가정위탁보호 아동 자립지원 근거 규정)
2016. 3.	「아동복지법」 개정(가정위탁지원센터를 아동복지시설에 포함)
2020. 1.	중앙가정위탁지원센터 아동권리보장원(2019. 7월 출범)으로 업무 이관

출처: 보건복지부(2020).

(2) 보호가 필요한 아동의 보호조치 현황

우리나라의 보호대상 아동의 수는 2011년의 7,483(전체 아동 수 대비 0.08%)명에 비해 2018년에는 3,918명(전체 아동수 대비 0.05%)으로 출산율 저하에 따라 인원 수도 줄고 비율적으로도 줄었다.

보호조치 현황은 시설입소 비율의 2011년 48.9%에서 2018년 62.5%로 증가추세에

반해 소년소녀가장과 입양의 비율이 점차 감소하였고, 가정위탁 비율은 2010년(24.7%)과 2018년(23.9%)이 비슷하다.

〈표 12-2〉 **보호대상 아동 보호조치 현황**

연도	계	입양 전 위탁	가정위탁	소년소녀 가장	입양	시설입소		
						아동시설	장애아동 시설	공동생활 가정
2018	3,918	357	937	1	174	1,794	7	648
2017	4,121	423,	990	2	285	1,777	19	625
2016	4,592	425	1,024	6	243	2,277	12	605
2015	4,503	376	1,206	–	239	2,211	13	458
2014	4,994	388	1,300	13	393	2,384	10	506
2013	6,020	516	1,749	20	478	2,532	39	686
2012	6,926	–	2,289	117	772	2,948	25	775
2011	7,483	–	2,350	128	1,253	3,108	32	612

출처: 보건복지부(2020).

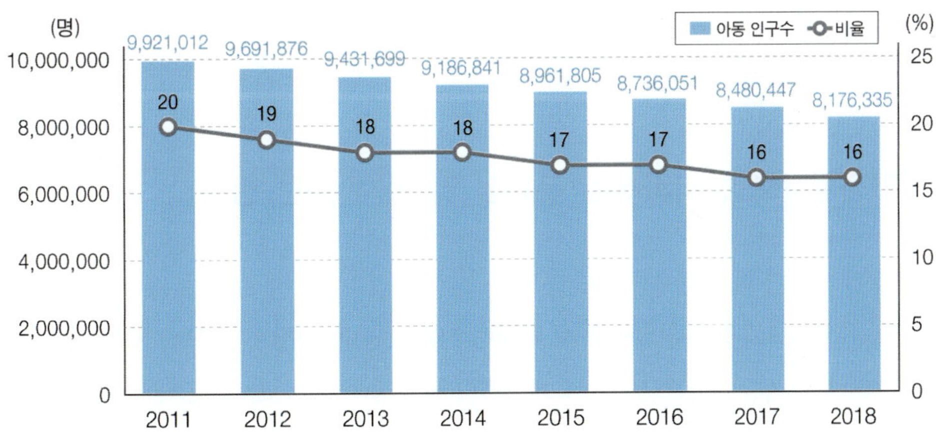

출처: 나라지표 주민등록인구통계.

[그림 12-2] **총 인구 중 아동 인구 구성비**

우리나라의 가정위탁 아동현황을 살펴보면, 친(외)조부모에 의한 대리양육 가정이 가장 많고, 친인척 위탁가정, 일반 위탁가정의 순으로 많다. 연도별로 보면, 전체 가정위탁 아동 수는 점차 감소 추세이고 대리양육 가정의 비율도 줄고 있으나, 친인척 위탁가정 위탁 비율은 큰 변화가 없고, 일반 위탁가정 비율이 소폭으로 증가하고 있다.

〈표 12-3〉 가정위탁 아동현황

연도	계		대리양육 가정		친인척 위탁가정		일반 위탁가정	
	세대 수	아동 수	세대 수	아동 수	세대 수	아동 수	세대 수	아동 수
2018	8,955	11,141	5,831	7,426	2,357	2,801	767	914
2017	9,575	11,983	6,207	7,950	2,605	3,100	763	933
2016	10,197	12,896	6,642	8,578	2,773	3,348	782	970
2015	10,706	13,728	6,944	9,127	2,927	3,556	835	1,045
2014	11,077	14,385	7,162	9,550	3,089	3,816	826	1,019
2013	11,169	14,596	7,294	9,776	3,086	3,843	789	977
2012	11,030	14,502	7,230	9,732	3,037	3,831	763	939
2011	11,630	15,486	7,463	10,205	3,351	4,260	816	1,021
2010	12,120	16,359	7,849	10,865	3,365	4,371	906	1,123

출처: 보건복지부(2020).

4) 가정위탁보호 서비스의 문제점 및 복지 실천 방향

아동이 자신의 친가정에서 자라는 것이 가장 바람직하지만 보호가 필요한 아동에게 시설보다는 위탁가정에서의 보호가 차선책으로 고려되고 있다. 아동은 시설보다 가정 중심으로 보호하는 서비스를 통해 개인적인 욕구를 충족하고, 가정 내에서 구성원의 역할에 대해 자연스럽게 배움으로써 성장하여 자신의 가족을 형성하는 데도 잠정적인 영향을 줄 수 있기 때문이다. 이러한 장점에도 불구하고 여러 문제점이 있고 그에 따른 실천 방향을 살펴보면 다음과 같다(김이영 외, 2017; 김미영, 2018; 정혜선, 김진숙, 2004; 이상욱 외, 2016; 정옥분 외, 2016).

(1) 아동중심의 위탁보호 및 배정 기준 마련이 필요하다

현재 가정위탁보호 제도의 운영은 아동중심의 위탁보호보다는 편의상 위탁부모 중심으로 운영되고, 위탁의 우선권도 친(외)조부모, 친인척, 일반인의 순으로 주어진다. 또한 위탁보호를 분류하는 기준이 아동의 특성을 고려하지 않고 위탁을 담당할 성인 중심으로 보호가 이루어지고 있다. 그러므로 아동의 권익을 고려한 객관적인 산출자료를 근거로 아동에게 더 적합한 방안을 제시하는 아동중심의 위탁유형 결정 방법으로 전환되는 것이 바람직하다. 또한 조부모나 친인척 배정 시 고령이나 저연령의 위탁보호자 배정 문제점이 있어 가정위탁 배정은 아동의 상황을 고려하여 아동전문가에 의한 배정이 필요하다.

또한 부모가 자녀인도를 청구했을 때 자녀를 부모에게 돌려보내는 것이 자녀의 복리에 이로운지, 위태로운지를 판단하고 아동의 복리를 기준으로 해결방안이 제시되어야 한다. 또한 부모가 자녀를 학대, 방임하여 가정위탁이 시작되거나, 장기간 자녀에게 관심을 보이지 않는 등 친권을 유치했을 때 아동의 복리에 유리하지 않을 경우에는 아동의 위탁부모나 가정위탁지원센터 등의 아동복지 기관에서 친권상실 청구를 할 수 있도록 하는 것이 아동의 보호에 효과적이다.

자녀의 양육권을 양도받은 위탁부모는 자녀의 거소지정 및 타인과의 면접교섭권을 가지게 되며, 위탁이 종료되면 자녀와 위탁부모 사이의 면접교섭권의 주체가 부모로 한정되어 있다. 그러나 이는 자녀의 복리를 외면한 부모중심적인 방식이라는 비판을 받고 있다. 따라서 면접교섭권을 자녀의 권리로 안정하고 자녀의 복리를 위해 필요한 경우 부모 이외의 제3자도 만날 수 있도록 규정을 개선하는 것이 필요하다.

위탁아동은 대부분 친부모로부터 학대나 방임 등을 경험하고 마음의 상처가 깊은 경우가 많으며, 친가정에서 위탁가정으로의 분리 및 이동은 정서 문제 및 관계 형성의 어려움을 유발할 수 있으므로 상담 및 지원서비스가 필요하다.

(2) 위탁부모의 권리 · 의무에 관한 규정이 신설되어야 한다

위탁부모는 실제로 자녀를 양육하고 있음에도 양육권을 갖지 못한다. 위탁부모는 아동이 원가정으로 복귀하기까지 일정 기간 자녀를 위탁하기도 하나 원가정의 상황에 따라 장기간이 될 수도 있어 위탁부모에게 친권을 대행할 수 있는 권리를 인정해 주는 포괄적인 법규정이 필요하다. 또한 부모의 친권 상실 시 후견인은 일반적으로 위탁부모나 가정위탁지원센터장 등이 후견인이 되는 것이 바람직하나 「민법」에 의하면 아동과 촌수가 제일 가까운 사람 중 연장자가 후견인이 된다(법정 후견인). 「민법」 일부 개정으로 후견인 변경 신청이 가능하나, 변경 절차를 거치지 않고 아동의 보호와 양육에 필요한 사람을 직접 후견인으로 선임하는 등의 절차 변경도 필요하다.

(3) 위탁가정 및 친부모에 대한 국가적 차원의 지원이 강화되어야 한다

위탁아동이 건강하게 성장하려면 안정된 위탁가정이 필요하다. 이를 위해 위탁가정의 경제적 지원뿐 아니라 양육 자체에 대한 상담 및 지원서비스의 확대 등이 필요하다. 또한 위탁가정에 대한 제도적 차원의 지원 및 재정적 지원이 개선되어야 한다. 위탁가정에 대한 양육지원비를 현실화하고, 심리적 문제를 가진 위탁아동에 대한 의료비 지원이 강화되어야 한다.

또한 친부모의 자립(경제 지원, 작업 훈련, 주거환경 개선)과 아동이 자립할 수 있는 법적 근거를 마련하고 이에 대한 서비스 제공이 필요하다.

(4) 지역 가정위탁지원센터의 확충 및 관리 서비스를 구축해야 한다

정부는 보호가 필요한 아동들의 가정위탁보호사업을 활성화시키기 위하여 2003년 전국에 17개의 지역 가정위탁지원센터를 설립하였고, 2004년에 중앙가정위탁지원센터를 설립하였다. 가정위탁지원센터의 지속적인 노력에도 불구하고 2006년 이후 일반가정위탁지원 세대의 증가속도는 거의 변하지 않고 있다. 따라서 가정위탁보호사업의 적극적인 홍보 및 행정적, 재정적 지원이 충분히 이루어져야 하며, 지역 가정위탁지원센터의 확충과 사례가 많은 지역에 추가 설치 및 지역사회 네트워크를 확충하고, 가정위탁지원센터의 질 향상을 위한 사례관리 데이터베이스 구축 및 상담원의 인력관리를 개선해야 한다.

2. 입양서비스

1) 입양서비스의 개념

입양이란 혈연적으로 친자관계가 없는 사람 사이에 법률적으로 친자관계를 맺는 신분행위를 말한다(보건복지부, 2020). 이러한 입양은 양부모가 되려는 사람과 양자가 될 사람 사이에 합의가 있거나(「민법」 제883조제1호), 가정법원의 허가(「민법」 제867조제1항, 「입양특례법」 제11조제1항)를 얻은 때에 입양신고를 함으로써 그 효력이 발생한다. 입양신고로 양부모와 양자 사이에는 법적 친자관계가 생기고, 부양이나 상속 등에서 자연혈족의 경우와 동일한 권리가 인정된다(「민법」 제772조제1항).

과거에는 주로 가계 계승을 위해 입양이 실시되었으나 우리나라의 경우 한국전쟁 이후 전쟁고아가 급증함에 따라 보호가 필요한 아동에게 건강한 가정을 제공하기 위하여 실시되었고, 대부분 보호가 필요한 아동은 해외로 입양되었다. 근래에는 미혼모의 아이에 대한 입양이 국내외 입양의 큰 부분을 차지하고 있다.

정부는 보호가 필요한 아동 발생 시 입양, 가정위탁보호, 아동복지시설보호 등 다양한 사업에 개입하고 있다. 그중 새로운 보호자가 필요한 아동에게 가장 바람직한 조치는 입양이라는 법적 절차를 통해 건강한 가정을 제공하는 것이다(정옥분 외, 2016).

입양은 목적에 따라 두 가지로 분류할 수 있는데, 전통적 의미에서 입양은 가부장적 사회에서 가문의 계승을 위해 둘째 혹은 셋째 형제의 아들을 입양하여 장자로 키우는 것이었으나, 현대적 의미에서의 입양은 보호가 필요한 아동을 입양하는 것이다.

입양은 방법에 따라 비밀입양과 공개입양으로 나뉜다. 비밀입양은 입양하는 양부모가 입양아동 및 타인에게 입양사실을 숨기는 것으로 주로 난임 입양부모에 의해 강화되었고, 우리나라의 경우 비밀입양이 주류를 이루어 왔다(배태순, 1998). 공개입양은 입양아동뿐 아니라 가족 외부의 사람들에게도 입양사실을 공개하는 것으로, 공개입양은 친가족과 입양가족 간의 출산 전의 정보 교환에서부터 지속적인 의사소통, 정기적인 방문까지 포함하는 개념이다(Bordo, 2005). 공개입양은 아동이 자신의 입양 사실을 자연스럽게 받아들이고 수치심이나 부끄러움을 갖지 않게 되는 등 아동의 건전한 성장과 정체감 형성에 큰 도움이 된다. 우리나라의 경우 최근 공개 입양가족의 모습이 언론을 통해 등장하면서 입양에 대한 사회적 인식이 변화하고 있다.

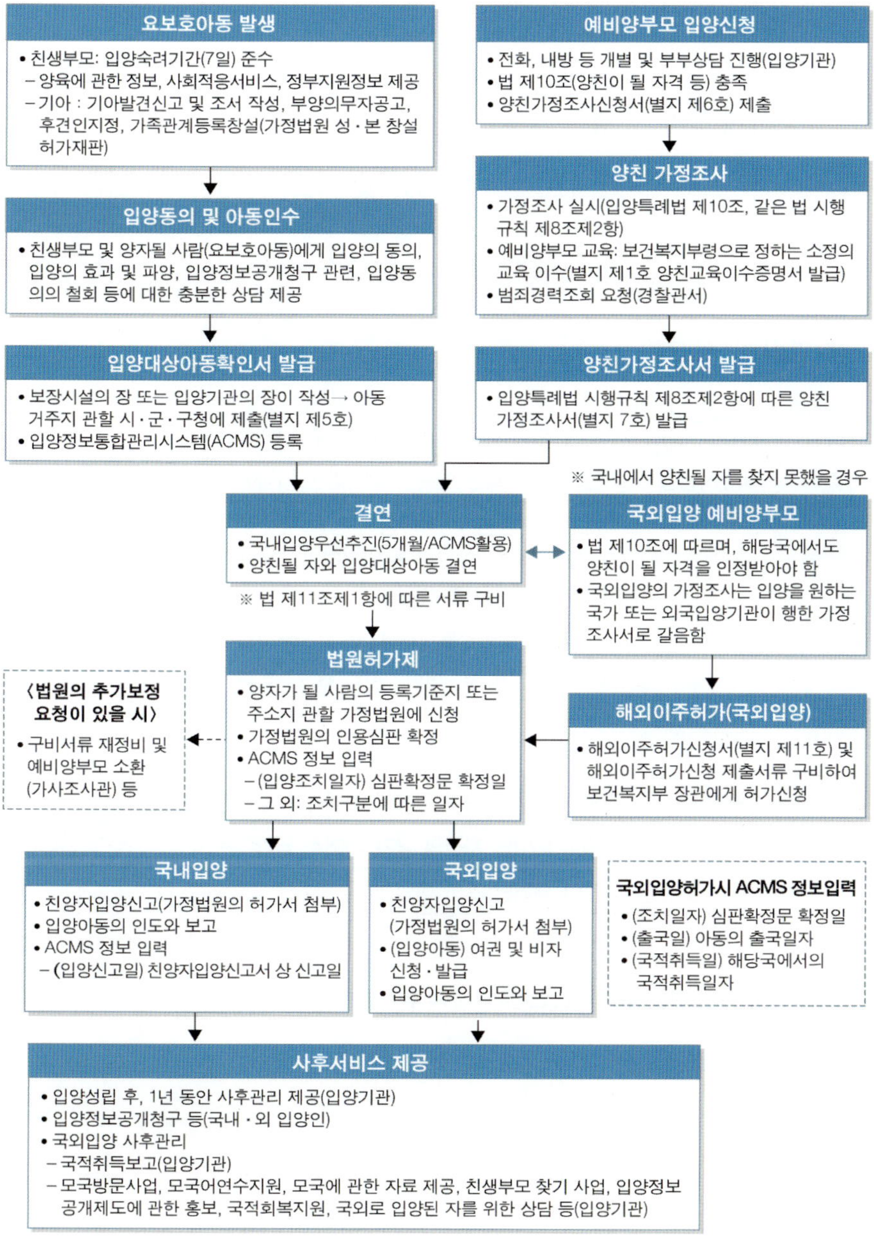

출처: 보건복지부(2020).

[그림 12-3] **국내 · 외 입양 프로세스**

2) 입양서비스의 유형과 구성요소

(1) 입양서비스의 유형

입양서비스의 유형은 친족여부, 입양주선자, 공개여부, 입양국가에 따라 분류할 수 있다.

〈표 12-4〉 **입양서비스의 유형**

친족여부	친족입양	아동과 혈연이 있는 친척이 입양하는 경우 또는 아버지나 어머니의 재혼으로 인해 생긴 계부나 계모가 입양하는 경우
	비친족입양	아동과 가족 혹은 친족관계가 아닌 사람에 의한 입양
입양주선	기관입양	국가에서 인가한 기관을 통해 입양되는 것. 이 경우 친부모는 친권을 포기하고 자녀를 입양기관에 양도하며, 그 기관이 아동의 법적 대리인이 되어 차후 입양절차를 밟음
	민간입양	공식적인 입양기관을 거치지 않고 친부모와 양부모 간에 입양이 사적으로 이루어짐. 현재 우리나라에서는 공식기관을 거치지 않은 입양은 불법으로 간주됨
공개여부	비밀입양	입양 사실이 입양아동을 포함한 주변인들에게 비밀로 부치는 것
	공개입양	입양 사실을 아동과 주변에 공개하며, 공개의 범위는 경우마다 다름
입양국가	국내입양	아동이 태어난 자신의 국가 내에서 입양되는 것
	국외입양	아동이 태어난 곳이 아닌 다른 국가로 입양되는 것

(2) 입양서비스의 구성요소(보건복지부, 2020)

① 입양아동

- 보호자로부터 이탈된 아동으로서 시·군·구청장이 부양의무자를 확인할 수 없어 「국민기초생활보장법」에 따른 보장시설에 보호 의뢰한 사람
- 법원에 의하여 친권상실의 선고를 받은 사람의 자녀
- 부양의무자를 알 수 없는 경우

- 입양대상은 18세 미만의 아동으로 부모 직계존속 또는 후견인의 동의가 있어야 함
- 13세 이상의 경우에는 아동 본인의 입양 동의가 있어야 함

② 친부모

- 친부모가 합법적인 혼인관계에 있지만 이혼, 별거, 경제적 문제, 한부모의 사망 등에 따른 가족 해체로 더 이상 자녀를 양육하지 못하고 입양을 의뢰하는 경우
- 합법적인 혼인관계가 아닌 친부모가 입양을 의뢰하는 경우(10대 미혼부모가 가장 많음)

③ 입양부모

- 양자를 부양함에 충분한 재산이 있어야 함
- 양자에 대하여 종교의 자유를 인정하고 사회의 구성원으로서 그에 상응한 교육을 할 수 있어야 함
- 아동학대, 가정폭력, 성폭력, 마약 등의 범죄나 알코올 등 약물 중독의 경력이 없어야 함
- 대한민국 국민이 아닌 경우는 해당 국가의 법에 의하여 양친이 될 수 있는 자격이 있어야 하고 25세 이상 45세 미만인 경우
- 양자가 될 아동의 복리에 반하는 직업이나 그 밖에 인권침해의 우려가 있는 직업에 종사하지 아니해야 함
- 25세 이상으로 입양아동과의 나이 차가 60세 미만이어야 함

3) 입양서비스 현황

(1) 연도별 입양 현황

2008년 이전까지 국외입양이 전체의 70%를 차지하고 있었으나, 2009년 이후부터는 국내입양이 국외입양을 상회하는 추세가 지속되고 있다. 이는 국내입양을 우선으로 추진하는 정책과 함께 입양에 대한 사회의 인식이 많이 변화되고 있음을 보여 주는 긍정적인 결과다.

〈표 12-5〉 **연도별 입양현황**

구분	계	2008년 이전	2009	2010	2011	2012	2013	2014	2015	2016	2017	2018
계	248,024	233,191	2,439	2,475	2,464	1,880	922	1,172	1,057	880	863	681
국내	80,477 (32.5%)	71,633 (30.2%)	1,314 (53.9%)	1,462 (59.1%)	1,548 (62.8%)	1,125 (59.8%)	686 (74.4%)	637 (54.4%)	683 (64.6%)	546 (62.0%)	465 (53.9%)	378 (55.5%)
국외	167,547 (67.5%)	161,558 (69.8%)	1,125 (46.1%)	1,013 (40.9%)	916 (37.2%)	755 (40.2%)	236 (25.6%)	535 (45.6%)	374 (35.4%)	334 (38.0%)	398 (46.1%)	303 (44.5%)

출처: 아동권리보장원(2018).

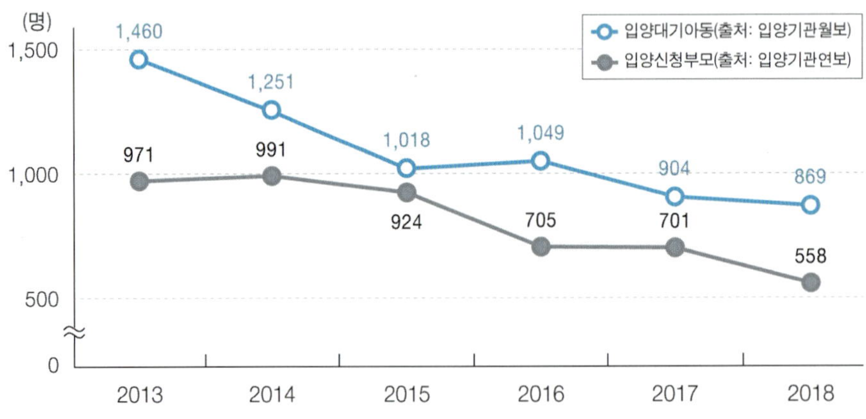

출처: 아동권리보장원(2018).

[그림 12-4] **입양 대기아동 및 입양신청부모 수 현황**

전체적으로 입양대기아동 수 및 입양신청부모 수는 감소추세이나 입양대기아동보다 입양신청부모 수가 적다. 입양에 대한 일반인의 인식 개선과 홍보가 필요한 이유다.

(2) 국외 입양 현황

국외 입양의 경우, 입양국가별 현황은 미국이 62%로 가장 많았으나 비중은 2017년(68.8%) 대비 2018년은 감소(62%, 6.8%p↓), 독일의 경우 1명으로 2002년(1명) 이후 입양 사례가 없다가 재진입했다.

〈표 12-6〉 **국가별 입양 현황**

년도	계	미 국	스웨덴	캐나다	노르웨이	호주	룩셈부르크	덴마크	프랑스	이탈리아	독일
2016	334	222	31	23	23	10	3	5	3	14	–
		(66.4%)	(9.3%)	(6.9%)	(6.9%)	(3.0%)	(0.9%)	(1.5%)	(0.9%)	(4.2%)	
2017	398	274	25	28	20	24	5	6	5	11	–
		(68.8%)	(6.3%)	(7.0%)	(5.0%)	(6.0%)	(1.3%)	(1.5%)	(1.3%)	(2.8%)	
2018	303	188	28	22	19	14	5	7	7	12	1
		(62.0%)	(9.2%)	(7.3%)	(6.3%)	(4.6%)	(1.7%)	(2.3%)	(2.3%)	(4.0%)	(0.3%)

출처: 아동권리보장원(2018).

(3) 입양아동 상태

① 입양아동의 건강 상태

국내입양의 경우 건강이상 아동이 적은 데 비해 국외입양은 절반 정도가 건강이상 아동(135명)으로 2017년도(111명)에 비해 2018년도에는 24명(21.6%p↑) 증가하였고, 입양대기아동 중 건강한 아이가 우선 국내입양이 됨에 따라 상대적으로 국외입양은 건강이상 아동이 전체(303명)의 44.5%(135명)로 높게 나타났다. 또한 건강이상은 미숙아, 저체중아, 조산아 등 다양한 유형으로 진단되고 있으나 대부분 영아로 장애 등록으로 이어지는 경우는 없었다

〈표 12-7〉 **입양아동의 건강 상태** (단위: 명)

연도	국내입양			국외입양		
	계	건강양호	건강이상	계	건강양호	건강이상*
2016	546	526	20	334	211	123
		(96.3%)	(3.7%)		(63.2%)	(36.8%)
2017	465	439	26	398	287	111
		(94.4%)	(5.6%)		(72.1%)	(27.9%)
2018	378	355	23	303	168	135
		(93.9%)	(6.1%)		(55.5%)	(44.5%)

출처: 아동권리보장원(2018).

② 입양아동의 성별 및 연령

국내입양 여아의 비중이 71%로 월등히 높으며, 연령별로는 3개월~1세 미만 아동이 65.1%(2017년 60.4%, 4.7%p↑)로 가장 많이 나타났고, 국외입양은 상대적으로 남아 비율(73%)이 높으나 2017년도에 비해 2018년도에는 다소 감소(3%p↓) 추세를 보이고, 연령별로는 1~3세 미만이 전체의 97%를 차지함을 볼 수 있다.

〈표 12-8〉 **입양아동의 성별 및 연령** (단위: 명)

연도	국내입양							국외입양					
	계	성별		연령				계	성별		연령		
		남	여	3개월 미만	3개월~1세 미만	1~3세 미만	3세 이상		남	여	1세 미만	1~3세 미만	3세 이상
2016	546	191	355	33	336	142	35	334	269	65	62	250	22
		(35.0%)	(65.0%)	(6.1%)	(61.5%)	(26.0%)	(6.4%)		(80.5%)	(19.5%)	(18.6%)	(74.8%)	(6.6%)
2017	465	150	315	4	281	150	30	398	302	96	–	382	16
		(32.3%)	(67.7%)	(0.9%)	(60.4%)	(32.2%)	(6.5%)		(75.9%)	(24.1%)		(96.0%)	(4.0%)
2018	378	110	268	3	246	88	41	303	221	82	–	294	9
		(29.1%)	(70.9%)	(0.8%)	(65.1%)	(23.3%)	(10.8%)		(72.9%)	(27.1%)		(97.0%)	(3.0%)

출처: 아동권리보장원(2018).

(4) 입양 아동 발생 유형

국내·외 입양 모두 미혼모 아동이 압도적으로 많으며, 국내입양의 경우 유기아동(12.5%)과 결손가정 등(4.2%) 순이다.

〈표 12-9〉 **입양아동 발생 유형** (단위: 명)

연도	국내입양				국외입양			
	계	미혼모아동	유기아동	결손가정 등	계	미혼모아동	기아 등	결손가정
2016	546	481	48	17	334	327	2	5
		(88.1%)	(8.8%)	(3.1%)		(97.9%)	(0.6%)	(1.5%)
2017	465	417	35	13	398	397	–	1
		(89.7%)	(7.5%)	(2.8%)		(99.7%)		(0.3%)
2018	378	315	47	16	303	302	1	–
		(83.3%)	(12.5%)	(4.2%)		(99.7%)	(0.3%)	

출처: 아동권리보장원(2018).

4) 입양서비스 정책의 문제점과 개선방안

(1) 입양가족에 대한 정책적·제도적 지원 마련

정부는 2012년 「입양특례법」을 일부 개정하여 입양 성립 요건을 입양 신고에서 입양 허가제로 변경하고 친부모의 정보를 보관하는 등 입양 과정을 투명하게 함으로써 건강한 입양문화 정착과 국내의 입양 활성화를 촉진하고자 하였으나 유기 아동은 더욱 증가하고 있다. 이는 「입양특례법」으로 인해 낳은 아기에 대해 출생신고를 바로 해야 하고 친모의 신분이 기록에 남게 되므로 신분노출과 사회적 낙인을 우려해 아기를 낳으면 바로 유기하는 극단적 선택이 많아졌기 때문이다. 출생신고가 안 된 아기를 보육원이나 입양기관으로 보낼 수 없게 되자 미혼모들은 베이비박스를 찾아 아기를 버리거나 아기를 밀거래하는 반인륜적 불법행위도 일어난다(김현자 외, 2017). 따라서 이에 대한 적절한 안전장치를 구해야 한다. '익명출산제'(아동에 대한 출생신고는 이루어지지만 친생모의 비밀은 지켜짐)와 현재 불법사항인 베이비박스 제도의 합법화를 생명과 인권 존중의 또 다른 차원에서 고려할 필요가 있다(엄주희, 2016).

입양 아동에 대한 경제적 지원의 확대를 통해 입양으로 인한 재정적 부담을 덜어주는 제도적 장치가 필요하다. 특히 장애 아동의 경우 장애에 대한 편견과 더불어 병원비와 치료비 등 재정적 부담이 가중되어 입양을 더욱 어렵게 하는 요인이 되고 있다.

입양가정의 예비양부모에 대한 사전 교육을 통해 입양의 의미와 특수성을 이해하고 입양 아동에게 적절히 적응하고 양육할 수 있도록 지원함으로써 파양을 예방하고 사후 입양서비스를 강화할 필요가 있다.

우리나라 아동권리보장원(2020)의 입양인 · 가족지원 사업은 나음과 같다.

입양인 입양정보공개청구, 가족찾기

입양정보공개청구 제도를 통한 입양인 알 권리 보장 및 정체성 확립
해외 거주 무연고 입양인 유전자 등록 지원
온라인 플랫폼 활용을 통한 입양인 가족찾기 지원

입양기록물 영구보존사업

정부, 입양기관, 입양업무를 수행하였던 아동시설과 협력체계 구축
입양인의 입양배경, 친생부모 인적사항 등 입양기록물 수집 및 전산화
입양 기록물은 입양정보통합관리시스템에 등록, 영구보존

입양교육

(입양특례법상 예비입양부모교육) 공통교육, 심화교육(2종), 위탁모 대상 교육, 강사관리, 교재개발연구 등

(입양기관 종사자 교육) 교육기획 및 과정별 교육운영

(민법상 입양부모교육) 기본 · 다문화교육, 심화과정 운영, 강사관리, 교재개발연구, 교육 콘텐츠 개발 **(영상, 자료집, 가이드 등)**

입양인 사후서비스 지원사업

(대상) 국내 입양기관, 단체 및 자조모임, 국외현지 입양인 단체 등

(분야)

① 입양인 알권리 확보

② 입양이슈 대응력 강화

③ 입양인(가족) 사회적 지지망 구축

④ 모국문화 연계

⑤ 입양인식개선 등

(주요사업) 국외입양인을 위한 모국방문, 모국어연수, 모국생활지원과 국내입양가족을 위한 심리정서 지원, 교육, 행사 등 지원

보호대상 입양인(가족) 통합서비스

국내 위기 입양가정에 사례관리, 통합 서비스 제공

추방입양인 및 국내 체류 국외 입양인의 자립 및 사회복귀 지원

입양인 당사자 권익 증진 및 공적 네트워크 지원체계 구축

(2) 입양에 대한 사회적 인식의 제고 및 국내 입양의 활성화

우리나라는 1950년대 한국전쟁 이후 전쟁고아 등에 대한 보호정책으로 해외 입양이 시작되어 한때 세계 최고의 고아 수출국이라는 오명을 얻기도 했다. 2007년 '국내 입양 우선 추진제'를 실시하여 입양 의뢰 후 5개월간은 국내입양을 우선 추진하고 있으며 입양에 대한 사회적 편견과 부정적 인식 개선을 위한 노력을 기울이고 있으나, 국내 입양이 차츰 늘어나는 추세에도 불구하고 여전히 해외 입양은 많이 이루어지고 있다.

혈연 중심의 가족주의 문화와 입양에 대한 부정적인 인식은 국내 입양의 활성화를 저해하고 있다. 또한 국내 입양에서 장애아나 남자아이, 1세 이후 아동의 입양은 매우 저조하다. 따라서 이에 대한 사회적 인식의 개선이 시급하며 입양에 대한 지속적인 홍보와 사후관리가 철저하게 이루어져야 한다. 입양 사후 관리 서비스를 통해 입양아동 및 입양 부모의 적응을 도와주고 궁극적으로는 국내 입양의 활성화에 기여할 수 있다.

우리나라는 2006년부터 5월 11일을 입양의 날로 정하여 모범 입양 사례를 홍보하거나 수상 기회를 부여하는 등 입양에 대한 인식을 전환시키기 위한 노력을 기울이고 있으나 일반인의 인식도는 아직 낮은 편이다. 입양을 기피하지 않는 사회적 분위기가 정착되려면 일반인들의 인식 개선이 무엇보다 우선되어야 하며, 어려서부터 입양에 대한 긍정적인 인식을 키울 수 있도록 지원하는 것이 필요하다.

(3) 입양 아동의 발생 예방을 위한 교육 및 지원

우리나라 입양 대상 아동의 주요 발생 원인은 미혼모의 자녀다. 따라서 미혼모의 발생을 방지하기 위한 성교육 및 피임교육이 절실하다. 또한 미혼모들이 자신의 자녀를 양육할 수 있는 환경의 조성 및 제도적 지원이 필요하다.

함께 생각해 보기

유명인들의 공개입양에 대해 이야기해 봅시다.

참고사이트: https://entertain.naver.com/read?oid=427&aid=0000034707
http://www.womennews.co.kr/news/articleView.html?idxno=93704

13

CHAPTER

아동권리와 복지의 과제

학습 목표

• 아동권리와 복지를 증진시키기 위해 요구되는 과제와 발전방향을 이해한다.

학습 내용

지식	기술	태도
• 아동권리 보장과 복지증진의 해결 방안	• 아동권리 보장을 위한 문제해결 기술	• 아동권리를 이해하고 존중하는 태도

주요 용어

• 아동권리와 복지 증진 • 아동의 기본권 보장

CHAPTER 13

아동권리와 복지의 과제

1. 아동권리와 복지의 과제

아동은 자신의 권리를 향유할 가치 있는 권리의 주체자이므로 자신의 권리에 대해 알아야 할 권리가 있고, 권리를 증진시키기 위한 교육을 받을 권리가 있다. 부모와 보호자를 비롯한 성인은 아동의 권리와 복지를 실현하기 위해 그들의 상황과 발달의 다양성에 대해 주의를 기울이고, 관습이나 관행이라는 이유로 아동의 권리 실현을 방해해서는 안된다. 본 절에서는 아동의 권리와 복지를 실현하기 위해 해결해야 하는 문제들을 살펴보기로 한다.

아동이 '한 사람의 인간'으로서 인식된다는 것은 아동은 특별한 보호의 대상이기 이전에, 인간으로서의 존엄성을 가지는 존재로 인식되어야 함을 의미한다. 사회는 아동이 자신의 생각과 뜻대로 자신의 삶을 결정하고 선택하고 살아갈 수 있도록 지원해야 한다(장영인, 2020).

1) 아동학대 예방을 위한 방안

아동이 가진 권리 중에서 생존권과 보호권은 가장 기본적인 권리이다. 그럼에도 불구하고 가정에서의 학대, 영유아교육기관에서의 학대 사례는 끊임없이 발생하고 있다. 특히 감염병 확산이나 자연적 · 사회적 재난으로 인해 등원이나 등교하지 못하고 가정에 갇혀 있는 경우 교사나 의사 등, 아동학대 신고의무자의 시선이 미치지 못해 안타까운 상황이 벌어지기도 한다. 또한 사회적 변화로 인해 영유아들이 기관에 더 일찍, 더 오랜시간 생활해야 하는 현실에서 영유아들은 교육기관에서조차 자신의 권리를 존중받지 못하는 상황이 벌어지곤 한다. 이 같은 상황은 아동의 기본적 권리인 생존권과 보호권을 위협하는 것이다.

아동의 기본권을 보장하고 학대를 예방하기 위해서는 아동보호체계가 원활히 작동할 수 있게 하는 대책이 마련되어야 한다. 아동권리보장원은 영유아건강검진, 예방접종여부, 가정폭력과 학대피해 이력 아동에 대한 데이터 확보를 바탕으로 고위험군의 아동을 촘촘하게 예측하고 조기 발견하는 것, 영유아교육기관과 학교의 취학과 출석을 확인하는 것 등이 그 대책의 세부내용이 될 수 있다고 하였다. 또한 아동학대 발생과 피해를 최소화하기 위해서는 법과 제도적 장치가 안정적으로 시행되어야 하며, 학대피해에 노출되었던 아동을 위한 안전한 응급보호와 심리적 안정을 위해 가정과 같은 유사한 환경을 갖춘 쉼터와 전문가정위탁제도가 활성화되어야 한다. 아동학대 대응인력의 전문성 확보와 처우 개선도 요구된다.

무엇보다 아동학대를 예방하는 최선의 방법은 아동을 어른의 소유물이 아닌 한 인격체로서 존중하는 것이다. 여전히 많은 부모가 자녀를 키울 때 체벌을 훈육수단으로 여기고 있고, 훈육이라는 미명 아래 학대를 가한다. 따라서 이러한 부모들의 인식에 경각심을 일으키고, 더 좋은 다양한 방법이 있음을 알려 주는 맞춤형 부모교육이 지속적으로 시행될 필요가 있다.

2) 보육의 공공성 확보와 어린이집의 질적 향상

영유아의 보육을 담당하는 기관은 양적인 성장을 해 왔는 데, 이에 더하여 양질의 보육프로그램 운영을 통한 질적 향상이 요구된다. 이를 위해 보육교직원의 전문화와 인성교육 강화, 우수 보육프로그램의 개발과 보급, 보육기준과 내용의 내실화 등의 과제들을 풀어 나가야 한다. 또한 다문화아동, 장애아동 등의 특별한 욕구를 지닌 아동들을 위한 보육시설 확충이 요구된다.

특히 보육의 공공성 강화를 위해 국공립기관을 확충하여 보육에 대한 국가의 책임을 강화할 필요가 있다. OECD 교육위원회에 따르면 영유아에 대한 잘못된 서비스는 그들의 발달에 심각한 영향을 미친다. 양질의 서비스로 사회가 얻을 수 있는 이득이 현재 지원하는 보육 및 교육비보다 크다는 점을 감안한다면 영유아기 교육에 국가의 적극적 개입이 이루어져야 한다.

현재의 보육정책은 아동중심적 입장보다는 부모 측면에서 입안된다는 우려가 있다. 즉, 영유아의 보호받을 권리와 교육받을 권리를 보장하기 위한 측면보다는 부모의 경제활동 지원 및 저출산 문제를 해결하기 위한 측면이 더 강조된다는 점이다.

3) 지역아동센터 지원 강화

아동의 건강하고 안전한 삶의 터전은 아동과 그 가족이 내재된 잠재력을 개발하여 건강한 시민으로 성장하는 데 필요한 최적의 발달환경을 제공한다. 따라서 아동의 발달환경에 대한 개입을 통한 보편적 아동권리를 증진하고자 하는 노력은 미래에 대한 투자로 볼 수 있다(박세정, 2018).

지역아동센터는 민간 비영리 공부방에서 중요한 역할을 맡아 왔고, 2004년 「아동복지법」 개정에 의해 법제화되었다. 지역아동센터는 이때부터 본격적으로 아동복지서비스의 사각지대에 있던 취약계층 아동을 보호하기 위한 중요한 역할을 해 왔다(송유미,

이선자, 2016). 지역아동센터는 단순한 보호차원을 넘어 교육 및 심리·정서적 지원을 제공하는 통합적 서비스를 제공하여 지역을 중심으로 한 아동복지서비스의 핵심체계로서 기능을 하고 있다(서원경, 2014).

그러나 지역아동센터 설립 및 운영 측면에서 몇 가지 노력이 필요하다. 김만겸(2019)은 센터의 자율성과 효율적 운영이 가능하도록 국가의 과도한 개입은 효율적이지 않음을 지적하며, 신고제보다는 허가제, 공립형 센터의 필요성, 투명성 제고를 위한 노력 등이 필요하다고 하였다. 또한 양질의 프로그램 운영과 질 관리, 센터의 시설 확충 및 환경 개선 등을 위한 예산 지원이 필요하다고 하였다.

4) 모자보건을 위한 정책적 지원

우리나라의 연간 혼인 건수는 지속적으로 감소하는 추세이나 초혼연령 및 초산연령은 증가하고 있다(보건복지부, 2020). 우리나라의 영아사망률은 선진국 수준을 유지하고 있는 편이며, 모성사망비율은 전체적으로 감소하는 추세이나 OECD 평균에 비하면 높은 수치를 보이고 있다.

〈표 13-1〉 **연도별 영아사망률** (단위: 출생아 천 명당 명)

구분	2011	2012	2013	2014	2015	2016	2017	2018
영아사망률	3.0	2.9	3.0	3.0	2.7	2.8	2.8	2.8
OECD평균	4.2	4.1	4.1	4.0	3.9	3.8	3.7	3.8

영아사망률: 당해연도 연간 출생아 수 대비 당해연도 0세 사망아 수의 비율

〈표 13-2〉 **연도별 모성사망비율** (단위: 출생아 10만 명당 명)

구분	2011	2012	2013	2014	2015	2016	2017	2018
모성사망비	17.2	9.9	11.5	11.0	8.7	8.4	7.8	11.3
OECD평균	8.2	8.1	7.7	6.8	8.0	7.6	7.1	7.8

모성사망: 임신과 관련된 원인으로 임신 또는 분만 후 42일 이내에 발생한 여성사망
모성사망비: 당해연도 연간 출생아 수 대비 당해연도 모성사망자 수의 비율
출처: 보건복지부(2020).

그간 국가에서는 모자보건을 위해 난임부부, 미숙아 및 선천성이상아 등 각종 의료비부담 경감을 위한 의료비를 지원해 왔고, 위기임신 전문상담센터, 임신육아종합포털 온라인상담, 난임 · 우울증 상담센터 등을 통해 모자보건을 위한 다각적 정보를 제공하고 심리지원을 할 수 있는 사업을 실행해 왔다. 또한 민간 산후조리 체계를 「모자보건법」에 마련하여 제도적 개선을 추진해 왔다. 국가정책의 방향은 난임부부 지원, 저소득층의 임신 · 출산 지원을 위한 기저귀, 조제분유 지원과 생애 초기 방문건강관리 사업을 추진하고자 하고, 산후조리원의 안전과 품질관리를 강화해 나갈 것으로 보인다(보건복지부, 2020).

한편 저소득층의 모 · 부자 가정에 대한 생활지원과 지원의 내실화를 통해 가족해체를 예방하여 아동의 가족 내 보호와 사회적응이 가능하도록 해야 할 것이다(신혜령, 정재훈, 김성경, 2006).

5) 영유아 권리교육의 강화

영유아는 끊임없이 변화하고 발달하는 존재이므로, 성인은 영유아의 욕구와 주변환경을 잘 살펴서 영유아의 성장단계에 적합한 권리를 누리도록 지원해 주어야 한다.

이경자 등(2016)이 설명한 영유아권리교육의 방향을 요약하면 다음과 같다.

첫째, 영유아기, 아동기, 청소년기에는 공통적으로 건강 · 의료 · 생존 · 발달 · 생활의 보장에 대한 권리, 휴식 · 여가 · 놀이 · 문화적 생활에 대한 권리, 교육기회를 제공받을 권리, 유아의 의사존중과 표현의 권리, 비차별의 권리, 국적권 · 위험한 물건 · 물질 · 시설 · 각종 폭력 · 노동 · 학대로부터 보호받을 권리, 상황에 맞는 도움을 요청하고 받을 권리, 부모에 의해서 양육받고 가정에서 성장할 권리가 있다.

둘째, 영유아기는 건강과 의료 · 위생적인 양육환경에 대한 권리, 놀이를 위한 장난감 · 시설 등을 제공받고 충분히 놀 수 있는 권리, 생활습관을 교육받을 권리, 부모에 의한 양육과 가정에서 성장할 권리가 강조된다.

셋째, 유아기는 건강한 발달과 교육을 위한 생활조건을 제공받을 권리, 동등한 교육의 기회를 제공받고, 여러 가지 활동을 선택해서 참여할 권리, 휴식 · 여가 · 놀이 · 문화생활에 참여할 권리, 교통안전에 대한 권리가 강조된다.

넷째, 청소년기는 능력 및 자질의 계발을 위한 권리, 교육기회를 부여받고 교육에 대한 여러 사항을 선택하고 참여하며, 자신의 의견을 표현할 수 있는 자유의 권리와 자신의 의사를 반영할 수 있는 권리 등이 강조된다.

따라서 보호측면에서 영유아권리 존중을 기본으로 하되, 교육적인 양육 환경으로서의 놀이를 위한 장난감 · 시설 등을 제공받고, 충분히 놀 수 있는 권리로서의 휴식 · 여가 · 놀이 · 문화적 생활에 대한 권리, 교육의 기회를 제공받고 교육받을 권리, 유아의 의사존중과 표현의 권리 등에 대한 바른 시각을 정립해 나가야 한다. 특히 유아의 일상적인 경험을 통해 권리에 대한 이해가 가능하도록 도와야 한다.

유해미 등(2011)은 영유아 권리교육에서 육아지원기관의 역할을 강조하면서 영유아의 권리교육 강화를 위해 다음과 같은 정책이 이루어져야 한다고 하였다.

첫째, 교직원 양성과정과 직무교육을 통한 영유아 권리교육 내실화이다. 즉, 교육내용과 시간, 방법을 구체적으로 명시하는 것이다. 영유아를 위한 권리교육이 정기적으로 이루어지도록 지침을 강화하고, 부모의 이해와 협조를 위해 부모들의 수요와 상황에 맞는 부모대상 교육을 실천해야 한다. 또한 영유아 권리교육을 위한 전문 강사진 확충을 통해 교육내용을 일정 수준으로 유지하고, 이들을 활용하여 아동권리 모니터링 체계를 구축해야 한다.

둘째, 아동정책 전반에서 영유아 권리에 대한 인식을 제고할 필요가 있다. 아동권리 모니터 및 아동권리옴부즈맨 제도를 효율적으로 운영할 수 있도록 해야 한다.

셋째, 영유아들이 교육기관을 이용하고 있는 것이 보편화된 현실을 고려할 때, 각 기관에서 영유아권리를 충분히 보장하고 있는지에 대한 평가체계를 마련하여 지역여

건에 맞는 구체적인 성과지표를 제시할 수 있어야 한다.

넷째, 영유아 권리교육 프로그램과 교재·교구, 매뉴얼이 필요하다. 이를 통해 영유아 권리에 대한 개념 정의가 명확해질 수 있고, 영유아 발달단계에 적합한 권리 내용을 선정하여 교육에 반영되도록 해야 한다.

2. 아동권리와 복지의 발전방향

1) 아동 및 아동권리·복지문제에 대한 인식 강화

현시대의 사회적 변화로 인해 나타난 다양한 가족의 형태는 아동의 권리와 복지 증진을 위한 새로운 사회적 방향성을 요구하게 되었다. 특히 아동의 문제를 해결하기 위해서는 아동을 단지 보호의 대상이 아닌 권리의 주체로 인식하는 것이 필요하다. 유엔아동권리위원회는 2011년 9월의 제58차 회기에서 "당사국의 법률상 절차나 사회적 태도 모두 아동에 영향을 미치는 결정에 있어 특히 15세 미만 아동의 견해를 고려하지 않는 점에서 우려를 표명한다"고 권고하였다. 이러한 측면에서 최근의 육아지원서비스가 영유아의 보편적 권리 보장보다는 저출산 등 사회적 위험에 따라 기업과 부모들의 욕구를 우선적으로 고려한다는 우려가 발생한다. 현재의 어린이집 운영시간, 야간보육 등의 취약보육은 일차적으로 부모의 노동시간에 부합하려는 것이고 영유아의 권리는 간과된 측면이 있다는 지적이다. 따라서 육아지원기관에서는 성인주도적인 관심보다는 영유아 권리보장에 대한 사회적 환기가 요구된다(유해미 외, 2011).

2) 아동의 권리 존중 방안

최근 사회에서 발생한 통학버스사고, 가정과 기관에서의 아동학대 사건 등은 아동의 기본적인 권리인 생존과 보호조차도 미흡한 수준임을 보여 준다. 우리나라의 현행 아동관련법률들은 다수의 개별 법률로 산재되어 아동을 보호해야 하는 전달체계가 분산 배치되어 협력이 어렵고, 책임소재가 불분명한 측면이 있으며 아동정책에서 사각지대가 발생할 여지가 있다고 볼 수 있다(김아름 외, 2017).

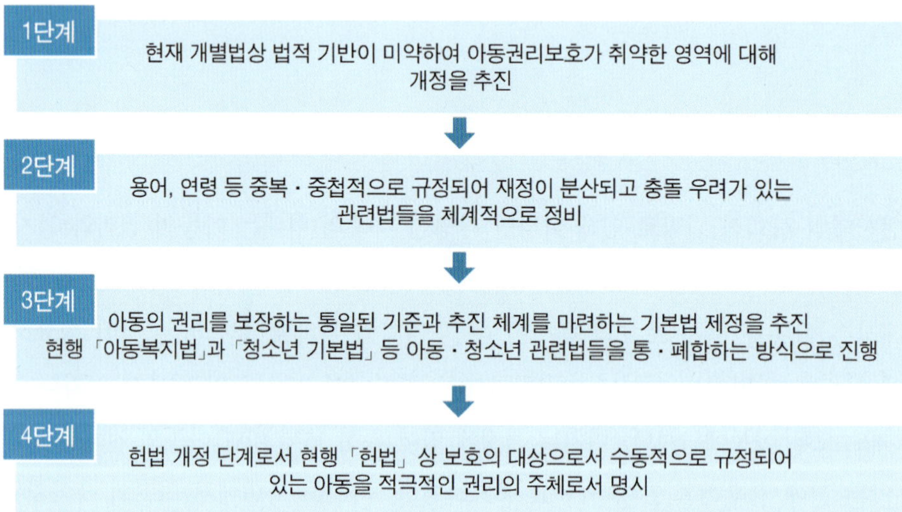

출처: 김아름 외(2017).

[그림 13-1] 아동권리 보장의 법적 기반 확보 정책의 기본 방향

유엔아동권리협약의 아동권리 일반원칙을 기반으로 하여 아동의 권리를 법적으로 보장하기 위한 주요 영역과 세부내용은 다음의 표와 같다.

차별금지 등 아동권리협약의 일반 원칙은 아동관련 모든 법률에서 일관되게 견지되어야 한다. 또한 아동의 생존 및 발달을 위한 사회보장 혜택과 학대예방은 아동의 보호를 위한 일차적인 권리가 되어야 한다. 세부적으로는 보건 및 사회복지 전반, 안전 및 보호, 교육 및 자립역량, 가정보호 및 양육, 놀 권리와 문화 활동에의 참여로 구분할 수 있다. 한편 이들 영역 전반에 걸쳐 아동권리에 부합하는 법적 기반을 갖추기 위해서는 앞서 언급한 바와 같이 아동정책 전반을 총괄하는 부서 및 기구의 내실화, 아동권리 이행 모니터링의 독립성 및 법적지위 강화, 아동정책 총괄 개발 및 협의 강화, 아동권리교육의 체계화 및 내실화가 요구된다.

〈표 13-3〉 **아동권리 보장을 위한 주요 영역 및 세부내용**

주요 영역	세부 내용
기본권/ 일반원칙	• 차별금지 • 아동 최우선의 원칙 • 아동견해 존중, 의사존중 및 참여권 보장 • 자유권 보장 • 시민권, 등록(출생 신고), 국적 및 신분 보장 • 사회보장(보건 및 복지)에 대한 권리
보건 및 복지	• 장애아동 등 대상별 맞춤형 복지 • 위기 청소년 보호 및 지원 • 정신건강 관리 • 사회보장을 통한 생존 발달 보장 • 발달주기별 건강 및 영양관리 체계 구축
안전 및 특별보호	• 가정, 돌봄서비스기관, 학교 등의 위해요인 해소 • 도로 등 이동공간 안전 확보, 안전교육 포함 • 발달주기별 안전 취약분야 투자 • 지역사회 안전환경 조성 • 경제적 착취 및 유해 노동으로부터의 보호 • 성적 학대 및 착취로부터의 보호 • 인신매매로부터의 보호 • 사법기관으로부터의 아동 보호 • 소수아동의 보호, 난민 아동 포함 • 학교폭력 예방 및 사후관리 • 학대 및 체벌 금지 • 유해환경 개선 및 피해 예방, 온라인 모니터링 등 • 식품안전, 불량식품 및 급식관리

주요 영역	세부 내용
교육 및 자립역량	• 영유아기의 교육보육 기회 보장 • 아동권리 원칙에 부합하는 교육과정 운영 • 직업훈련 및 생활지도를 포함한 교육 • 청소년의 필수역량 함양 및 균형 성장 • 청소년의 정책 결정과정 참여
가정보호 및 대안 양육	• 빈곤가정 아동보호를 위한 사회안전망 • 부모로부터의 분리와 가족복귀 • 학대 예방 및 사회복귀 • 입양아동의 보호와 양육
놀 권리와 여가활동	• 휴가와 여가 시간 보장 • 가족중심 여가문화 조성 • 아동 연령에 맞는 놀이 기회 및 환경 조성 • 문화활동과 예술활동 참여의 균등한 기회 보장

출처: 김아름 외(2017).

3) 아동의 양육과 보호 지원 정책 확대

아동의 양육과 보호를 지원하기 위해서는 포괄적인 차원에서 다양한 시도가 이루어져야 한다. 우선 요보호아동의 발생을 예방하기 위해서는 가족의 기능을 강화하는 정책이 실행되어야 한다. 예를 들어, 지역사회종합복지관, 건강가정지원센터 등 공공기관과 연계한 가족기능강화 서비스를 통해 부모교육 및 상담 등을 실시하여 아동이 자신의 가정에서 건강하고 안전하게 성장할 수 있도록 해야 한다.

또한 가정에서의 양육을 지원할 수 있는 정책이 지속적으로 실행되어야 한다. 특히 저소득층, 이혼가정, 한부모가정, 소년소녀가정, 조손 가정 등의 취약한 환경의 아동을 위한 지원이 확대되어야 하며, 이들의 지원을 위한 제도적 장치가 안정적으로 시행되어야 한다.

뿐만 아니라 아동 양육 및 보호 지원을 위해서는 이주가정, 다문화가정, 아동복지시설이나 청소년 쉼터 등에서 생활하는 아동에 대한 정신 건강지원과 음주, 흡연, 약물오남용 예방 교육 같은 보건 서비스가 강화될 필요가 있다.

우리나라는 예전에 비하면 아동에 대한 가치나 권리 등에 대한 인식이 개선되었다고는 하나, 여전히 아동들은 권리의 주체로서 충분히 인식되고 있지 않다. 빈곤으로 인한 부모와의 동반죽음, 사이버상의 유해한 환경에의 노출, 범죄, 그리고 심심찮게 들려오는 가정과 교육기관에서의 학대와 방임, 유기 등이 그 예이다.

또한 영유아들의 생활환경은 각종 사고와 위험에 노출되어 있고, 자유로운 놀이가 가능한 자연환경과 놀이 장소를 차츰 잃어 가고 있다. 이에 더하여 감염병 확산이라는 사회적 상황으로 인해 TV, 인터넷, 전자게임 등을 접하는 시기가 빨라지고, 접하는 시간도 늘어나면서 팬데믹 시대의 부정적 영향을 가장 많이 받는 것은 영유아 시기라고 해도 무방하다. 이러한 현실에서 영유아들의 권리보장과 더 나은 복지를 위해서는 성인들이 아동권리에 대한 인식을 개선해야 하고, 인권의 주체로서 입지를 강화해 주는 국가의 정책적 지원이 중요하다.

함께 생각해 보기

저출산현상을 극복하기 위한 육아지원정책이 영유아의 보호받을 권리와 교육받을 권리를 보장하기 위해 포함해야 할 내용은 무엇일까요??

부록

아동권리의 영유아교육기관 현장적용

CHAPTER

부록

아동권리의 영유아교육기관 현장적용

1. 영유아 대상 권리교육 사례

1) 영유아 권리교육의 교수전략 예시

기본권리	교육주제
교육활동 과정에서 인권적 요소 고려하여 구성하기	• 영유아 4대 기본원리를 반영한 교육목표 설정과 균형 있는 교육내용 구성하기 • 교육활동 과정에서 인권적 문제해결 및 태도 실천하기 • 인권적 제해결과정에서 반성적 태도 가지기
발달적 특성을 고려한 권리교육 실행하기	• 사회적 기술 함양을 통한 공동체 구성원으로서의 태도 기르기 • 구체적이고 실제적 교수방법으로 접근하기 • 호기심 공동체 구성원으로서의 책임 구분하여 지도하기
일상 속에서 영유아의 인권적 태도 및 인권감수성 기르기	• 자신과 타인 존중의 경험 제공하기 • 교사의 지속적 관심과 격려를 통한 인권적 태도 함양하기 • 영유아의 인권태도 형성을 위해 가정과 소통하고 협력하기
영유아의 삶에서 시작되는 권리교육 실천하기	• 다름에 대한 이해의 폭 넓히기 • 영유아의 삶에서 출발하는 권리교육 주제 선정하기
자유로운 의사표현 및 적극적 참여 이끌기	• 자유로운 의사표현을 위한 활동 제안하기 • 교실환경 구성에 있어 영유아의 의견을 반영하고 협력하기 • 사회현상과 환경에 대한 영유아의 관심 이끌기

출처: 이화도 외(2018).

2) 영유아 4대 기본권리별 교육주제 구성 예시

기본권리	교육주제
생존권	• 자연재해에 관심을 가져요 • 가난과 전쟁으로부터 지켜 주세요 • 나의 몸을 보호해 주세요 • 안전한 환경이 필요해요
보호권	• 장애가 있는 친구를 이해할 수 있어요 • 학대상황에서 나를 보호할 수 있어요 • 다름을 이해하고 서로 도와줄 수 있어요 • 동생을 보살펴 주어요
발달권	• 나를 존중해 주세요 • 내 감정을 표현할 수 있어요 • 감사의 마음을 표현해 보아요 • 우리가 할 수 있도록 기회를 주세요
참여권	• 함께라서 좋아요 • 우리의 환경은 우리가 지켜요 • 자연의 소중함을 알아요

출처: 이화도 외(2018).

3) 영유아 4대 기본권리별 활동계획안 예시

(1) 생존권

활동명	초록지구 만들기
활동목표	• 동화를 듣고 내용을 이해한다. • 지구가 점점 더워지는 이유에 대해 안다. • 초록지구가 되기 위해 환경을 지키는 방법을 알고 실천한다.
활동자료	동화자료  빨간지구 만들기 초록지구 만들기 한성민 글, 그림 파란자전거, 2011년 활동자료 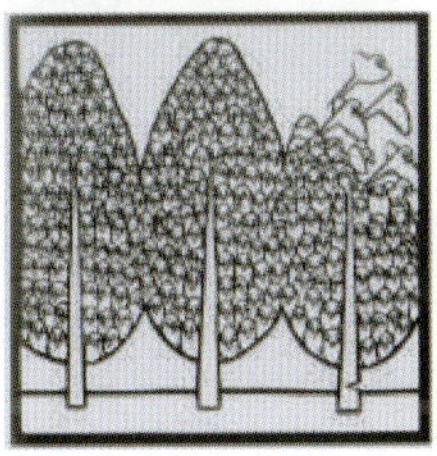 그림책 삽화 스캔 자료, 필기도구
활동방법	1. 책 표지를 보며 이야기를 나눈다. - 어떤 그림이 보이니? - 제목을 읽어 볼까? - 왜 빨간지구(초록지구)만들기라고 제목을 지었을 것 같니? 2. 동화를 듣는다. 3. 동화 내용을 회상한다. - 가장 기억에 남는 장면은 무엇이니? - 빨간지구를 만드는 사람들의 행동은 무엇이 있었니? - 우리가 사는 환경을 초록지구로 만들기 위해서는 어떤 노력이 필요할까? 4. 활동자료를 탐색한다.

	– 빨간지구만들기 편의 삽화 스캔 자료 사진 5. 지구를 더 이상 뜨거워지지 않게 하려면 우리의 어떤 노력이 필요한지 이야기를 나누고 실천방법을 글로 표현한다. 6. 친구들의 초록지구만들기 방법을 듣고 우리가 원 또는 집에서 실천할 수 있는 행동을 정하여 실천한다.
활동사진	 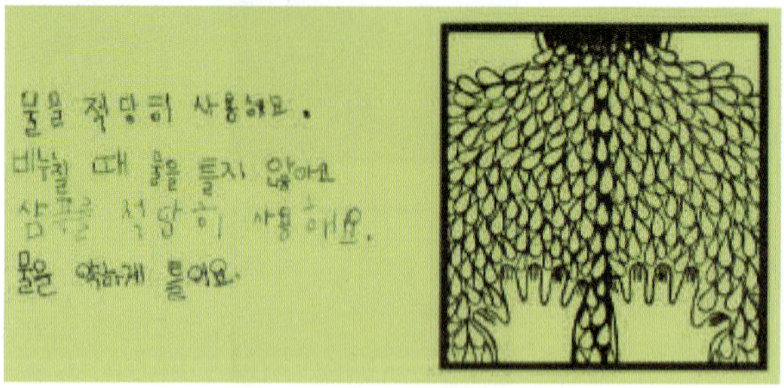
활동평가	• 지구가 뜨거워지게 되는 이유는 무엇인가? • 환경을 위한 실천 약속을 지키면 변화되는 점은 무엇인가?
확장활동	• 가정에서 가족들과 함께 초록지구만들기 방법을 생각하여 그림 또는 글로 포스터를 만들어 실천한다. • 하루에 1~2가지 정도 초록지구만들기 실천 약속을 정하여 활동한 후 평가한다.

활동명	어떤 음식 먹을래?
활동목표	• 몸에 좋지만 먹기 어려운 음식(채소)에 친근감을 갖고 골고루 먹을 수 있다. • 몸에 좋은 음식과 몸에 해로운 음식을 구분한다. • 몸에 해로운 음식으로 몸이 어떻게 변할 수 있는지 알아본다.
활동자료	동화자료  냠냠 골고루 먹어요 푸른 숲 글방 글 박소현 그림 그린키즈 2018년 활동자료  자석 활동판 2개, EVA 자석 조각 20개
활동방법	1. 자석 활동판의 얼굴을 보고 이야기 나눈다. − 두 친구의 얼굴은 무엇이 달라 보이니? 2. 음식 자석 조각을 보고 몸에 좋은 음식과 해로운 음식을 구분한다. − 여러 가지 음식 중 좋아하는 음식을 골라 보세요. − 어떤 음식이 몸에 좋은 음식일까요? − 어떤 음식이 몸에 해로운 음식일까요? 3. 자석 활동판 아이의 얼굴을 보고 어울리는 음식을 붙여 본다. − 이가 썩은 친구는 어떤 음식을 많이 먹었을까요? 찾아서 붙여 보세요. − 몸에 해로운 음식을 계속 많이 먹으면 어떤 점이 좋을까요? 4. 자석 조각의 음식 외에 몸에 좋은 음식과 해로운 음식을 떠올려 말해 본다. − 평소에 먹지 않는 음식이 있었니? 왜 먹지 않았니? 5. '몸에 좋은 음식을 골고루 먹어요'를 실천하는 약속을 한다. ※ 교사와 유아들이 우리 반의 약속을 정해 본다.
활동평가	• 앞으로 어떤 음식을 좋아하고 잘 먹고 싶나요? • 몸에 좋은 음식들은 우리에게 어떤 도움을 주나요?
확장활동	• 유아들이 제안한 채소를 활용한 음식 만들어 보기(김밥, 채소비빔밥 등) • '잔반 없는 날' 정하기

(2) 보호권

활동명	눈이 보이지 않을 때 불편함을 느껴 보기
활동목표	• 동화를 듣고 내용을 이해한다. • 눈의 소중함을 안다. • 눈이 보이지 않는 사람들의 마음을 헤아릴 수 있다.
활동자료	동화자료  행복을 나르는 버스 맷 데 라 페냐 글 크리스티안 로빈슨 그림 김경미 옮김 비룡소 1994년 활동자료  안대  하트 주걱, 색깔 공, 바구니
활동방법	1. 책 표지를 보며 이야기를 나눈다. – 어떤 그림이 보이니? – 어떤 내용의 동화일 것 같니? 2. 동화를 듣는다. 3. 동화 내용을 회상한다. – 가장 기억에 남는 장면은 무엇이니? – 버스에는 어떤 사람이 탑승했니? – 앞이 보이지 않는 시각 장애인 친구를 만나면 어떻게 도와주면 좋을까? 4. 활동자료를 탐색한다. – 안대, 신체활동 기구

	5. 게임 방법에 대해 알아본다. **[게임방법]** ① 짝꿍을 짓는다. ② 한 명은 안대를 착용한다. ③ 안대를 착용한 채로 바구니에 공을 옮긴다. (나머지 한 명은 안대를 착용한 친구를 다치지 않고 올바른 길로 갈 수 있도록 수호해 준다.) 6. 활동 후 소감을 이야기 나눈다. – 어떤 점이 가장 기억에 남니? – 어떤 점이 어려웠니? 7. 앞이 보이지 않는 친구가 있다면 앞으로 어떻게 행동해야 할지에 대해 이야기 나눈다.
활동사진	
활동평가	• 눈으로 볼 때 어떤 점이 편했나요? • 눈으로 볼 수 없을 때 어떤 점이 불편했나요?
확장활동	• 초롱이 눈 건강나라 홈페이지(WWW.chorongi.org)를 활용하여 시력을 예방하는 방법에 관해 알아본다. • 활동을 가족들과 함께해 볼 수 있도록 한다.

활동명	내 친구의 마음이 보여요
활동목표	• 배려하는 마음을 안다. • 상처가 될 수 있는 말에 대해 이해한다. • 서로 도움을 주고 받으며, 서로의 존재에 고마움을 갖는다.
활동자료	활동자료 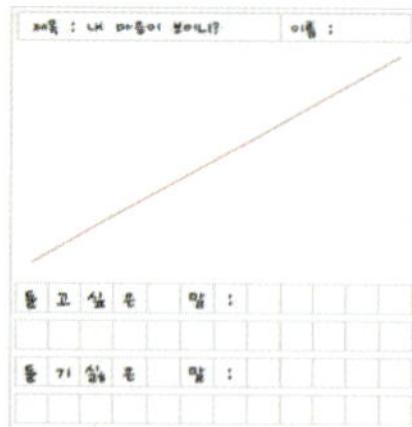 마음 일기장, 그리기 도구
활동방법	1. 친구와 대화 중 들었던 다양한 기분에 관해 이야기한다. – 친구에게 어떤 말을 들었을 때 기분이 좋았니? – 친구에게 어떤 말을 들었을 때 기분이 나빴니? 2. 나는 놀이를 할 때에 어떤 말을 들었을 때 어떤 기분인지 생각해 보고, 그 모습을 그림을 통해 나타내 본다. – 기쁠 때의 나의 모습 – 슬플 때의 나의 모습 3. 유아들이 그림으로 표현한 것을 게시판에 게시하여 공유한다. – 어떤 친구가 어떤 말을 들었을 때 행복한 표정을 지을 수 있는지, 어떤 말을 들었을 때 속상한 표정을 지을 수 있는지 친구들의 마음을 들여다보자. 4. 나와 다른 친구들과 함께 잘 지내기 위해 우리는 어떤 마음을 가지고 어떻게 행동해야 하는지 이야기 나눈다.
활동사진	
활동평가	• 오늘 활동으로 무엇을 느끼게 되었나요? • 오늘 느낀 것을 친구와 놀이할 때 실천할 수 있을까요?
확장활동	• 함께 놀이하고 싶은 친구와 서로 배려하는 마음을 가지며 놀이해 볼 수 있고, 서로의 장·단점을 이해하고 보완하는 활동을 해 본다.

(3) 발달권

활동명	감정에 날개를 달아요.
활동목표	• 동화를 듣고 내용을 이해한다. • 상황에 따라 감정이 변할 수 있음을 안다. • 적절한 방법으로 자신의 감정을 해소해 본다.
활동자료	도화지, 사인펜, 색연필 동화자료  화가 둥! 둥! 둥! 김세실 글, 이민혜 그림 네버랜드 감성그림책 2010 활동자료  감정날개
활동방법	1. "화가 둥둥둥" 동화를 감상 후 이야기를 나눈다. – 어떤 장면이 가장 기억에 남았나요? – 친구들이 즐겁고 행복할 땐 마음의 방 속에 고릴라는 어떤가요? – 친구들 마음속은 파란색인가요? 빨간색인가요? 2. 신나거나 짜증났던, 슬프거나 화났던 경험들을 떠올려 본다. – 파란 고릴라가 새근새근 잠든 것처럼 신났을 때가 언제였나요? – 파란 고릴라가 점점 커져 빨간 고릴라로 변했던 것처럼 기분이 나쁘고 화가 날 때가 있었나요? 3. 부정적인 감정을 느꼈을 때 나타나는 태도와 행동의 변화에 대해 이야기해 본다. – 화가 나고 짜증이 날 때 표정은 어떻게 달라지나요? 4. 기분을 전환할 수 있는 방법에 대해 이야기 나눈다. – 짜증나고 속상하고 화난 마음을 어떻게 하면 좋을까?

	5. 도화지에 자신이 속상하거나 화났던 마음을 그림으로 그려 본다. 6. 감정날개를 통해서 각자의 다양한 나쁜 감정을 해소해 보는 경험을 해 본다. – 감정날개에 속상했던 마음을 붙여 날려 보니 어땠니?
활동사진	 
활동평가	• 감정날개를 달고 나는 친구의 모습을 보니 어땠나요? • 부정적인 감정을 해소해 보니 어땠나요?
확장활동	• 부정적인 감정이 들었을 때 자유롭게 해소의 도구로 사용할 수 있도록 감정날개를 교실에 비치해 둔다.

활동명	여름방학 계획 세우기
활동목표	• 방학 중에 해야 할 일을 미리 계획한다. • 스스로 할 수 있는 것에 대해 생각한다. • 시간 개념을 이해하고 하루일과계획표를 만든다.
활동자료	활동자료  「여름방학 계획표」 워크시트지, 개인 필기도구, 색연필
활동방법	1. 여름방학에 대해 이야기를 나눈다. – 여름방학은 언제 시작할까? – 여름방학을 왜 하는 걸까? – 여름방학 동안 친구들은 무엇을 하고 싶니? 2. 하루일과 순서에 대해 이야기를 나눈다. – 친구들이 유치원에 오지 않는 주말에 친구들은 어떻게 하루를 보내니? – 오늘 했던 일들을 순서대로 기억해 볼까? 3. 매일 반복되는 것과 그렇지 않은 것을 구분한다. – 우리가 매일 하는 활동은 무엇이 있을까? (잠자기, 밥 먹기, 놀기 등) – 매일 하지 않는 활동은 무엇이 있을까? (학습지 선생님 만나기, 여행 등) 4. 하루일과 활동 중에서 스스로 할 수 있는 것들에 대해 생각하고 이야기를 나눈다. – 친구들이 하루를 보내면서 부모님 도움 없이 스스로 할 수 있는 것은 무엇이 있을까?(세수하기, 양치하기, 밥 먹기, 놀기 등) 5. 여름방학 하루일과 계획을 세운다. – 어떤 그림이 보이니? – 비워 둔 시계 그림 속에 친구들의 하루일과 시간표를 만들어 보자. 6. 완성된 여름방학 계획표를 발표한다. – OOO의 여름방학 계획표가 완성되었구나. 어떤 하루를 보내게 될지 친구들에게도 소개해 보자.

	– 여러 가지 일과 활동 중에서 스스로 할 수 있는 것으로 무엇을 생각했니?
활동사진	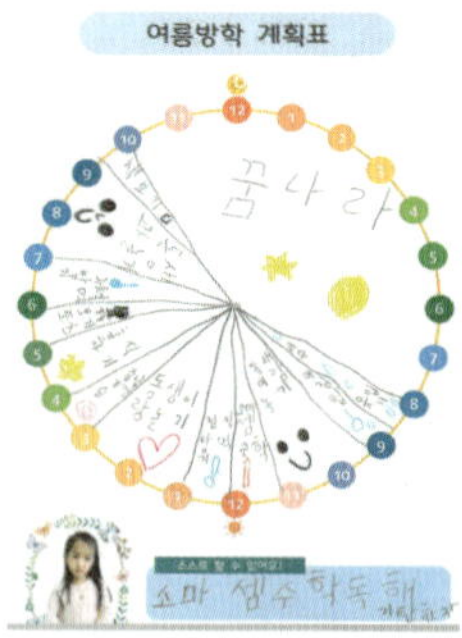  
활동평가	• 적절한 시간을 분배하여 하루일과 계획을 세웠을까? • 친구들이 만든 시간표대로 하루일과를 보내게 되면 어떨 것 같니? • 매일 정해 놓은 시간표대로만 하루를 보낼 수 있을까?
확장활동	• 어름빙학 기간 동안 언계하여 유아들이 계획한 일과 시간표대로 보낸 날을 평가한다. • 가족들과 함께 가게 될 여행 계획을 세워 본다.(가정연계)

(4) 참여권

활동명	함께 가꾸는 허브 정원 가꾸기
활동목표	• 우리가 키우는 허브식물에 관심을 가진다. • 식물이 잘 자랄 수 있는 환경에 대해 알아보고 허브 정원을 구성한다. • 허브 정원 만들기 활동을 통해 자연을 아끼고 사랑하는 마음을 가진다.
활동자료	반에서 키우는 여러 종류의 허브 화분(바질, 로즈마리, 체리세이지, 민트 등), 모양스티커, 색깔점토, 아크릴물감, 면봉, 폼보드, 종이, 가위, 풀, 색연필, 막대
활동방법	1. 주말을 보내면서 잎마름현상을 보이는 허브를 관찰하며 이야기를 나눈다. – OO허브식물의 잎을 보자. 주말을 보내면서 어떤 점이 이전과 달라졌니? – 왜 이렇게 잎이 시들었을까? – 다시 건강하게 살리려면 어떤 변화가 필요할까? (식물이 살아가는 데 필요한 필수 요소에 대해 알아보기) 2. 유치원에서 허브 화분이 잘 자랄 수 있는 장소에 대해 찾아본다. – 직사광선이 들지 않고, 따뜻한 온도와 통풍이 잘 되는 곳 (화단 옆 지붕이 덮여 있는 작은 공간을 찾음) 3. 허브 정원 만들기 계획을 세운다. – 허브 화분을 어떤 모양으로 놓아 볼까? – 허브 정원의 이름은 어떻게 지어 줄까? – 허브 화분 외에 또 필요한 것은 없을까? – 어떤 재료로 만들면 좋을까? 4. 허브 정원 보호표지판과 곤충친구들, 화분꾸미기 팀으로 나눠 계획한 것을 만든다. 5. 결과물을 모아 허브 정원을 만들 장소로 옮겨 구성하도록 한다. 6. 완성된 허브 정원을 감상하며 평가를 나눈다.

활동사진	 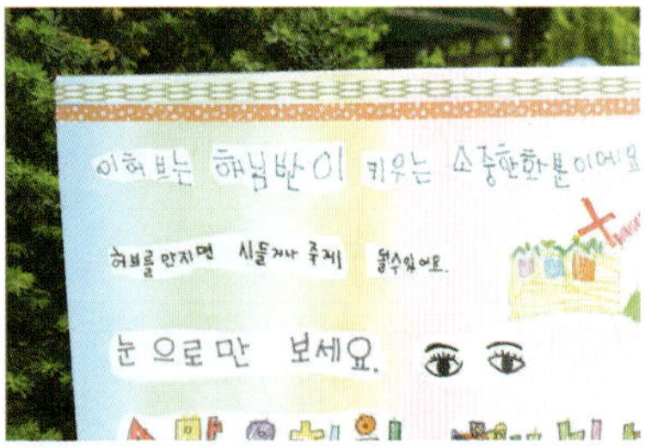 
활동평가	• 함께 만든 허브 정원을 보니 어떤 점이 가장 기억에 남니? • 우리가 계획했던 대로 허브 정원이 잘 만들어졌니?
확장활동	• 허브 화분을 키우며 기록(그림 또는 사진)하여 식물의 성장과정을 이해한다.

활동명	초록지구지킴이 캠페인
활동목표	• 환경캠페인의 목적을 이해한다. • 환경캠페인 활동을 경험한다. • 환경보호에 지속적인 관심을 가지고 실천한다.
활동자료	활동자료 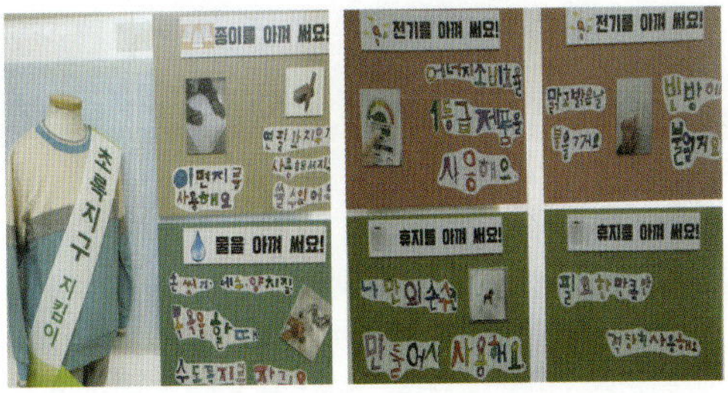 다양한 분야의 캠페인 활동 모습이 담긴 사진들 캠페인 어깨띠, 유아들이 만든 환경캠페인 내용이 적힌 피켓
활동방법	1. 다양한 캠페인 활동의 사진을 보면서 이야기를 나눈다. – 이 사진 속 사람들을 보자. 어떤 행동을 하고 있니? – 이 사진을 보면 어떤 생각이 드니? 왜 그렇게 생각했니? – 사진 속 모습처럼 다른 사람들에게 너희들의 목적을 알려 주는 활동을 '캠페인'이라고 한단다. 2. 환경캠페인 활동을 계획한다. – 우리가 살고 있는 지구를 지키기 위해서 환경캠페인 활동을 해 보려고 해. – 사람들에게 꼭 전달하고 싶은 환경보호 내용이 무엇이 있을까? – 친구들이 이야기한 내용을 어떤 방법으로 전달하면 좋을까? (캠페인 노래 부르기, 포스터 디자인하여 부착하기, 피켓 들고 다니면서 구호 및 환경보호 내용 외치기 등) – 어떤 장소에서 캠페인 활동을 하면 많은 사람들이 알게 될 수 있을까? – 우리가 정한 방법으로 캠페인을 활동하기 위해 어떤 자료가 필요할까? – 어떻게 만들면 좋을까? 3. 환경캠페인 활동에 필요한 활동자료를 만든다. 4. 완성된 활동자료를 사용하여 환경캠페인 활동을 한다. 5. 환경캠페인 활동 경험을 회상하며 평가한다.

활동사진	 
활동평가	• 계획대로 캠페인 활동이 이루어졌니? • 사람들이 우리의 캠페인을 보면서 어떤 생각을 하게 되었을까?
확장활동	• 우리 동네 환경을 가꾸는 활동을 경험한다.(예: 쓰레기 줍기)

4) 굿네이버스 아동 힘 키우기 서비스교육

아동힘키우기 서비스(CES)

굿네이버스의 권리•나눔교육은 유엔 아동권리협약(UN CRC)을 기반으로 아동의 권리를 보호하며, 아동이 지구촌 이웃의 아픔에 공감하고 나눔을 실천하여 건강한 인성을 갖춘 세계시민이 되도록 돕습니다.

(1) **프로그램 명:** 아동힘키우기서비스(CES: Child Empowering Service)

(2) **프로그램 대상:** 유치원/어린이집에 재원 중인 5~7세 아동, 1회당 최소 40명 단위

(3) **프로그램 목적**

① 아동들이 경계 존중원리와 구체적인 상호존중의 방법을 학습하여 상대방을 존중하고 배려하는 태도를 형성한다.

② 일상생활에서 실천 가능한 대처 방법을 교육하여 성폭력을 예방하고 위험으로부터 벗어날 수 있도록 돕는다.

(4) **프로그램 진행 장소:** 각 신청기관 내(아동권리교육 강사파견 후 실시)

(5) **사전 요청사항**

① 원 내 담당교사 1명 이상 필수 참관 및 교육 진행 시 아동 지도

② 강사 교육 진행 시 필요한 책상 1개, 의자 1개 사전준비

(6) **비용:** 전액 무료

(7) **프로그램 개요**

아동교육(택1)		
제목	CES1(성폭력예방교육) [40~45분]	CES2(성폭력예방교육) [40~45분]
내용 구성	① 경계 및 경계 존중 이해하기 • 차도와 인도 예시를 통해 경계 개념 알기 • 보이지 않는 선을 통해 서로의 물건, 몸, 마음의 경계 이해하기 ② 상호경계 존중 방법 배우기 • 물리적 영역, 신체적 영역, 정서적 영역 중심으로 유아가 자주 접하는 일상적 상황 속 경계 존중방법 배우기 ③ 위험상황 대처방법 배우기 • 손인형을 통해 신체경계 침해상황(성폭력) 시 대처방법 익히기	① 우리 몸 알기 • 우리 몸의 소중함 알기 • 우리 몸 구성 및 명칭 알기 • 성장한 우리 몸 알기 ② 생명탄생 알기 • 엄마와 아빠의 만남, 가족의 형성 • 임신과 출산 ③ 성폭력 위험상황 대처방법 배우기 • 일상에서 불편한 접촉/요구 거절 및 수용 • 함부로 보거나 만지면 안되는 곳 • 나쁜 비밀 지키지 않기 / 잘못의 책임 소재 알기
교육 자료	경계존중 활동판, 손인형, 상황극 교구 세트	해부학적 인형(가족인형), 엄마 섬의 보물찾기 지도, 임신인형, 임신체험 앞치마, (성학대)상황판

출처: 굿네이버스 아동힘키우기 서비스 안내서.

5) 권리관련 그림책

영역	도서명	저자/출판사	내용
생존권	으뜸헤엄이	레오 리오니/ 마루벌	으뜸 헤엄이가 떼를 지어 다니는 작은 물고기들이 큰 물고기들에게 먹히는 것을 막기 위해 작은 물고기들을 도와주는 내용
	빨간지구 만들기 초록지구 만들기	한성민/ 파란자전거	14가지의 빨간지구를 만드는 방법과 14가지의 초록지구를 만드는 방법을 소개하는 내용
	너는 특별하단다1,2	맥스 루케이도/ 고슴도치	아이들의 열등감을 없애고, 자존감을 높이며 자신을 더욱 사랑하게 만드는 내용
보호권	앵그리맨	그로달래/ 내인생의책	가정폭력은 어린이의 책임이 아님을 인식하게 하고 폭력 시 대처방법에 대한 내용
	까매서 안 더워?	박채란/ 파란자전거	이주가족과 이주아동이 겪는 어려움을 담은 내용
	세상에서 가장 멋진 장례식	울프 닐손/ 시공주니어	죽은 동물의 장례식을 치러 주며 죽음과 보호의 의미를 느끼는 내용
발달권	꼴지라도 괜찮아	유게영/ 휴이넘	운동을 싫어하는 아이가 달리기주자로 뽑혀 자신감을 갖게 되는 내용
	깃털없는 기러기 보르카	존 버닝햄/ 비룡소	깃털이 없이 태어나서 날지 못하는 기러기가 뱃사람들의 도움으로 세상을 헤쳐 나갈 기회를 얻는 내용
	쏘피가 화나면 정말 정말 화나면	몰리뱅/ 케이유니버스	어린이의 화나는 감정과 감정을 푸는 다양한 방법에 대한 내용
참여권	지각대장 존	존 버닝햄/ 비룡소	등굣길에 예상치 못한 일을 만나 지각을 하는 어린이가 이유를 설명하지만 믿지 않은 어른에 대한 이야기로 믿음과 이해에 대한 내용
	100만 번 산 고양이	사노요코/ 비룡소	100만 번이 될 때까지 자기의 삶을 살지 못하다가 마지막에 자기 의지를 실현하는 삶을 산 고양이에 대한 이야기
	티모시 할아버지는 모으기를 좋아해요	네트 힐튼/ 중앙출판사	바닷가 주변에 있는 것들을 모으는 할아버지 덕분에 아름다운 바다가 있다는 것을 알게 되며 자연의 소중함을 깨닫게 되는 내용

2. 교사대상 권리교육 사례

아동의 권리가 강조됨에 따라 국가인권위원회(2011)는 다음과 같이 아동대상 교육을 하는 교사를 위한 인권교육 프로그램을 개발하였다.

프로그램구성	회기
1장 아동이란?	1. 나와 아동, 교사와 유아 • 아동과 교사의 관계, 지혜의 글을 통해 아동에 대해 배우기 • 교사의 사명과 역할에 대한 가치관 정립하기
	2. 아동기와 아동존중 • 아동기에 영향을 미치는 경험의 중요성 알기 • 역사 속 아동기와 아동관 배우기 • 아동의 존엄성을 지켜 주어야 한다는 것 인식하기
2장 아동인권과 유엔아동권리협약	3. 아동인권과 배경 • 아동인권이 무엇인지 활동을 통해 배우기 • 아동인권이 나오게 된 역사적 배경 배우기
	4. 유엔아동권리협약과 위원회 • 유엔아동권리협약 이해하기 • 유엔아동인권위원회의 역할과 아동인권모니터링체계 이해하기
3장 주제별 아동인권	5. 비차별주의 • 차별받는 느낌 체험하고 비차별의 원칙에 대해 습득하기 • 편견과 고정관념에 대해 이해하고 차별행동 생각해 보기
	6. 주제별 아동인권 • 안전불감증으로 인한 안전사고 예방하기 • 유괴와 실종으로부터 아동을 보호하기 위한 방법 배우기 • 아동학대에 대한 생각과 태도 확인하고 아동학대의 정의와 유형을 배우고 교사가 아동학대 신고의무자임을 인식하기 • 유엔아동권리협약에서 말하는 교육의 목표를 배우고 유아의 잠재력을 키워 줄 수 있는 교육에 대해 생각해 보기 • 놀이는 아동의 권리임을 알아보기 • 아동인권의 실현을 위해 참여가 존중되어야 한다는 점 알아보기

프로그램구성	회기
4장 아동인권의 유아교육 현장적용	7. 아동인권 모니터링 • 아동인권 모니터링의 목표와 역할 배우기
	8. 컨텐츠 속 인권상황 • 다양한 매체를 통해서 인권감수성에 대해 체험하기
	9. 딜레마 상황과 문제행동 • 교육현장에서 경험할 수 있는 인권딜레마 상황을 통해 인권감수성키우기
	10. 입장 바꿔 생각해 보기 • 갈등상황 속에서 상반된 입장을 이해하고 상호 간의 존중하는 마음키우기

3. 부모대상 권리교육 사례

1) 긍정적 훈육(Positive Discipline)

세이브 더 칠드런 스웨덴의 자문가이자 아동심리학자인 캐나다 마니토바대학의 조안 듀란트 박사(Joan Durant)에 의해 개발된 프로그램이다. 2007년 방콕을 시작으로 현재 세이브 더 칠드런 회원국을 포함한 전 세계 25개국 이상에서 부모 등 성인을 대상으로 교육하는 표준화된 프로그램이다. 우리나라에는 2017년부터 프로그램을 보급하고 있다. 교육은 무료로 진행되며 다음과 같이 기본교육과 심화교육으로 나누어 이루어진다.

(1) 기본교육

시간	1회(150분)
내용	• 아동과 권리 이해: 아동과 권리의 개념, 유엔아동권리협약의 이해 • 아동권리 실천방법: 아동학대 정의와 종류, 신고의무자 역할, 아동권리에 입각한 양육 • 아동들도 함께 배우는 아동권리: 유아/초등대상 아동권리교육 키트설명(3종)

(2) 심화교육

시간	1회(120분)
내용	• 아동과 권리 이해 • 체벌과 아동학대 이해 • 의무이행자로서 아동권리실천 자가점검 및 신고역할 이해 • 아동권리에 입각한 양육: 긍정적 훈육 4단계 적용 및 사례나눔

출처: 세이브더칠드런 아동권리교육 아동권리와 긍정적 훈육 리플렛.

2) 부모 권리교육용 영상(EBS 지식채널-e 영상)

영역	제목	영상 내용
생존권	파키스탄의 아이, 이크발	어린이 노동력 착취 및 권리에 대한 이야기
	집으로 돌아가는 길	전쟁터로 끌려 나간 평균 13살의 아이들에 대한 이야기
보호권	가만히 있으라는 말	세월호 사건의 '가만히 있으라'는 말과 학생들의 말에 귀 기울이지 않는 사회에 대한 이야기
	모든 사람 2부 -차별의 발견-	우리 삶 곳곳에서 발견되는 차별에 관한 이야기
발달권	어린이를 사랑하는 법	1989년 선포된 UN 아동권리협약의 사상적 기반을 제공한 의사이자 교육자인 야누스 코르착의 이야기
	왜 공부를 하냐구요?	장애인 야간학교의 진정한 배움에 대한 이야기

영역	제목	영상 내용
참여권	2007, 대한민국에서 '초딩'으로 산다는 것	과중한 공부 스트레스로 변해 가고 힘들어하는 초등학생들의 현실에 대한 이야기
	사라진 1억 명	여성착취의 풍습에 의해 본인의 의사와 상관없이 궁지로 내몰리고 있는 전 세계 여성들의 이야기

출처: 광주시교육청 학생인권교육센터 홈페이지.

4. 권리관련 영상자료를 찾을 수 있는 사이트

순번	내용
1	세계인권선언 낭독(국가인권위원회 누리집)
2	웹드라마, 결정례 등(국가인권위원회유튜브)
3	청소년 근로권익 교육용 애니메이션 (여성가족부 누리집 뉴스소식/홍보자료/기타홍보자료/동영상 20번)
4	인권단편영화(국가인권위원회 인권교육센터 누리집/인권지식터/인권문화콘텐츠)
5	국가인권위원회 결정례영상(인권지식터/인권교육콘텐츠/결정례동영상)
6	EBS 누리집(검색창에 관련 제목으로 검색)

출처: 광주시교육청 학생인권교육센터 홈페이지.

5. 권리관련 인터넷사이트

단체명	웹주소	성격
국가인권위원회	http://edu.humanrights.go.kr/	인권전담기구이며 인간의 기본권리와 보호에 관한 일을 하는 기관
굿네이버스	http://www.goodneighbors.kr/	가난하고 소외된 지구촌의 아동들을 중심으로 인권에 대한 보호 및 나눔을 실천하며 아동들의 권리를 세계에 알리는 기관
광주광역시교육청 민주인권교육센터	http://human.gen.go.kr/main/main.php	인권친화적인 학교문화를 만들기 위해 함께 소통하고 지원하는 기관
세이브더 칠드런	http://www.sc.or.kr/	전세계 아동들의 보건, 영양, 교육, 아동보호, 아동권리 등 아동을 중심에 둔 지원사업을 하는 기관
유니세프	http://www.unicef.or.kr/	국적과 인종, 종교, 성별 등과 상관없이 구호를 펼치며 어린이 상황을 개선하기 위해 가정과 지역사회가 스스로의 능력을 키우도록 도와주는 기관
인권교육센터 들	www.hrecenter-dl.org	인권교육 전문단체로 출발하여 인권교육이 가장 인권교육 다울 수 있는 방안을 연구, 실천하는 기관
중앙아동보호 전문기관	http://www.korea1391.org/	아동학대신고 및 예방에 대한 교육 및 학대받은 아동을 보호하는 전문기관
초록우산 어린이재단	http://www.childfund.or.kr/	국적과 인종, 성별, 종교의 벽을 넘어 차별없이 아동의 인권을 보호하기 위한 일을 하는 기관
평등어린이세상	http://kids.mogel.go.kr/	어린이, 여성, 청소년, 가족 모두가 행복한 세상을 만들기 위하여 지원 및 교육을 해 주는 기관
한국아동학대 예방협회	http://www.kapcan.or.kr/	아동학대 및 방임에 대한 발견, 치료, 예방의 제반사업을 통해 아동보호관리를 영위하는 기관

참고문헌

강현구(2014). 아동권리관점에서 본 영유아보육법과 유아교육법의 형성과정 및 법령분석. 서울대학교 박사학위논문.

건강가정지원센터(2020). https://www.familynet.or.kr

관계부처 합동 제1차 아동정책 기본계획 보고서(2015.05.).

관계부처 합동 제2차 아동정책 기본계획 보고서(2020.08.).

교육부 국립특수교육원(2016). 장애영유아 양육길라잡이. 제1권 53.

교육인적자원부(2020).

구미향(2006). 공개입양 가정의 부모가 경험하는 갈등의 유형과 특성 분석. **아동학회지, 27**(3), 117-133.

국가인권위원회(2011a). 유아교사를 위한 인권교육프로그램 개발 연구.

국가인권위원회(2011b). 유아용 인권교육 프로그램 개발을 위한 기초연구.

국가인권위원회(2018). 유엔아동권리협약의 이해, 사이버 인권교육 보조교재.

국가통계포털(2019). http:// www.kosis.kr

국제아동인권센터(2020). 2019 아동권리 인식도조사.

글로벌뉴스통신GNA(2017. 12. 07.). 아동의 행복, 놀이로부터 나온다.

김경민, 정익중(2009). 위탁아동의 친가족 경험이 심리사회적 적응에 미치는 영향. **한국가족사회복지학, 25**, 93-120.

김만겸(2019). 지역아동센터 운영과 관리에 대한 사례연구-경기도 A지역 관계자 인식을 중심으로. 중앙대학교 대학원 박사학위논문.

김미숙(2020). 학대피해아동 분리보호 개선방안 연구. **한국케어매니지먼트 연구 제35호**, 169-192. 한국통합사례관리학회.

김미숙, 김성천, 정익중, 이혜원, 오승환, 이주연, 신어진(2009). 아동청소년 복지수요에 기반한 복지공급체계재편방안 연구 II: 지역유형별 사례를 중심으로. 한국보건사회연구원.

김미숙, 조애저, 홍미, 배화옥, 홍미희, 정재욱(2007). 정부내 바람직한 아동정책 수행체계개발. 보건복지부 · 한국보건사회연구원 정책보고서 2007-14.

김미영(2018). **아동권리와 복지**. 경기: 양서원.

김미영(2018). **아동복지론**. 경기: 양성원.

김석준, 김현호, 박주현, 시옥진, 오선영, 이범석, 이화명, 정미현(2018). **아동권리와 복지**. 경기: 양서원.

김수진(2005). **아동복지관련법제의 개선방안연구**. 서울: 한국법제연구원.

김아름(2020). 학대피해아동 보호를 위한 개선 과제: 원가정 보호원칙을 중심으로. 육아정책연구소.

김아름, 유해미, 박은영, 장민선(2017). 아동권리보장을 위한 법적기반 확보 방안, 연구보고 2017-16. 육아정책연구소.

김영모(1995). 시설보호사업의 실태와 과제. **사회정책연구, 17**, 61-99.

김영종(2007). **사회복지행정론**. 서울: 학지사.

김은정, 이상정, 박신아, 김주일(2018). 아동정책영향평가제도 도입방안 연구. 한국보건사회연구원.

김이영, 김운삼, 김소윤(2017). **아동권리와 복지**. 경기: 양성원.

김이영, 김운삼, 김소윤, 이은희, 최윤희, 현영렬(2018). **아동권리와 복지**. 경기: 양성원.

김정래(2002). **아동권리향연**. 서울: 교육과학사.

김진욱, 박유정, 이미애, 윤소정(2019). **보육정책론**. 경기: 양서원.

김현자, 이명숙, 노성향, 박선영, 이지영(2017). **아동권리와 복지**. 경기: 어가.

김호년, 김성재, 김현정, 박 윤, 우수경, 이시진, 장정애, 이인원(2016). **아동권리와 복지**. 경기: 양성원.

남북하나재단(2020). https://www.koreahana.or.kr

다음백과사전(2020). https://100.daum.net

도미향(2017). 영유아교육기관에서의 인권교육을 위한 탐색적 접근. **코칭연구, 10**(3), 197-218.

도미향, 남연희, 이무영, 변미희(2006). **아동복지론**. 경기: 공동체.

디지털스토리(2018. 06. 10.). "왜 엄마는 없어?" 편견에 우는 한부모 가족들.

문화일보(2020. 07. 29.). '아동의 놀 권리' 챙기기…용산구, 조례 제정 • 공포.

박보희(2002). 한국아동정책의 회고와 전망. 2002년 한국아동복지학회 춘계학술대회 자료집.

박세정(2018). 아동의 삶의 터전, 지역사회에서 아동권리 옹호. 동광 113호.

박정란, 서홍란(2001). **아동복지론**. 경기: 양서원.

박정란, 서홍란(2009). **아동복지론**. 경기: 양서원.

박희숙, 유주희, 이광희(2016). **아동복지론**. 경기: 공동체.

배태순(1998). 국내입양발전을 위한 입양관련프로그램 개발 및 입양개정법 제안. **한국아동복지학, 7,** 127-155.
법무부(2016). 2016년 출입국 • 외국인정책 통계연보.
법무부(2020). http://www.moj.go.kr/moj/index.do
법제처 국가법령정보센터(2020). 아동복지법(www.law.go.kr).
법제처 국가법령정보센터(2020). 아동복지관계법령(www.law.go.kr).
법제처 생활법령정보포털(2020). 사업보장관계법령(www.easylaw.go.kr).
법제처 · 찾기쉬운 생활법령정보(2020). 영유아 보육.
베이비타임즈(2019. 08. 14.). '안전칼럼' 아동방임의 유형 및 기준.
보건복지부 아동학대대응과(2020). 2020년도 아동학대 신고의무자 교육 안내.
보건복지부(2015). 유엔아동권리협약 홍보집.
보건복지부(2019) 2019년 대한민국 정책브리핑(2020. 9. 20. 인출).
보건복지부(2019). 2019년 12월 기준 등록장애인 현황(http:// mohw.go.kr).
보건복지부(2019). 장애인 정책이 31년 만에 바뀝니다. 보도자료(2019. 06. 25.).
보건복시부(2020) 2020년 모자보건사업안내(2020. 9. 20. 인출).
보건복지부(2020). '어린이 재활의료기관 지정 · 운영 시범사업' 10월부터 실시. 보도자료(2020. 09. 29.).
보건복지부(2020). 2020년 아동분야 사업안내 2.
보건복지부(2020). 2020년 열린어린이집 가이드라인(어린이집용).
보건복지부(2020). 2020년 장애아동가족지원 사업안내.
보건복지부(2020). 2020년도 보육사업 안내.
보건복지부(2020). 2020년도 아동분야 사업안내.
보건복지부(2020). 보육통계(2019년 12월 말 기준).
보건복지부(2020). 제4차 어린이집 표준보육과정.
보건복지부, 중앙가정위탁지원센터(2010). 2009년 가정위탁보호 현황보고서.
보건복지부 · 임신육아종합포털 아이사랑(2020). 2020 보육정책안내.
보건복지부 · 중앙아동보호전문기관(2019). 2018 아동학대 주요통계.
보건복지부 · 한국보건사회연구원(2017). 2017 장애인 실태조사.
서보준, 김우호, 박선태, 이정미(2017). **아동복지론.** 경기: 공동체.
서울대교육연구소(2003). 유 · 초 · 중 · 고 권리교육과정 개발 연구.
서울특별시육아종합지원센터(2015). 서울시 어린이집 영유아권리존중을 위한 자가체크리스트.

서원경(2014). 지역아동센터이용 아동의 프로그램 만족도 및 또래관계가 심리사회적 적응에 미치는 영향. **부모교육연구, 11**(1), 5-34.

설동훈(2009). 국내 결혼이민자의 자녀 양육과 교육. **Korean Journal of Pediatrics, 52**(4). 403-409.

송유미, 이선자(2016). 지역아동센터 이용아동의 가정환경 건강성과 심리적 사회적 성숙의 관계를 통한 실천적 함의. **한국지역사회복지학, 59**, 65-97.

신혜령, 정재훈, 김성경(2006). 한부모가족지원법안에 관한 연구. 여성가족부 연구보고서.

아동권리보장원(2018). 2018년 입양통계(www.kdoption.or.kr).

아동권리보장원(2020). http://www.korea1391.go.kr

안지영(2013). 스리랑카 거주 한국-스리랑카 다문화가정 유아의 문화적응. **유아교육학논집. 17**(4), 209-239.

엄주희(2016). 영아의 생명권을 위한 규범적 고찰. **서울법학, 23**(3), 91-124.

여성신문(2016. 05. 07.). 세 딸 공개입양한 차성수 금천구청장 "입양은 특별한 일 아냐".

오미희, 임명희, 김윤희, 이세나, 강현영(2017). **아동권리와 복지**. 경기: 파워북.

오삼광(2020). 가정 내 아동학대 방지를 위한 법·제도적 연구. **토지공법연구 제9권**, 341-356.

오성배, 강태중, 이기범(2009). 다문화가정 학생 교육 지원 중장기계획 수립을 위한 연구. 한국청소년정책연구원 연구보고서, 139-141.

오정수, 정익중(2005). **아동복지론**. 서울: 학지사.

오정수, 정익중(2013). **아동복지론**. 서울: 학지사.

위키백과사전(2020). https://ko.wikipedia.org

유니세프 한국위원회(2015). 유엔아동권리위원회 권고사항: 한국이 지켜야 할 어린이를 위한 약속.

유니세프 한국위원회(2015). 유엔아동권리협약으로 알아보는 어린이의 권리.

유해미, 김은설, 황옥경, 김재원(2011). **육아지원기관에서의 아동권리 실태와 증진방안연구**. 연구보고 2011-10. 서울: 육아정책연구소.

육아정책연구소(2019). 유아교육·보육 통계.

이경자, 김경희, 박인기, 서성강, 송화진, 신경은, 이미진, 이은희, 장화순, 조병상, 조영례(2016). **유아권리 길라잡이**. 서울: 씽크파워.

이경혜, 김정일(2009). 유아의 마음읽기능력 및 정서읽기능력과 사회적 능력과의 관련성에 대한 연구. **아동교육, 18**(3), 165-176.

이데일리(2018. 09. 04.). 열에 한 가구는 한부모가정 41%가 저소득층.

이배근(2006). 세계의 아동복지. 유니세프 보고서.

이상욱, 정희영, 김종명, 김미애(2016). **아동권리와 복지**. 경기: 파워북.

이선미, 김경윤, 박영충, 김성영(2017). **아동권리와 복지**. 서울: 창지사.

이선애, 한서연, 이종신, 현정희, 표정민(2018). **아동권리와 복지**. 경기: 정민사.

이소희, 허용숙, 최용민(2004). **사회복지개론**. 서울: 교문사.

이순자, 나성식, 이효숙(2018). **아동권리와 복지**. 경기: 정민사.

이순형, 이성옥, 민하영, 이명미, 한유진, 장영은, 최나야, 김지현, 김지경, 정현심(2008). **영유아건강교육**. 서울: 학지사.

이용복(2006). 우리나라 아동복지서비스 전달체계의 현황 및 방향성 모색. **한국가족복지학**. 11(1), 53-68.

이인곤(2020). 아동학대범죄의 예방에 관한 한국적 실효성 확보방안 －선진외국 프로그램응용 및 발전적 도입방안 중심으로－. **법이론실무연구**, 8(2), 125-167.

이투데이(2018. 03. 18.). 여성 경제활동참가율 OECD 19개국중 15위...여성 참여 늘려야 성장률 · 삶의 질 향상.

이혜경(1992). 권위주의적 자본주의 사회에서의 복지국가의 발달: 한국의 경험. 복지국가의 현재와 미래. 사회복지 국제학술대회 자료집.

이화도, 김수희, 김윤아, 장원주, 김은영, 문소연, 김경희(2018). **영유아를 위한 인권교육**. 서울: 창지사.

이효정, 강현경, 김갑순, 김민정, 김성숙, 이선자, 이영희, 최경희(2017). **아동권리와 복지**. 경기: 공동체.

임시아(2017). **아동권리와 복지**. 경기: 공동체.

임현(2014). 정책과 법의 관계에 대한 모색. **공법학연구**, 15(2), 85-102.

장영인(2020). 아동의 목소리, 어떻게 반영할 것인가. 아동권리 국제포럼.

장인협, 오정수(2002). **아동 · 청소년 복지론**. 서울: 서울대학교출판부.

정옥분, 정순화, 손화희, 김경은(2016). **아동권리와 복지**. 서울: 학지사.

정은희(2015). 아동빈곤 현황과 정책방향. **보건복지포럼**, **220호**, 47-55.

정익중(2004). 빈곤아동의 문화생활과 박탈. 아동복지학회 학술대회 자료집.

정정길(1990). **정책결정론**. 서울: 대명출판사.

정혜선, 김진숙(2004). 위탁아동의 가정위탁에 관한 연구. **한국가족복지학**, 9(2), 115-134.

정희순(2016). 지역중심의 아동복지서비스전달체계 및 영유아복지서비스전달체계 연계방안: 보육기관 운영자의 FGI 중심으로. 서울기독대학교 대학원 사회복지학과 석사학위논문.

조형숙, 백소영, 이수민, 이은형(2020). **아동권리와 복지**. 경기: 정민사.

초록어린이재단(2013). 아동관련법과 아동복지법 변천사 연구.

초록우산 어린이재단 복지사업본부(2017). 아동권리기반 복지사업가이드.

표갑수(2000). **아동청소년복지론**. 서울: 나남출판사.

한국경제(2018. 04. 26.). 年 1만 명씩 늘어나는 다문화 초 · 중 · 고생, 10만 명 넘었다.

한국교육신문(2018. 10. 01.). 아동학대의 원인과 해결 방안.

한국보건사회연구원(2019). https://www.kihasa.re.kr/

한국아동복지연합회(2005). 아동복지시설 발전방향 개발 연구.

한국장애인개발원(2019). 2019년 장애인통계연보.

한미현, 문혁준, 강희경, 공인숙, 김상희, 안선희, 안효진, 양성은, 이경열, 이경옥, 이진숙, 천희영(2016). **아동복지**. 서울: 창지사.

한성심, 송주미(2009). **아동복지론**. 서울: 창지사.

행복세상(2015. 04. 04.). 가정 '융 · 복합' 시대 신개념 공동체, '제2의 가족'이 늘어난다.

환경일보(2017. 12. 12.). 아동 48.7% "친구들과 놀고 싶어요".

황성하, 남미경(2011). 일본 보육지원 정책의 변화과정 및 지역사회 맞춤형 보유 지원 정책에 관한 연구. **한국보육지원학회지, 8**(4), 231-250.

황해익, 남미경, 서보순, 김병만(2017). **아동권리와 복지**. 경기: 정민사.

MBC(2020. 09. 03.). 18살 되면 무조건 나가라?...가혹한 '홀로서기'.

OBS(2019. 10. 30.). 차인표 신애라 부부, 첫 아들 출산 후 두 딸 공개 입양.

Alfred Kadushin & Judith A. Martin(1988). *Child Welfare Services, 4th Edition.* New York: McMillan Company.

Aries(1962). *Centuries of Childhood: A Social History of Family Life.* New York: Alfred A. Knopf.

Bordo, S. (2005). Adoption. *Hypatia, 20*, 230-236.

Conger, R. D. (2005). The effects of poverty and economic hardship across generations. Davis: Center for Public Policy Research, University of California, Davis.

CWLA(2004). CWLA Standard of Excellence for Residential Group Care Services.

Duncan, G. J., Magnuson, K., Kalil, A., & Ziol-Guest, K. (2012). The importance of early childhood poverty. *Social Indicators Research, 108*(1), 87-98.

Gibert, N., & Terrell, P. (2005). *Dimensions of social welfare policy*(6th ed.). Boston: Pearson.

Giddens, A. (2009). **현대 사회학.** [Sociology] (김미숙, 김용학, 박길성, 송호근, 신광영, 유홍준, 정성호 역). 서울: 을유출판사(원저출판: 2006년).

OECD(2020). http://www.oecd.org

World Bank(2020). https://www.worldbank.org

〈참고 사이트〉

교육부 홈페이지 http:// www.moe.go.kr
국가법령정보센터 https://www.law.go.kr
나라지표 주민등록인구통계 http://www.index.go.kr
법제처 국가법령정보센터 http://www.law.go.kr
법제처 생활법령정보포털 www.easylaw.go.kr
보건복지부 http://www.mohw.go.kr
보육통합정보시스템(어린이집 지원시스템) https://cpms.childcare.go.kr
복지로 www.bokjiro.go.kr
부산광역시 아동보호종합센터 http://www.busan.go.kr/adong/index
서울특별시 동부아동보호전문기관 https://www.dbnawoori.seoul.kr
유니세프 한국위원회 www.unicef.or.kr
육아정책연구소 www.kicce.re.kr
임신육아종합포털 아이사랑 www.childcare.go.kr
중앙육아종합지원센터 http://central.childcare.go.kr
통계청 http://kostat.go.kr
한국보육진흥원 www.kcpi.or.kr
e-나라지표 https://www.index.go.kr
https://www.korea.kr/news/visualNewsView.do?newsId=148909040

찾아보기

ㅂ

ㅅ

ㅇ

저 / 자 / 소 / 개

- **김애란**

중앙대학교 대학원 유아교육학과 졸업(문학박사)
현) 소망유치원 원장
전) 중앙대학교 교육대학원 유아교육전공 겸임교수

- **유경숙**

중앙대학교 대학원 유아교육학과 졸업(문학박사)
현) 숭의여자대학교 가족복지과 교수

- **김정미**

중앙대학교 대학원 유아교육학과 졸업(문학박사)
현) 마포구청 직장어린이집 원장

- **유혜자**

중앙대학교 대학원 유아교육학과 졸업(문학박사)
현) 동덕여자대학교부속유치원 원장

- **권덕수**

중앙대학교 대학원 유아교육학과 졸업(문학박사)
현) 서정대학교 유아교육과 교수

- **최성은**

중앙대학교 대학원 유아교육학과 졸업(문학박사)
현) 한국지역난방공사 일산따소미어린이집 원장

- **안지영**

중앙대학교 대학원 유아교육학과 졸업(문학박사)
현) 서원대학교 사범대학 유아교육과 교수

아동권리와 복지

1판 1쇄 발행 — 2021년 3월 10일
1판 2쇄 발행 — 2023년 3월 10일
저　　자 – 김애란 유경숙 김정미 유혜자 권덕수 최성은 안지영
발 행 인 – 강철원
발 행 처 – 양성원
주　　소 – 경기도 파주시 검산로 173번길 29-12
전　　화 – 031-946-3861(代)
팩　　스 – 031-946-3864
이 메 일 – tnwpub@naver.com
홈페이지 – tnwpub.co.kr
출판등록 – 2015년 8월 31일 제2015-000211호

ISBN 979-11-6126-335-9

정가 20,000원